國文教學法

黃錦鋐 著

緣故。不過這兩種不同性質的知識，也並非不可調和，要如何去調和，使兩者不發生排拒，讓新的教學方法能夠良好的為語文教學來服務，這是重要的問題，也是需要研究的問題。在本質上說，知識雖然分為累積和非累積，但兩者仍有密切的關聯。譬如五十年前燒煤炭的火車頭，雖然被揚棄，但今天電氣化的火車頭，還是從燒煤炭的火車頭發展出來的。另一方面說，教學方法是一種藝術，應該是需要綜合性的運用，所以我認為語文教學不是運用固定的一種教學法去教學。我稱之為實用的語文教學法，或是綜合性的語文教學法。西洋教育家吉爾伯哈艾特曾說：

許多教師有一種錯誤的觀念，以為良好的教學效果，歸功於固定的一種教學法。沒有一種教學法是萬應靈藥。應該看學校的環境設備、學生的程度、教師本身的能力，去選擇適當的教學法。（嚴景珊、周叔昭譯《教學之藝術》，大意如此。）

我曾經觀摩過無數次的中學語文教學，也參加過多次的語文教學檢討會與座談會，發覺許多教學很成功的教師，除了他本身的基本學識與準備的工夫之外，在教學的過程中，他們並不強調採用那一種教學法，而是隨機應變，綜合多種的教學方法。有時提問學生、有時自己講述、有時讓學生思考、有時則直接告訴，隨課文的內容，與教學的情景而異。學生的情緒，都被教師所吸引、所掌握，而沒有片刻的冷場。反之，如果固定採用一種教學法，雖然學生也在聽，但在情緒上，則顯得鬆懈，有時甚至在看別的功課，其教學效果如何？可想而知。另一方面，運用固定的一種教學法，在理論上說，很難發現學生個性的差異，反而限制他們的發展。固然，任何一種教學法，都有它片面的作用，但不是唯一的。這是語文教學首先要了解的。但在教學的方法上說，個人認為應該注意以下三個方向。

㈠在理論上要虛與實互用

在語文教學的理論上說，我主張要虛實互用。所謂虛實互用，就是既不能離開教材，和學生空談理論，但也要離開教材，讓學生有自由思考的空間。這樣說好像有矛盾，其實不然。不根據教材，固然不可以；但只是固守教材，教學生句子結構、辭語的修飾、文句的意義，學生充其量只能了解課文的字面意義，對於教材的內涵意義，還是不能充分的領悟。過去私塾的教學，為人所詬病，原因就在這裡。清代王筠的「教童子法」，就特別指出這一點，他認為學生不是畜牲，教他什麼，他就學些什麼。言外之意，應該讓學生有思考的空間，也就是我所說的，既不能離開教材，又要離開教材。所謂要離開教材，也是吉爾伯哈艾特說的「要引導學生進入抽象的領域，以達到創造的地步。」

語文教學不可離開教材，是要使學生對課文有基本的認識，這是手段。又要學生離開教材，是要啟引學生進入抽象的領域，以達到創造的境地，這才是目的。沈復的《浮生六記．兒時記趣》有一段話：

夏蚊成雷，私擬作群鶴舞空，心之所向，則或千或百，果然鶴也。

沈復能夠把蚊子看成為鶴鳥，這是既不能離開教材，又要離開教材的最好說明。如果離開現實的蚊子，就不會有美麗的鶴鳥出現，所以說不能離開教材。但如果是不離開教材去思考，則沈復所記的，永遠是討厭的夏蚊成雷，不會有群鶴舞空的美麗景象。所以說又要離開教材。

其實，教材中許多文章，教師自己也沒有辦法解釋得很清楚，如《老殘遊記》記明湖居聽書的那一段，描寫聽白妞說書後的感想說：

> 聲音初不甚大，只覺得入耳有說不出來的妙境，五臟六腑裡，像熨斗熨過，無一處不伏貼，三萬六千個毛孔，像吃了人參果，無一個毛孔不暢快。

人參果或許有人吃過，五臟六腑被熨斗熨過的經驗，是絕對沒有的，如果不啟引學生去思考那抽象的領域，教師要如何去說明那五臟六腑被熨斗熨過的經驗呢？

由此，我們可以了解，語文教學除了讓學生認識教材的具體文字意義之外，還要引導學生離開教材去思考，進入抽象的空間。

不離開教材是踏實，踏實是隨文生解，徹底了解課文文義，如果學生沒有切實理會文義，必至浮泛不實，這是為學之大忌。離開教材則是凌虛，凌虛則是拋開課文文字的解說，也沒有自己的意見，於一切的具體文字意義，都無所取，脫爾神解，機應自然，心無所得。在這時候，而真理好像昭然顯現眼前，才能夠把蚊子看成為鶴鳥，把出水很高的荷葉，看成亭亭舞女的裙子，（見朱自清〈荷塘月色〉）這就是文學創作。這是語文教學的最高目標。從前楊樹達曾說：

凡讀書有二事焉，一曰明訓詁，一曰通文法，訓詁治其實，文法搗其虛（〈高等國文法序〉）

讀書要虛實互用，在這裡可以得到證明。

在理論上說，儒家的教育觀，叫人要讀書，《論語》第一章就教人要「學而時習」，孔子一生好學，曾自說：「其為人也，發憤忘食，樂以忘憂，不知老之將至。」（〈述而〉）又說：「十室之邑，必有忠信如丘者，不如丘之好學。」（〈公冶長〉）因為儒家是教育家，很重視讀書，宋人說，讀書可以變化氣質。俗語說：「子孫雖愚，經書不可不讀。」儒家又主張「知不可為而為之」。當然其本意都是善的，希望人生更美滿、更幸福。不過，相反的，太過於重視讀書，往往會流於教訓，所以孔子又提出與學相對的「思」。曾說：「學而不思則罔，思而不學則殆。」（〈為政〉）學是不離開教材，思則要離開教材。「學」不過是經驗的累積，充其量是見識廣博。「思」則是知識的發展，去發現書本中無限的世界。就像佛經所說的，要從一粒塵沙中，去發現三千大千世界。所以孔子有一次特別告訴子貢說：「汝以予為多學而識之者與?」子貢聽了很奇怪，他認為孔子是好學不倦的，於是回答說：「然，非歟?」（是的，難道不是嗎?）孔子說：「非也，予一以貫之。」「多學而識」可以說是「踏實」，不離開教材；「以一貫之」則是「凌虛」，要離開教材去思考。讀書能夠「多學而識」，又通過「以一貫之」，才可以達到創作的境地。語文教學能夠達到這個地步，才是語文教學的目的。我稱之為虛實互用，這是第一點。

不過，這種境界能用語言表達的很有限，重在學生的自悟。所以孔子有時要無言。《論語・陽貨》說：

予欲無言。子貢曰：「子如不言，小子何述焉？」孔子曰：「天何言哉！四時行焉，百物生焉，天何言哉！」

孔子除了讓學生多學而識，在書本中去思考無限的世界外，也提示學生自然界的現象，讓學生在無限的宇宙空間去思考，領悟宇宙生生不息、繼往開來的精神層面。在方法上說，讀書「多學而識」，是外在的規律，外在的規律，有跡可尋，人人都知道。內在的規律，無跡可尋，因人而自得，是體悟宇宙萬有的事物，把人生的感觸，轉化為宇宙無限的情懷，因此會產生像「感時花濺淚，恨別鳥驚心。」叱咤時「風雲會變色」，哀傷時「草木會含悲」的千古名句。

假使教師只採用外在的規範，教學生以嚴肅的教學目標，在知不可為而為的情景下去學習，學生整天在升學、考試的雙重壓力下，必定覺得很無奈，這樣不但不能收到教學的效果，甚至還會厭棄課本。今天學生在社會上脫序的情形很嚴重，雖然因素很多，我們是不是應該從教材中，啟引他們進一步的思考，使他們能夠把所接觸的事物，化為宇宙永恆的情懷。這也是我所提出要虛實互用，既不能離開教材，又要離開教材的原因。

㈡在做法上要分與合兼施

教學語文教材，可以分為兩部分，一是全篇文章詞語的釋義，這是分的工作。一是體會全文的主旨，這是合的工作。分的工作是合的基本工夫，合的工夫是分的最終目的。使學生了解文章詞語的釋義，只是手段，體悟全文的義旨，才是語文教學的最高目標。本來應該是文章詞語意義了解了，文章的義旨，自然也就明白。但有時文章的主旨很隱晦，學生體認的能力還不夠，若不再做一番整合文義的工夫，學生所知道的，只是些支離破碎的詞語釋義，對於文章的架構，作者寄意之所在，還是統貫不起來。讀書最忌囫圇吞棗，詞語釋義的模糊，會妨害學生對課文的理解。坊間的辭書，大都是以詞釋詞，有時貿然用來解釋課文的詞語，會產生若干的問題，因為以詞釋詞是「渾言」，所謂「渾言則無別，析言則分明。」《說文》說：「牙，壯齒也。」牙與齒似無別，其實齒小牙大，所在的位置也不相同。段玉裁注說：「統言之，皆偁齒，偁牙。析言之，則前當脣者偁齒，後在輔車者偁牙。」又如《康熙字典》釋「恨」字引說文說：「恨，怨也，一曰怨之極也。」其實「恨」字在漢代以前不等於怨恨。因此〈出師表〉所說的「未嘗不痛恨於桓靈也。」其中的「痛恨」，不能理解為痛心怨恨。「恨」只有遺憾的意思。《正字通》說：「恨與憾聲義微別，憾意淺，恨意深，憾音輕，恨音重。」辭書所解釋的詞義，往往都是「渾言」，必須再做析言的工夫。不過這個工作說起來很簡單，實際去做時，可能會遭遇到很多的問題，但這是語文教學重要的步驟，不這樣做，就不能提高教學的效果。

這是就「分」的方面說，分析之後，必須再加以綜合，分析要求其精微，綜合要求其宏遠。所有分析詞語的釋義，都是為綜合全文義旨所做的準備工夫。如果詳細的分析詞語的差別義，沒有去體會全文的統貫義，則浮泛而不實，是為學之大忌。綜合是要使學生所接觸的詞義，轉化為永恆的情懷。認識詞語的意義，只是片斷的記憶。片斷的記憶，是剎那的生滅。永恆的情懷，是哲理的體悟。假使從片斷詞語的釋義去理解文義，那文學作品，將無一是處。如朱自清的〈背影〉，記他父親爬月台買橘子的情景說：

走過那邊月台，須穿過鐵道，須跳下去又爬上去。父親是一個胖子，走過去自然要費事些。我本來要去的，他不肯，只好讓他去。我看見他戴著黑布小帽，穿著黑布大馬褂，深青布棉袍，蹣跚地走到鐵道邊，慢慢探身下去，尚不大難。可是他穿過鐵道，要爬上那邊月台，就不容易了。他用兩手攀著上面，兩腳再向上縮，他肥胖的身子向左微傾，顯出努力的樣子。這時我看見他的背影，我的眼淚很快地流下來了。

作者看到他父親的背影很多，為什麼選取他父親爬月台的那個背影，而且在今天來說，爬月台是違反交通規則的，如果單從這個角度去理解，豈不是兒子暴露父親的缺失，不孝之大矣。但是，如果整合統貫全文的意旨來看，我們就可以理解作者描寫他父親爬月台買橘子的背影，是代表他父親一生為家庭、為兒女辛勞的寫照。上文作者說祖母死了，家道中落，上一代的責任要他父親來負擔。兒子又要到北京讀書，教育下一代的責任也要他父親來負責。上下兩代的責任，都壓在他父親一人的肩膀，使他父親一生都像是很辛苦的在爬月台。最後作者接到他父親的信說「膀子疼痛得厲害，舉箸提筆，諸多不便，大約大去之期不遠矣。」作者讀到這裡，又想起那個爬月台的背影，眼淚又掉下來了。很明顯的，作者是在說明他父親一生為家庭、為兒女，都在爬月台，一直到離「大去之期不遠」，還在爬月台，所以才會掉眼淚。否則單是爬月台買橘子，不至於掉淚的。這才是作者要表達的真正心意。可以稱為作者心靈的真實。

語文教學只是一種過程，在這過程的中間，可以說明的，都是片斷的記憶，諸如詞語的釋義、媒體的介紹、圖表的補充，這些都是教學的工具。教學工具只是一個觀念的開端，不是教學的終結。語文教學必須啟引學生從觀念的開端，不斷的思考發展，才是教學的目的。古代神農嘗百草，那只是個開始，必須經過後人不斷的思考發展，才有後來《本草綱目》的問世，以及今天中醫所用的各種治病的藥材。有巢氏教民架木為巢，以逃避洪水猛獸，這是觀念的開始，以後經過不斷的思考研究，才有今天的高樓大廈，這才是觀念發展的成果。觀念的發展，除了個別的理解，還需要各方面的統整與綜合，才能產生新的事物。牛頓看到蘋果掉在地上，發現了萬有引力。今天我們如果只讓學生知道蘋果掉在地上，是萬有引力的緣故為已足，不再加以統整綜合的研究與發展，人類永遠不能上太空。語文教學不能只顧到單一的價值，讓學生了解詞語的釋義之外，還應該整合全文義作綜合的體悟。就像蜜蜂釀蜜一樣，要採百花的花粉，然後釀造出那一滴的蜜汁。學生需要的不是那百花的花粉，而是由百花的花粉釀造成的蜜汁。同樣的道理，語文教學的目的，不是在那分別支離看得見的各個詞語的釋義，而是統整綜合各個詞語釋義所產生隱晦看不見的全文的主旨。戰國時的辯論家曾說，雞三足，雞的重心不在左足，也不在右足，而是在看不見的那一隻腳。就是這個意思。

亞里斯多德曾說：「文學與哲學不同，哲學是把抽象的原理，直接表達出來。而文學則是將抽象的哲理，寄寓於具體的事物之中。」（詩學）我們不但要使學生了解課文中具體事物的意義，更要從具體的事物之中，啟誘學生體悟寄寓在具體事物中的抽象的哲理。這也是我主張在教學過程中要分合兼施的最大原因。

雖然人們都熟悉科學的兩種方法，培根的歸納法和笛卡兒的演繹法，但是很難從中發現人類思維的真正創造性的根源。（說詳湯川秀樹《科學中的創造思維說》）創造性思維的形式，是一種直覺形式的類比。是一種物我兩忘，主客合一的境界。單靠邏輯的力量是不夠的。科學的創造，需要直覺，直覺才可以把握整體，洞察正確的東西。也唯有把握整體，洞察正確的東西，才可以創造。語文教學，除了指導學生徹底了解課文各部分詞語的意義之外，還要綜合統整課文各部分的文意，指引學生對課文產生出一種新的觀念，由點而面，由分而合，這是第二點。

㈢在目的上要美與善結合

文學的表現，在形式上往往要其美，在內容上則要其善。固然有許多在形式上很美的文學，因為善的條件不足，不能選為教材。語文教學的目的，是要求美與善結合。所以在教學時必須引導學生全方位的理解教材，不是只求單方面的效果，要欣賞教材形式表達的美，更要探求內容實質的善，這才是語文教學真正的目的。例如《史記・荊軻列傳》，描寫荊軻要去刺秦王，太子丹送行的一番情景說：

太子及賓客知其事者，皆白衣冠以送之。至易水上，既祖取道，高漸離擊筑，荊軻和而歌，為變徵之聲，士皆垂淚涕泣。又前而為歌曰：「風蕭蕭兮易水寒，壯士一去兮不復還」，復為羽聲忼慨。士皆瞋目，髮盡上指冠。於是荊軻就車而去，終已不顧，遂至秦。

這一段文字，描寫非常生動，「易水高歌」，自古相沿流傳至今，已經變成「為國犧牲」的代名詞了。然而這段話只能說是虛構之美，不是真實的。為什麼呢？我們知道，燕太子丹為質於秦，秦待太子丹不善，故怨而逃亡歸國。想要報仇，但是燕國小，力有所不及，因問其傅鞠武，鞠武推薦田光，田光自稱衰老，又推薦荊軻。太子就命田光往邀荊軻。當田光去時，太子送至門口，告誡田光說，此乃國家大事，請勿洩漏。田光笑允諾之。當田光轉告荊軻並獲應允之後，為使國家大事不致洩漏，就自刎而死。

從這一段文字敘述看來，田光為保守國家機密大事而自刎，而當荊軻起程時，太子與賓客知道的又白衣冠而送之。而且還高唱「壯士一去兮不復還」，這對田光為保守國家機密而自刎極不調和。可見太子送荊軻刺秦王一段是虛構的。

或者說，文學作品可以虛構，《史記》是歷史，怎麼可以虛構呢？我們知道，文學要求美，歷史要求真，但求美不能違背史實。所以儘可以說明荊軻刺秦王時是如何的慷慨激昂、勇敢犧牲，但刺秦失敗終是事實。司馬遷撰寫《史記》，一方面是歷史，另一方面又要顧到「鄙沒世而文采不表於後世」，可以說是歷史的文學作品，或許說是文學的歷史著作。因此他要求的是既要求文學的美，又要求歷史的真。就像藝術家的寫生，既要符合事物的真實，又要灌注自己的精神生命於事物之中，造成藝術的美善的境界。《史記》之能流傳千古而不朽，其原因即在於此。

就〈荊軻列傳〉來說，司馬遷之所以虛構「易水高歌」這一段，是寫荊軻的神，不是寫荊軻的形，寫形很容易，寫神較困難，不過「神」仍以「形」傳，所以任何高明的藝術家，離不開所欲描繪的人物，但任何藝術家，各有他心中的人物，所以表現不同，其所傳的「神」也必不相同。司馬遷所描繪的荊軻，是他心中的荊軻，別人模仿他不得。我們讀了荊軻傳「易水高歌」的一段，只覺得一個慷慨激昂、勇於為國犧牲、栩栩如生的荊軻，不會去計較它是否是虛構，這是藝術家手法高妙之處。語文教學的目的，就是要引導學生了解教材中這種錯綜結合的境界。

又如〈滑稽列傳〉中寫魏文侯以西門豹為鄴令，西門豹到鄴，就會長老問民所疾苦。大家都說，苦為河伯娶婦。原來鄴地方官吏與巫祝勾結，假藉為河伯娶婦，從中斂財。否則，洪水會來，淹沒民田。西門豹知道這種陋習難以政令禁止。佯稱在河伯娶婦時，亦欲往參加。至時，故意稱河伯婦不好，俟求更好女子送去。即命吏卒將女巫投入河中，往告河伯。隔些時，又說，女巫為何去這麼久，又投女弟子於河中，使往催促。一連投三弟子。隔會兒，又說，女子說事情不清楚，又投三老於河中。這時，長老官吏在旁觀看的，都非常驚恐，深怕又被投入河中，大家都叩頭流血，色如死灰。西門豹若無其事的說：「狀河伯留客之久，若皆罷去，歸矣。」從此之後，鄴地方吏民再也不敢說「河伯娶婦」。這種迷信的惡習，可以說是不禁而自禁了。

同時，西門豹又發民鑿十二渠，引河水灌溉民田，百姓皆得水利，家給富足。

從這一段故事中，在文字的表面意義看來，似乎很戲劇化，所以《史記》把它放在〈滑稽列傳〉中。然就內容說，有其嚴肅的一面，說明西門豹治鄴，在政治上的措施與推行政令的手段，是有其思想淵源的。《論語》中有一段記載說：

子適衛，冉有僕。子曰：「庶矣哉！」冉有曰：「既庶矣，何加焉？」曰：「富之。」曰：「既富矣，又何加焉？」曰：「教之。」（〈子路〉）

儒家的政治理想，就是使百姓「富之」、「教之」。西門豹治鄴，正是用儒家的政治理想，開鑿水渠、灌溉農田，使百姓家給富足。禁止河伯娶婦，破除迷信，正是教育百姓。不過西門豹雖然執行儒家的政治理想，用的卻是法家的手段。以嚴厲的殺戮手段禁民為非，不是用溫和的教育手段導民向善。據說〈西門豹治鄴〉這一篇文章是褚少孫補的，褚少孫是宣帝時人，宣帝時正是執行武帝的「儒法并行」的政策，《漢書》稱他為「中興之主」。這篇文章正代表當時的時代意義。這也可以說明亞里斯多德所說的「文學是把抽象的哲理寄寓於具體的事物之中」的道理。

語文教學就是既要使學生了解文字所表達的「美」，更要引導學生體會內容實質的「善」。這是我所主張的第三點。

總而言之，我個人認為，語文教學在理論上說，要虛與實互用，在方法上說，要分與合兼施，在目的上說，要美與善結合。這三點，無論是寫作的訓練、情意的陶冶、文藝的欣賞，都是可以思考運用的方向，特提出供大家參考，還請多多指教。

（本著為兩岸港澳新語文教學研討會閉幕的講演詞，並經刊載在國立編譯館通訊九卷三期）

序

民國四十六年秋天，我奉先師章銳初先生之命，返母校擔任國文教材教法及教學實習。當開始講授的時候，就以章師的講義為綱要，自己再參考其他的書籍，邊寫邊講，積稿居然成帙，經屢次請章師校閱修訂，謂可與原講義合併印行，並蒙訂名為國文教材教法外篇。正計劃印行的時候，不料章師因積勞逝世，而章師的講義也由蘭臺書局單獨印行，其議遂寢。民國六十四年夏，我又奉聘擔任政治大學教育專業進修班的國文教材教法，接著又在中華電視臺播講，為印發講義的需要，就將原講稿修訂，由中華出版社出版，於今亦有四、五年了。這其間，各界不斷的提倡改進教學方法，為了適應客觀因素的需要，其內容必須作部分的改進。同時，這許多年來，我屢次出國進修，參觀了不少外國的語文教學，對過去自己的國文教學的意見，也有若干的改變。所以又再度修訂，由教育文物出版社印行，俾便向教育界先進及教學專家請教。

我對國文教學方法意見的改變，是從各方面觀察得來的結果。我認為教學方法是一種非累積的知識，就像自然學科的教本，許多化學元素的名稱，從書本中消失，又有許多新的化學元素在書本中產生。教學方法也是一樣，自清光緒末年改行新學校制度之後，教育界人士不斷引進西洋的新教學方法，以求改進舊有的教學方式。諸如設計教學法，道爾頓制的自學輔導教學法，社會化教學法，莫禮生的單元教學法，德可樂利制教學法，以及啟發教學法等等，都曾經在改進教學方法的歷史上，擔任過重要的角色，但沒有一種教學法是永久有效的，其原因固然在於教學方法的本身，有其優點，也有其缺點，但也可充分說明，教學方法是一種非累積的知識，它的本質，就具有不斷改變的特性。所以，無論那一種教學方法，都不能永久的解決語文教學的問題。於是新的教學方法，和實際的語文教學，不能密切的配合，浪費了不少的精力和時間，效果還是不彰。因此我認為接受西洋新的教學方法的同時，應該顧及本國語文的特性，捨短取長，使教學方法不致與語文教學脫節，這樣，教學方法才能產生出新的意義。

在教材的準備上，大家都知道，不單是字句的解釋，而是文義作法的分析，使「讀」與「寫」聯繫。但要達到這個理想，我認為應該作成課文分析表，通過這課文分析表，引導學生辨認教材的形式技巧，解決學生在寫作上的困難。也就是要引導學生進入抽象的領域，以達到創造的地步。使閱讀與寫作結合，教材與教法為一，以達到國文教學的目標。

這兩點的精神，都分別的各章中討論說明，但因限於學殖，不能充分的表達，謬誤之處，仍所難免，還望方家及讀者賜教之。

中華民國七十年元旦黃錦鋐序

國文教學法

目次

第一章 總論

第一節 教學的意義

教學兩字最早見於《禮記》。《學記》說：「學，然後知不足；教，然後知困。知不足，然後能自反也；知困，然後能自強也。故曰：教學相長也。」《尚書・兌命》也說：

惟學遜志，務時敏，厥修乃來，允懷于茲，道積于厥躬。

惟斆學半，念終始典于學，厥德脩罔覺。

這幾句話的意思，是說學有所不及，就應勤奮勉勵自己，然後學識道德的修養，才能源源不斷的增進。但是這樣還不夠，又要持之以恒，使道積于其身，然後去教人，達到至善的境地。因為教人者，居學之半。「道積于其身」，是教學的「體」，教人則是教學的「用」。教學必定先「體立」而後「用行」，所以，做一個教師，首先必須「學」，「學」到相當程度，然後去「教」，才能勝任愉快。而這「學」，又須永恒持久，無少間斷，一念始終，常在於學，所以教學生的，也就是所以教自己。這樣，才能達到教學相長的境地。

大家都知道，孔子是一個偉大的教育家，後人稱為萬世師表，然而孔子一生只是在「學」。他自己說：

十室之邑，必有忠信如丘者，不如丘之好學也。（〈公冶長〉）

他自稱是一個「發憤忘食，樂以忘憂，不知老之將至」的勤奮的讀書人。別人說他是聖人，他自謙說只是一個「學不厭，誨人不倦」的教師。可見不斷的學習，是教學的基本條件。《禮記・學記》上所說的「教學相長」，是就教學的過程，所產生的一種現象說，意謂學生因學習而知道自己的不足，知不足而反求諸己，更感到有賴教師指導的必要，這是學因教而日進。而教師因教人，可能會遇到困難，必須加強進修，努力研究，以提高教學的質量，這是教因學而得益。也就是說，教人的一半是教，一半是學，而學習的一半靠教師教，一半靠自己學。意謂教人即益己，其實「教」字已經包括「學」的意義在裏面了。《說文》上說：教是「上所施，下所效。」「上所施」就是教師的「教」。「下所效」應該是學生的「學」了。所以教學應該是「教」與「學」兩方面的配合，不是教師單方面的活動。「教」「效」音近，《釋名》說：「教、效也。」更可以看出教字的真正意義。大部分教師受了「教學相長」這句話的影響，以為教書可以增進自己的學識，太注重了「上所施」的「教」，疏忽了「下所效」的學生的「學」。把教學認為是教授，完全以教師為教學活動的中心，沒有去注意學生「學」的活動。固然，做一個教師要注意自己的進修，這是對的。但教師的職責是應該注意學生的「學」。這裏所談的教學，不但要教師注意學生的「學」，而且還要以學生為教學的活動中心，教師只居輔導的地位，進而完全由學生自學。使教與學融成一體。教學的工作不是教師的「教」和學生的「學」加起來的工作。教學能做到這個地步，那教學才可以說是近於成功的了。

教學的意義，既然是教師與學生同時配合的一個活動，那麼，教師要拿什麼去教學生？教學生學些什麼？怎樣去教學生？教學生怎樣學？教什麼？學什麼？是教材的問題，留待第二章再提出討論。怎麼教？怎麼學？則是教法的問題，也是本篇最主要的部分。

談起教法，大家的見解都不很一致。但是，普遍都囿於教師的「教」方面，沒有注意學生「學」的效果。從前私塾裏的教師有的依文句講釋一遍，有的則令學生自己去讀，讀到相當時候，教師才開始講。這種的教學方法，可以說是重在學生的自悟，教師不過循著書本講授而已。現在的教學，則重在教師的啟示。教師要運用種種方法，誘掖學生使他進步。從前的教學，是教師支配學生的活動，學生是被動的，因此教師即使是盡了很大的力氣，效果還是很差。其原因就在於沒有配合學生「學」的活動。現在的教師，不單是要注意自己的「教」，還要注意學生的「學」，更要針對學生的能力，需要與興趣去適應學生的「學」。一課書應該怎樣講？分幾個什麼步驟？叫學生怎樣學才不致白花工夫。

在適應學生的能力上說：因為學生個人環境的關係，往往在同一班級之中，國文程度的差別非常大，這是教師施教困難的地方。好在國文教材的彈性很大，同一篇文章，國中也可以讀，高中也可以讀，有的甚至大學也可以讀。儘管讀的教材一樣，讀的方式則各有不同，了解的深廣度也有差別。教師可以考慮學生的程度，作兼籌並顧的施教。比方說：程度差的學生可使他們瞭解課文的釋義以及分段與作法的欣賞；程度好的學生可使他們體會到作者的情感與思想。要多方面的闡釋探究發揮，使程度高的學生不覺其淺、程度低的學生不覺其深，讓學生們能「賢者志其大者，不賢者志其小者。」不應該埋怨學生程度參差不齊而存愛憎心理。應有「誨人不倦」的專業精神。

在配合學生的需要上說：教師應該先知道教學的目標何在？從前教學生是為要應試取得科名，所謂「學而優則仕」，不管學生能夠消化不能消化，硬把八股文的方法灌注學生的頭腦，因此常常有讀了數十年的書，還是弄成一個頭腦糊塗的學究，對於生活的應用，毫無用處。《儒林外史》中的〈范進中舉〉，就是最好的寫照。現在讀書已不是博取科名的惟一法門，它是人們生活必需的工具。教師施教時也應針對學生的需要，使其能熟練運用生活上的技能。許多教師往往沒有顧慮到學生的需要，遇到可以發揮的地方，就來發揮一下。如：談到孟子的「勞心者治人，勞力者治於人。」於是就批評孟子造成社會的不平等，以後君主專制，平民受苦都是受他這番話的影響。這顯然是沒有考慮學生的需要。所以教師在施教時，要預先計劃甚麼是要講的，什麼是不應該講的，不可徒逞己意，來一段議論，對學生是毫無益處的。

在引起學生的興趣方面說：可以說是教學方法最重要的問題。記得外國有一個教育家說：能引起學生發生興趣的教師，便是好教師。好教師的條件雖然很簡單，但是要引起學生的興趣卻不很容易。許多教師或許旁涉太遠，說到北平扯到北平的風沙大，談到梁啟超批評他滿口廣東國語，這些都不是教學上所要求的興趣，教師應該提引學生對文字方面發生興趣。許多學生都注意教材內容的興趣，沒有注意到言辭形式方面。這是教師要特別注意的地方。

以上所說的是國文教學一般的原則，以下我們再討論國文教學本身的問題。

國文的範圍很廣，這是因為中國的文化悠久，讀物汗牛充棟。在性質上說：有歷史之文（廿五史之類），哲學之文（諸子之類），純文學之文（詩歌之類）。在體裁上說有記敘、說明、論說、抒情等類。在時間上說：有文言、語體之分，無一非國文的範圍。那麼中學國文教學究應教些什麼？怎樣去教？何去何從呢？因此，我們必先尋求施教的根據。我國中學法第一條規定中學教學的目標為「繼續小學的基礎訓練……並為研究高深學問的預備。」中學國文教學自當依此為施教的根據，不過就文字上看，基礎訓練和研求高深學問的準備，雖容有並重之勢，但教學的實施，必須是寄「研求高深學問的預備」於「基礎訓練」之中，而不能本末倒置，寄「基礎訓練」於「研求高深學問的預備」之中。因為，無深厚的基礎，去研求高深的學問是不可能達到目的的。即使勉強去做，那所謂高深的學問正像是沙堆上的樓閣，必不穩固。因此必須先求基礎訓練穩固，然後去研求高深的學問。

那麼，基礎訓練是什麼呢？第一：在使教學的結果，能令學生聽受閱讀本國語文以了解欣賞人家所表達的思想情意。第二：在使教學的結果，能令學生運用本國的語言講述寫作，以對他人表達其自己的思想情意。這裏第一點是了解欣賞他人作品；第二點是講述表達自己的思想。前者是閱讀，後者則是寫作。前者是因，後者是果。前者是手段，後者是目的。這兩點可以說是國文教學的基本目標，也可以說是國民生活的技能之一。因為文字和語言有同等的重要，一個國民不能運用自己國家的文字和一個啞巴聾子不會說話不會聽話所受的痛苦是一樣的。使學生能了解欣賞與熟練的運用本國文字，便是國文教學最重大的任務。

不過，文章有它的技巧，也有它的內容。在內容方面：包括道德、修養、聖哲格言、民族正氣……不勝枚舉。國文教學是整個教育的一環，不能自行其是。所以在內容方面也應與國家整個教育政策配合。諸如主義和政策的宣揚，民族精神的發皇，學術思想的檢討，關於人生理想和生活智能的培育，關於志趣道德的修養……。凡是與整個教育的目的有關的，國文教學也應負擔所能擔任的部分，這又是國文教學的另一個任務。前者可以說是國文教學的文辭形式方面，後者則屬於國文教學內容實質方面的事。文辭形式重在訓練學生吸收與表達的工夫，可稱之為「語文訓練」。實質內容則重在陶冶學生的品德，可稱之為「精神陶冶」。語文訓練是國文教學的專責，國文教師必須專力為之。精神陶冶則為國文教學附帶配合的工作，教師也應盡可能的與其他學科共同負擔，因為精神陶冶重在實踐與以身作則，與家庭社會都有關係，必須全體教師共同遵行，始能為功。假使教師太偏重於學生道德的修養，反而把「語文訓練」的職責忽略了。而且「精神陶冶」也不是一兩篇文章和幾句話所能收效，而是長久的身教薰染。學生能否成為道德上的人，還要靠自己去努力。教師一定要叫學生成為完人，難免有矯揉造作之弊。或且偶然教師自己也犯了些毛病，則學生對教師的信仰全失，反為不美。古人所謂：「以身教者從，以言教者訟。」或且就是針對這種情形說的吧！所以國文教學的任務應該是以「語文訓練」為經，「精神陶冶」為緯，而導之「以身作則」，使學生篤實踐履，以達到國文教學目標的要求。

第二節　教學的本質

國文教學在內容上說，是最枯燥的一門學科，它都是些原則性的條文，同時也是最沒辦法用力的一門學科，即使把教學法背得滾瓜爛熟，還是沒有用。在應用上說，它不僅是學理原則的了解，而是要力行實踐的具體表現。而且最令人捉摸不定的，又是在力行實踐的中間，沒有一定的規律可循。因為方法只是達理的工具，它本身並不就是理。方法所表示的只是呆板的條文原則，力行實踐的當中，可能有種種意料不到的問題發生。那是教學方法所不能負責的。所謂「大匠能與人規矩，不能給人巧」，道理就在這裏。陸機〈文賦〉裏說：「操斧伐柯，其則不遠，若夫隨手之變，良難以辭逮。」可做為說明教學方法與實際應用的關係。因為，教學方法固有它的不變的原則，但教學技術的運用，卻是不斷的在變。今年的方法，可能不適用於明年。甲校可用的，可能不適用於乙校。甲教師可用的，可能不適用於乙教師。教學方法能否運用得恰到好處，達到至善至美的境地，全在於教師自己把握斟酌運用，隨著時間空間的不同而改變。所以孟子說：「教亦多術矣，不屑教之是亦教之者也。」《後漢書》記載馬融教學生要前列女樂，《朱子語類》裏面說「程門有立雪之教」。「學而不厭，誨人不倦」（〈述而〉）是教師應該遵行的最高原則，「舉一隅不以三隅反者，則不復也」（〈述而〉），又是技術運用的結果。所以孔子說：

可與共學，未可與適道，可與適道，未可與立，可與立，未可與權。（〈子罕〉）

王弼對於「權」的意義，有很好的解釋，他說：「權者，道之變，變無常體，神而明之，存乎其人，不可豫說。」這幾句話可以做為教學方法運用變化的具體說明。孟子於齊，齊王餽兼金一百而不受。於宋，餽七十鎰而受。於薛，餽五十鎰而受。陳臻不明，問孟子曰：「前日之不受是，則今日之受非也。今日之受是，則前日之不受非也。夫子必居一於此矣。」孟子曰：「皆是也。當在宋也，予將有遠行，行者必以贐，辭曰，餽贐，予何為不受。當在薛也，予有戒心，辭曰，聞戒，故為兵餽之，予何為不受。若於齊，則未有處也，無處而餽之，是貨之也，焉有君子而可以貨取乎！」（〈公孫丑下〉）這就是陳臻只知道不變的體，而不知因應變化的用。教學方法只能告訴我們不變的體，不能告訴我們因應變化的用。教育學、教學法所提供的是一些原理原則，對於實際問題，應如何解決？這要看實際的情形而決定。《論語》裏也有一段故事：

子路問：「聞斯行諸？」

子曰：「有父兄在，如之何其聞斯行之。」

冉有問：「聞斯行諸？」

子曰：「聞斯行之。」

公西華曰：「由也問，聞斯行諸？子曰，有父兄在。求也問，聞斯行諸？子曰，聞斯行之。赤也惑，敢問。」

子曰：「求也退，故進之。由也兼人，故退之。」（〈先進〉）

這都是說明教學方法不能固執原則要因應變化的例子。許多人有一種錯誤的觀念，認為良好的教學，歸功於一種特殊的教學法，其實是不對的。任何一種教學法，在某些情況之下，可以產生良好的效果。但在另一些情況下，則會產生不良的效果。決定運用那一種教學法，要看課程的性質，教師自己的能力個性，學生的水準，以及學校的環境，教學的設備，才能決定那一種教法是最適宜的。如果不根據這些客觀條件，墨守成規的死抱著一種教法，一定是不會好的。教師必須根據不同的情況，不同的條件，採用不同的方法，去適應教學的實際情況。沒有一種教學方法是萬應靈藥。方法只是告訴我們固定的原則，至於實際所發生的情況，要靠教師自己因應運用。這好比下象棋一樣，告訴你下棋的方法只是：「車走直，馬走日，砲有架則食。」最多也只能告訴你起初的幾步走法，至於以後棋局的變化，那要靠自己因應的技巧了。

但是，不變的道理易知，變的道理難明，什麼地方應該變，怎麼變法，這要靠教師隨時的研究，單憑方法不足以應付之。方法之外，靈活的運用，直覺的了解，詩意的體會，都是教師應該首先研究的課題。

方法本來就是有用而無用的東西，你說它沒有用吧，又非它不可。你說它有用吧，它本身又只是一些枯燥的原理原則。所以必須把原理原則與運用技術密切的配合，教學方法才能發揮出力量來。就像圓規畫圓一樣，圓規的一隻腳是不動的，另外一隻腳在旋轉，才能畫出一個圓來。不動的那隻腳，看似沒有用，但沒有它，圓是畫不好的。畫圓的那隻腳看似有用，其實還需要靠另一隻不動的腳為中心，圓才畫得出來。教學方法也是要把看似枯燥無用的條文與靈活運用的技術融合起來，教學才能產生效果。這可以說是教學實質的意義。

但是，如何來運用呢？我認為：中學國文教學運用技巧的本質，應該是含有高度的藝術配合，精密的科學步驟，還加上濃厚的感情交流，茲分述如次：

在教學的藝術性上說，必須高度的配合。中學國文教學方法本身雖不是一門什麼了不起的高深學問，但必需要高深的學問為基礎，除了文字學、聲韻學、訓詁學、文法、修辭之外，其他文學批評、文章作法，甚至講演學、辯論學、目錄學、板本學等……都應該有相當的修養。但是這各科學識又不是孤立的，而是要密切的配合，可能在講解一個字、或是一個詞當中，同是需要文字學、聲韻學、訓詁學等的學識。而這許多學識又要融合的運用，不是單獨來講文字學、或聲韻學。國文教師應該利用文字、聲韻、訓詁、文法、修辭來教國文，不是利用國文來教文字、聲韻、訓詁、文法、修辭。一個完美的教學課程，應該是融合貫通各科學識，藉教學方法表達出來。就像蜜蜂釀蜜一樣，那小小的一點蜜汁，卻是吸收了千花的精華提煉出來的。這樣，學生才能得到益處，這也就是教學藝術性的具體表現了。

《中庸》說：「博學之、審問之、愼思之、明辨之、篤行之。」程子注說：「五者缺一非學。」孔門雖分四科，但朱子卻說：「學不可以一事名，德行、言語、政事、文學，皆學也。」這種說法，也可以做為教學是高度藝術的綜合的最好注腳。

中學國文教學不但需要本科的各種學識的配合，同時還需要自然科學知識的配合。譬如教師講解〈滑翔機運動〉這一篇課文，假使教師自己沒有受過滑翔機訓練，或是參觀過滑翔機起飛，這一篇課文是很不容易講得很透徹。前些年《中央日報》刊載過中山大學入學命題，以唐人張繼〈楓橋夜泊〉，命考生說明其中的物理現象。假使不懂物理常識，這首詩的物理現象是說不出來的。由此可見國文教學是需要各種學識的綜合運用。

藝術的配合不單是有形的學識，尤重於無形的綜合體悟。中國許多文字並非查字典可以解決，有賴於教師高明的誘導，才能領導學生心靈進入文字所表現以外的高妙意境。使他們熱心學習，並企求進一步的深造。人類心智的容積是無限的，我們可以知道學生延續生命需要最低限度的飲食，也知道他所能吸收的最高限度的食物量，但永遠不能知道，甚至沒有一個人猜得到，一個學生願意獲得多少知識，能消化多少知識。所以，教師如果不去研究較高的抽象領域，和更深入的問題。只教學生一些有形的教材本身，學生即使把教材背得熟透爛透，還是不能達到創造的程度。

無形的啟誘，不在於教材文字本身的釋義，而重在文字以外的含意。例如「春」字，字面的意義，只是一年四季的開始，但朱自清卻形容它為剛落地的娃娃，一切都是新的。像強壯的青年，彎著胳膊向前進。又像花枝招展的姑娘，向著我們迎前來。這許多意義，是文字本身所不具備的。當我們看一幅畫，那空的地方，有時也具有藝術的價值。聽音樂演奏會，有時突然的停頓，這種停頓不演奏，有時也有它音樂的效果。「此時無聲勝有聲」，正是藝術無形的配合在國文教學中的重要性的最佳說明。了解了這個道理，我們就可以知道為什麼范仲淹寫〈岳陽樓記〉，卻要寫「先天下之憂而憂，後天下之樂而樂」的道理。歷史上先隱後顯的人物很多，而歸有光寫〈項脊軒志〉，卻偏選擇了巴寡婦清與諸葛亮二人為比喻。

陶淵明〈桃花源記〉最後一段話說：

既出，得其船，便扶向路，處處誌之。及郡下，詣太守，說如此。太守即遣人隨其往，尋向所誌，遂迷不復得路。南陽劉子驥，高士也。聞之欣然規往，未果，尋病終，後遂無人問津者。

或許有人會懷疑其敘述的不合理，既然漁人「處處誌之」，而太守派人跟著去尋找，當不至於找不到吧。但我們要知道這篇文章是〈桃花源記〉。桃花源的意義是「世外仙境」，世俗人不可得而入的，假使漁人可以帶人而入，這個地方就不是桃花源，而是觀光地區了，就與本篇題旨不符。所以必須有最後這一段文字，以迴應本文的題旨。按理說，連漁人也應該不可得而入才對，但是我們知道，道家有所謂「言則離道，不言不足以明道。」假使漁人不得而入，這篇文章也就無從寫起，因此必假漁人無意誤入，但也只准有一次，這是漁人所以「處處誌之」而又不得而入的原因。可見作者立意之妙，設想之奇，是寫作藝術的最高表現。國文教學也應該注意這種文字以外的藝術技巧，才能把作者高妙的手法表達出來。對學生寫作的訓練才有幫助。諸如此類的道理，絕不是字典、辭書可以查得到的，而是藉教師的學識修養與高度藝術形象領悟力的配合，才能有完滿的表現。

其他，除了有關各科學識的融合，無形的藝術技巧的領悟外，時間的運用，以及教師動作表情恰當的表達課文文意，使無過與不及之差，也是非常重要的配合，但這都是眾所周知的事，這裏不再嘵舌了。

國文教學就是要各個項目密切的配合，那才是教學藝術的高度表現。

在科學的步驟上說，語文訓練都是些習行的事，並不是有什麼特殊技倆，以博學生哄堂大笑為能事。而是要平平實實的指導學生，從平凡的實踐中，尋求眾人所忽略的重要問題。佛說，「一粒塵沙中，有三千大千世界。」科學的步驟，就是要指導學生「從一粒沙中」去發現「三千大千世界」。世間的道理，說破了不值錢，但要說破一個道理之前，非經科學的不斷的實驗不為功。蘋果墜落地上是地心吸力的緣故，這是小學生都知道的問題，但是牛頓卻經過無數次的試驗才發現的。深奧的學理，往往寄寓於平凡的現象之中。科學的步驟，就是要從平凡的現象中，去發現深奧的道理。伽里略看見風吹草搖，發明了鐘擺的原理。瓦特看見水沸蓋動，發明了蒸汽機，把人類文明推進一大步。這些偉大的發明，都是從細小平凡的事物現象中所發現的。古人教學目標，志在為聖、為賢，但入手的地方卻非常細微，道理就在於此。朱子《小學書題》記載八歲入小學，不過是傳授些灑掃、應對、進退之節而已。但這灑掃、應對、進退的小節，卻是入聖入賢的階梯。所以朱子說：

學者當循序漸進，不可厭末而求本，亦非謂末即是本，但學其末，本在是。

這很可以說明科學的教學的步驟。

中學國文教學的科學步驟重在歸納原則和比較異同。使學生自己掌握在閱讀過程中解決困難問題的鎖鑰。以詞語應該歸納其用法，比較其不同，使學生知道在什麼情形之下必定要作什麼解釋，或是也可以作為別的解釋，但習慣上卻一定要這樣講。如以「叫」字為例：

小狗在叫。（叫有吠的意思。）

媽媽叫你哪！（叫有召喚的意思。）

爸爸叫弟弟去買煙。（叫有打發的意思。）

我們叫個紅燒魚吧！（叫有要的意思。）

這幾個「叫」字，習慣上都有它不同的含意，假使不去仔細比較，雖然意義也明白，但永遠是不能徹底的了解。

有些詞義在什麼時代一定是作什麼講，到了以後就轉變了。有些詞義雖然以後也作那樣講，但有某些的條件限制。

以「慮」字為例：假使把它當做單詞來看，現在可以說它是死詞。但把它作為詞素來看，它還遺留在現代語言中。古代可以說「人無遠慮，必有近憂。」「慮」字可以單獨用，可是到了現在它只能作為詞素，如「顧慮」、「考慮」或且出現在成語「深謀遠慮」、「深思熟慮」中，不能單獨自由運用了。又「慮」字現在常和「憂」字連用，所以有人把「慮」解釋為「憂」。如《漢書》裏面的「為百姓萬世慮」，《中華大字典》就把「慮」字解釋為「憂」。看似可通，其實是不對的。《說文》說：「慮，謀思也。」在漢代「慮」字沒有「憂」的意思。「為百姓萬世慮」，只是「為百姓萬世打算」的意思。

有些詞語，很早已是複音詞，但是古人往往加以區別。

如：婚姻，它很早就是複音詞。但《說文》還說：「婦家為婚，婿家為姻。」又如饑饉，也早已是複音詞，但後世還要區別為「穀不熟曰饑，菜不熟曰饉」。因為要區別它，則往往把一個詞解釋為兩個詞，結果就錯了。如《史記．項羽本紀》裏面說：「人馬俱驚，辟易數里。」張守節《正義》說：「言人馬俱驚，開張易舊處，乃至數里。」他把「辟」字當作「闢」字，作「開張」講。「易」字作「更易」

講。把一個詞拆為兩個字解釋，這是不對的。其實「辟易」就是「倒退」的樣子。不能拆開解釋，這都是不明瞭詞語歷史發展的規律所發生的誤會。科學的步驟就是要從錯綜紛紜複什的詞義演變中，整理出一些規律出來，讓學生能夠掌握，去解決閱讀時的困難。當然，有些規律不是絕對的，如「言」與「語」的區別，有人肯定的認為「言」只能帶指事物的賓語，如「言病」「言事」。「語」字為告訴，是「言」字所不具備的。雖然《史記》中「告訴」的意義，「言」字也具備。如：「人上書言意（即淳于意）」（《扁鵲倉公列傳》）。「走復入言沛公」（《酈生陸賈列傳》）。這只能說是例外。一般來說，語言的規律，大致可以適用於多數的例子。

當然，教學生接受這種所歸納的規律是有先後的次序，不是毫無原則的隨便想到什麼，就說什麼，科學的步驟的精神也就是在此。子夏曾說：

君子之道，孰先傳焉，孰後倦焉，有始有卒者，其惟聖人乎？

程子也說：

君子教人有序，先傳以小者，近者，而後教以大者，遠者，非傳以小近，而後不教以遠大。

這都是古人教學的科學精神的表現。國文教學能知道何者為先，何者應後，使所要講述的材料，成為一有系統、有條理，合乎邏輯的過程，那教學就相當成功了。

在情感的交流上說，似乎是國文教學的題外話，但是，我們知道如果教師教學是如何的合乎藝術性、科學性，然而學生不聽，其效果也是等於零。要使學生樂意聽教師的教學，樂意接受教師的指導，師生之間情感的建立，非常重要。

教師與學生情感的建立，應該坦誠。教學技術雖然要因應變化，但對待學生的態度要真誠不變。記得以前看過一本《小學複式教學法》，裏面記載一段話說：「教師點名時，對學生姓名有不認識的，可以跳過去不點，學生因恐被記曠課，必會站起來問教師，那時教師可問他叫什麼名字，這樣就可以知道學生姓名的讀音了。」（大意如此）還有說：「如果學生提出問題，教師不知道如何回答，可反問其他學生，假使學生會回答，無異替教師回答，假使學生不會回答，問到最後，也差不多下課了，最後可以叫其他學生回去查，等第二天再討論。這樣教師就可從容回去查考，表示並非自己不知道。」這是欺騙學生的方法，假使學生也看到這本書，拆穿了教師的謊言，那時學生對教師的信仰全失，以後說什麼學生也不會信服了。學生姓名的讀音，應該在上課前事先查考清楚，即使有不認識的怪字，也應該直接詢問學生。學生所提的問題，教師苟有不了解，也應該坦誠告訴學生，等回去查考後再答覆，不可以賣弄小聰明，矇蔽學生。教師取得學生的信仰，不是在於應付。而是真誠的去關切他們，了解他們，引導他們自發，向上不懈的努力。良好的教師，是能去愛護學生，進而了解學生的個性趨向，幫助他們多方面的發展。這樣才能建立師生彼此的情感。吉爾伯哈艾特說得好：假使你不真正喜歡孩子們，也不愛青年男女，最好是放棄教學。過去私塾的教學，是學徒制，雖然教師管教得很嚴，但彼此的情感卻很好。因為那時學生少，教師經常和學生接觸，日子久了，自然會產生出師生之情。現在學校因為學生數太多，教師課業負擔很重，不能普遍的照顧學生，因此師生間的情感反而不如過去的私塾時代，甚至學生有不知教師姓名的。在這種情形之下，教師要達到傳道、授業、解惑的目標，那真是「戛戛乎其難矣哉」。師生間情感的交流，是教學成功很重要的因素。教師授與學生智識固然重要，用什麼方法使學生接受這智識更為重要。如果重視授與智識，而不重視用什麼方法使學生接受這智識，那教學的結果，必將是失敗多於成功。然則，要使學生樂意接受教師所傳授的智識，首先必需建立師生之間的情感。北宋的大教育家胡安定，雖盛暑必公服坐堂上，嚴師弟子之禮，視諸生如子弟，諸生亦愛敬如父兄（見《宋元學案・安定學案》）。一個教師必須視學生如子弟，而後學生亦愛敬之如父兄，這樣知識的傳授才不致落空，教育的結果才能確保。胡安定在北宋為一大教育家，其門弟子成名者不知凡幾，據《宋史・儒林傳》記載：「瑗（安定）居太學，其徒益眾，太學至不能容，取旁官舍處之。禮部所得士，瑗弟子十常居四五。」安定講學能吸引人到這種地步，他的學識道德固然是其中重要因素，但他「愛諸生如其子弟」不能不說是重要原因之一。一個成功的教師，其本身除了具備豐富的學識，崇高的品德之外，還需要有對學生濃厚的感情。然後才能夠實現傳道、授業、解惑的理想。父母所傳給兒女的是肉體，教師所傳給學生的是精神，必要師生間情感的交流，而後才可以達到古人所謂「薪盡火傳」的目標。

中學國文教學成功與否，全視其教學是否能夠具備藝術的配合，科學的步驟，以及師生間情感的交流，但是這三者又並非孤立的，而是要融合一體，密切無間的表現出來，最理想的國文教學是這三者密切結合的昇華作用，不是各自獨立的機械的說明。古人常說文章的意義不是在文字的本身，當於無字處求之。國文教學法也不是在方法的本身，當於方法之外求之。《莊子・外物》說：「荃者所以在魚，得魚而忘荃；蹄者所以在兔，得兔而忘蹄；言者所以在意，得意而忘言。」可以說是運用教學法的基本精神。國文教學能做到這種地步，而後教學之能事始畢，教學之功用始顯，那就可以說是「由技而進乎道」的境界了。

第三節　中學國文教學的目標

上面說過中學國文教學的範圍很廣，因此大家的步驟很不容易一致，見之仁者以為仁，見之智者以為智。同時教師嗜好偏愛不同，同一個學校的教師作風不同，同一年級的教師見解不同。假使學生能夠接受同一教師的教學，還可以得到一致的學識。如果逐年更換，則教師作風見解的不同，會影響學生的進步，妨礙教學的效果。因此必須找出大家共同遵循的中學國文教學目標來為實施的根據。我國中學國文教學的目標，依照教育部國民中學國文教學目標計有五條，高級中學國文教學目標計有五條，茲分別分析如次：

國民中學國文教學目標（民國八十三年十月教育修正發布）

壹、體認中華文化，厚植民族精神，培養倫理、民主、科學觀念，激發愛鄉愛國思想。

貳、培養積極創造之思考能力及民胞物與之開闊胸襟。

參、繼續學習標準國語，加強聽、說及討論之能力，養成負責之觀念及良好風度。

肆、明瞭我國語文之特質，增進閱讀、寫作之能力，及欣賞文學作品之興趣。

伍、明瞭國字之結構，正確使用毛筆及硬筆書寫楷書或行書，並培養欣賞碑帖之能力，陶冶高尚之情操。

高級中學國文教學目標（民國八十四年十月教育部修正發布）

壹、提高閱讀、欣賞及寫作語體文之能力。

貳、培養閱讀文言文及淺近古籍之興趣，增進吸收優美傳統文化之能力。

參、研讀中國文化基本教材，培養倫理道德之觀念、愛國淑世之精神。

肆、閱讀優美、純正、勵志之課外讀物，增進文藝欣賞與創作之能力，開展堅毅恢宏之胸襟。

伍、熟習常用應用文之格式與作法；如強書法鑑賞及書寫之技能；熟練語言表達之能力。

上面國民中學的教學目標，綜其內容，大約可以分為三點來說明：

一、訓練學生聽說讀寫的能力

這是目標第三條至第四條所規定的，在聽說方面要指導學生由國文的學習中繼續國民小學的教育，學習標準的國語，但仍要加強培養聽話及說話的能力與態度。讀的要求，在課內方面要指導學生研讀語體文，使其了解本國語言文字之組織，進而了解各種文體之寫作技巧及文法之應用。以及精讀明易的文言文，使其了解並比較語體文及文言文在措辭上的差別。在課外方面，要求學生閱讀有益身心的讀物，並培養學生欣賞文學作品之興趣及能力。總而言之，國民中學的階段，要使學生能明確的聽受國語。並且要做到對於自己生活經驗所感受的事理，能用口頭流利清暢的表達出來。能用語體文字通順自然的寫作出來。至於文言文則只求其了解詞語的結構，比較文言語體詞彙的不同，和簡單的文言造句及應用文字而已。

上面所說的聽說讀寫的訓練，「聽」與「讀」可以說是吸收。「說」和「寫」的方面可以說是表達，這裏的吸收，當然不是教學生捧起書本來讀；表達語言文字，當然也不是叫學生說說寫寫就算了事。第一「聽」和「讀」要求做到明確，「說」和「寫」要求國語說得流利清暢，語體文寫得通順自然。要達到這個標準，那必須講求方法。怎樣才可以說得流利，怎樣才可以寫得通順自然？必定要使學生心知其意才可以。其次還要養成學生能夠不斷習行的習慣。如果有了好方法，學生不去習行，也是徒然，這是教師要注意的。

二、閱讀興趣的培養

目標第三條至第四條，雖然是聽說讀寫的訓練，但基本上還是要學生多閱讀課外的有益身心的讀物，及培養欣賞文學作品之興趣及能力，這是目標所要求的精神。因為學生閱讀的興趣沒有培養起來，那「說」與「寫」的訓練也會落空，所以教師應該由範文的教學過程中，妥善指導學生閱讀的方法，引發學生閱讀有益身心的文學作品及明易文言文的興趣，從而樂於閱讀，養成自己讀書的習慣。學生對讀物發生興趣與教師教法發生興趣是兩回事。有學生喜歡的讀物，而不歡迎教師教的，也有學生感到枯燥的讀物，經教師引申而發生興趣的。所以教師應該指導學生去發掘問題。譬如講「武松打虎」，不要只限於「武松打虎」的故事本身，應該引導學生在課外去閱讀《水滸傳》，發掘與「武松打虎」相同的問題，否則，教師即使把整部《水滸傳》講完，學生還是提不起興趣來。先培養學生的閱讀的興趣，然後才能使學生達到「寫作切合題旨，文理通順之語體文」的要求。

三、精神陶冶

目標的第一條完全是指國文教學內容實質方面的事。要養成學生倫理的觀念，民主的風度，以及科學的精神，並激發學生愛國的思想，宏揚中華民族文化。當然精神的陶冶，還應該和語文訓練配合實施，才可以收效，並不是專講幾篇道德修身的論文而可以為功，所以目標第四條所規定，要求指導學生要明瞭我國語文之特質。這是表示負責的態度方面，並不是讀寫訓練的本身。因為寫作能力的培養與負責態度的要求是兩回事，但在要求學生明瞭我國語文之特質，又何嘗不可以在讀寫訓練中養成，國文教學本來就是整體不可分割的，同時一篇好的教材，必同時具備語文訓練、精神陶冶、文藝欣賞三方面的價值。教師可以在指導學生讀寫訓練中兼及精神的陶冶，以達到潛移默化的功效。至於目標第二條所規定的「培養積極創造之思考能力及民胞物與之開闊胸襟」，學生思辨能力的訓練，應該在範文教學中注意去啟誘，「民胞物與之開闊胸襟」應該是與精神陶冶有關，因為這樣，也是激發學生愛國觀念的具體表現。

總而言之，國民中學的國文教學目標，不外乎這幾點的要求，當然要達到這目標的要求，還有待教師的啟導與學生的努力，我們留待後面再提出討論。至於目標第五條所規定的「指導學生以正確之姿勢，執筆及運筆方法，使用毛筆書寫正楷」，這是實施的方法，這裏就不再提出說明了。

高級中學國文教學目標共有五條，實質上和國民中學國文教學目標是共通的，所要求的也無非是「語文訓練」和「精神陶冶」兩方面，不過深廣度和國中不同而已。在語文訓練方面，要求繼續國中的基礎訓練。換句話說，閱讀語體文和寫作語體文，學生在國中階段應該具有相當的能力。在高中還要提高其能力，這就是目標第一條所規定的「提高閱讀、欣賞及寫作語體文之能力」。另外在高中還應該增進其讀寫的能力，閱讀方面從國中的要求學生精讀明易文言文進而要求學生有「閱讀淺近古籍的興趣」。寫作方面則從國中要求學生「練習簡單之文言造句及應用文字」進而要求學生有寫作明易文言文的能力。這是目標第二條所要求的。至於文學的欣賞，在語文教學中也非常的重要，它和寫作訓練有血緣的關係，所以目標第四條規定在課外要「輔導學生閱讀優美的讀物」，使學生具有「欣賞文學作品之興趣及能力」。這是國文教學重要的一環，與讀寫指導應該密切的配合。

以上三條可以總稱為語文訓練，但是國文教學不單是語文讀寫的訓練，中學法所規定的，還應該是培養健全的國民，這是各科教學都應該負責的，所以國文教學也應該負起所應負的責任，那就是目標第三條所規定的「灌輸固有文化，啟迪愛國淑世精神」，其目的在求「培養高尚的品德，加強愛國思想，宏揚大同精神」，這可以說是精神陶冶。這五項是我們國文教師都應該遵守的原則。

不過我們要知道，目標雖然可以分析為語文訓練和精神陶冶兩方面，但實施時只是一整體，不能分為兩部分來實施。精神陶冶應該寄託在語文訓練之中，除了語文訓練外，並非別有精神陶冶項目。因為所謂灌輸固有文化和啟迪時代思想，還是在語文訓練的具體教材中才能表現出來，否則空談文化、思想，並無補於實際。大凡正人君子本身具有一種正大確當的行為，磊落光明的氣概，發為文章，也必是充滿愛國家愛民族的思想，教師可將這類教材，加以闡發，去感染學生，培養其高尚品德，加強其愛國思想，宏揚大同精神。這樣，才能達到陶冶潛移默化的功效。並不是特地選一篇道德修養的文章，教條式的對學生講解就可收效的。古代教育目標，必期於聖賢，但其入手之處，卻是日常瑣事。朱子《小學書題》說：「八歲入小學，教以灑掃、應對、進退之節」而已。灑掃應對進退之節，不是聖賢大道，但是要達到聖賢的大道，非從灑掃應對進退入手不可。另外教師自己應該以身作則，父母所遺者為血肉之軀，教師所予者乃精神生命，但師生與父子畢竟不同，父子基於血緣的關係，師生則以我理相結合，必其人之道德學問足為後學楷模，然後學子才能起而從之。《宋元學案》記載山陽徐積說：

一日，為母置膳，先過一賣肉家，將買之，遂向市中買他物，而歸途有便道稍近，且亦有賣肉家，因自念吾已有所許，而忽他之，將無欺其初心乎？卒迂道就故所買肉家。先生嘗曰：「吾之行信，自此始也。」

教師必先具有誠信的心，然後發之於語言，行之於動作，自然都可以為學生的表率。教師的工作，一是犧牲，二是利他。唯有犧牲，故能忘掉自己的苦樂，惟有利他，故能以他人的苦樂為苦樂。唯有這樣才能把語文訓練與精神陶冶融合於一體，才能使學生德術兼修，品學俱備。

至於目標所說的，除了提高學生閱讀及寫作語體文的能力外還有培養學生閱讀淺近古籍及寫作明易文言文。這裏所謂淺近古籍，雖然沒有作具體的說明，但按選材原則看來，應該是文字淺明，情意真摯的，決不是艱深晦澀佶屈聱牙的古籍，這是屬於選材方面的事，我們另外要討論的。不過我們先要了解的，如果以為教材平易淺近，便生輕視的念頭，這是極端錯誤的。佛說：「一粒塵沙中，有三千大千世界」，我們若不能指導學生從「一粒塵沙中」去看見「三千大千世界」，便是未盡到教學之能事，所以前人說文不厭淺，文章的好壞不在於文字的淺深，並不是文章深就是好的，淺就是不好的，或許認為淺的沒有什麼可教，深的才有得教。教一篇文章，必須從各家之思想、風格、神韻各方面去體認，如韓愈、柳宗元、蘇洵、蘇軾、王安石，同為儒家，但韓愈則近墨家，柳宗元近道家，蘇洵近縱橫家，蘇軾近名家，王安石近法家。這所謂各家思想之不同，《文心雕龍．體性》說：

吐納英華，莫非情性。是以賈生俊發，故文潔而體清；長卿傲誕，故理侈而辭溢；子雲沈寂，故志隱而味深；子政簡易，故趣昭而事博；孟堅雅懿，故裁密而思靡；平子淹通，故慮周而藻密；仲宣躁銳，故穎出而才果；公幹氣褊，故言壯而情駭；嗣宗俶儻，故響逸而調遠；叔夜儁俠，故興高而采烈；安仁輕敏，故鋒發而韻流；士衡矜重，故情繁而辭隱；觸類以推，表裏必符。

這所謂各家的風格不同。文章的意境，有的似水中之月，鏡中之花，所謂「不著一字，盡得風流。」這所謂文筆的神韻。假使教師不從這各方面去指導學生體認，即使教得再好，也只是翻字典的工夫而已。不能深入，決不能淺出，教師應該像蜜蜂釀蜜一樣，那小小的一點蜜汁，卻是吸收了千花的精華提煉出來的。這樣對學生寫作的訓練，才有幫助，所以目標規定學生所閱讀的古籍，必須淺近，所練習寫作的文言文，必須明易，道理就在於此。另外我們要注意的，國文教學雖不是教艱深的古文，但也不是教文學，學生有文學的天才，應該培養，但是寫文學也是應該從普通明易的文辭入手，我們生活上應用所需要的也是普通明易的文辭，不是文學作品，如果學生不從普通明易的文辭入手，結果必徒勞而無功。《顏氏家訓·勉學》批評一般讀書人，只知事末，不知求本，謂其「問一言輒酬數百，責其指歸，或無會要。鄴下諺云，博士買驢，書券三紙，未有驢字」。這情形正可以說明普通文辭的重要性。固然學生讀文藝作品，寫小說詩歌，並不是壞現象，而且我們也不能抹殺有文學天才的學生。文學的創作要比普通明易的文辭艱深得多。因此目標規定必須先指導學生閱讀淺近古籍，培養學生寫作明易的文言文。至於學生能否成功為文學家與否？那要靠各人的天資與努力了。在國文教學中不必負擔這個任務。至於教材中有一部分文學作品，也應只是要求學生以能欣賞為度，欣賞文學作品並不是要學生做文學家，能夠真正培養學生欣賞文學作品，那也是國文教學目標之一，就是目標第四條所說的「輔導學生閱讀優美之課外讀物，以增進其欣賞文學作品之興趣與能力。」但與寫作文學作品是兩回事。而所謂欣賞的文學作品，其內容與形式也應該是有助於閱讀寫作的基本訓練的。在施教的方法上，這種文學作品教材，也應該與普通明易文辭的教材，作同樣的分析，決不是專講述文學作品產生的故事背景，而忽略了最主要的語文訓練的任務。

當然，目標規定的是一回事，實施又是一回事，我們要如何來貫徹國文教學目標所要求的各項呢？這是我們要討論的。我們知道傳授知識固然重要，用什麼方法使學生接受這知識更為重要。如果學習不得其法，所學將一無是處，我們如果重視目標，而不知道用什麼方法達成這個目標，那也等於空談。所以我們在討論國文教學目標實質的問題之外，附帶再來談談如何達成這個目標的方法。

那麼，如何來提高學生閱讀寫作的程度，以達到目標的要求呢？我認為應該做到下左幾點：

一、啟引學生自具的能力

也就是基本力的培養，教學生去想，幫助學生去用心思，盡量先去自找解決的途徑，自求解決的方法。學生不用腦筋，聽了像耳邊風，教師教了等於不教，儘管教材準備很充分，說什麼議論精闢、警策、傳神、風格超絕、神韻優美。儘管字字有據，也是沒有用。教師應該多讓學生想，也就是多讓學生發問，如朱自清〈背影〉那一課，作者看過他父親的背影很多，為什麼只選送車時那一個背影。歷史上先隱後顯的人物很多，為什麼歸有光〈項脊軒志〉單提到巴寡婦清和諸葛亮？當然，教師所提的問題，應該富有啟發性，所謂啟發性問題，就是能引起學生思考的問題。問題的內容，既要避免過於簡單，也要避免過分複雜。問題過於簡單，不能引起學生積極的思維，學生也沒有回答的興趣，問題過於複雜，超過學生的理解，使他們瞠目無所對，這都不合提問的要求，最好是推測學生想問而不知怎麼問的問題。

思想是求取一切智識的原動力，不能運用自己的思想，便不能吸收他人的思想。教師不應只由自己想，而不讓學生想。要讓學生想，最好只做到啟發問題為止，培養他們自具的能力，將一切問題答案都寫在黑板上，全不要學生花腦筋的教學方法，不是理想的教學方法。

二、指示學生自學的原則

國文教學最終的目的，是要使學生自己能夠讀、自己能夠寫為目的，所以教師應該培養學生自學的能力，講解課文，與其逐字逐句的詳盡的解釋，不如歸納成許多原理原則，讓學生掌握應用。例如：見字是最常見的字，一般都知道有兩種讀法，一是讀ㄐㄧㄢˋ，一是讀ㄒㄧㄢˋ，假使教師隨文而讀，不告訴學生讀音的原則，學生除了強記之外，別無他法。這樣學生即使記憶力強，所記的也很有限。所以教師應該告訴學生一些原則，譬如說：

△看見讀ㄐㄧㄢˋ，如：《論語・里仁》：「見賢思齊焉。」

△被看見讀ㄒㄧㄢˋ，如：「出見」。〈燕策〉：「圖窮而匕首見。」〈泰伯〉：「天下有道則見，無道則隱。」

△名詞讀ㄐㄧㄢˋ，如：「見解」、「見識」、「高見」、「遠見」。

△不及物動詞讀ㄒㄧㄢˋ，《論語・季氏》：「冉有季路見於孔子。」〈微子〉：「見其二子焉。」（使其二子拜見子路。見字一般都當不及物動詞用，見其二子是使動用法）。

△及物動詞讀ㄐㄧㄢˋ（包括省略賓語的見），作見面講，不作謁見。如《左傳・僖公三十年》：「若使燭之武見秦君，師必退。」上古沒現字，凡「出現」的意義，上古都寫作「見」。

這不過是一些例子而已。在教材中，雖然詞義無窮，但是教師應盡可能歸納出一個原則出來，讓學生自己掌握運用。

三、要做深入淺出的工夫

所謂深入淺出，就是自己印入要深，講出來要淺。惟有自己印入得深，才能表現得淺。有些表現不能淺的文句，看起來似乎非常艱深的，倒是自己印入不怎麼深。人間的道理，說穿了人人能夠懂得，這叫做淺。但是要說穿一個道理，卻又非下又精又博的工夫不可，這叫做深。蘋果墜地是地心引力的緣故，說穿了人人都懂得。但牛頓卻做了很多研究試驗的工夫才發現。教師在講解的時候，使學生每字每句都能夠理解，觸類旁通。但在講解之前，卻要花很多的時間，鞭辟入裏的去研究揣摩，然後才能淺出。惟有淺出，才能使學生的心境與課文的情景融合。所以教師應該指導學生，在平凡的事物中，去發現深奧的道理。以壺煮開水，水開了，把壺蓋沖掉，是一件人人都知道的平凡現象。但是瓦特卻能從這個平凡的現象中，發明了蒸汽機，把人類文明推進了一大步。文章之所以能夠發揮感染作用與訓練寫作的價值，全在於教師去闡發文章深奧的義旨與作者寫作的技巧。古人評論文章說：「看如平凡最奇倔，成似容易卻艱辛。」教師就是要把平凡的文字，講解出奇倔的道理。容易的文句，道出作者艱辛的手法，使學生有悟於心。這樣得之於心，應之於手，寫作的訓練就全靠這深入淺出的指引呢。

四、培養學生認真不苟的精神

許多人都慨嘆今天學生國文程度的低落，都想用種種的方法來補救這個缺點。但是如果學生不肯自發的努力，即使有了優良的方法，還是沒有用。所以鼓勵學生認真的學習，是補救學生國文程度低落最重要的關鍵。譬如教書法，看見學生字寫得太壞。如果不去培養學生對字的美感，不知教學生怎樣執筆，怎樣端正姿勢，徒然去責備是沒有用的。我們怪學生習作潦草，理解力太低，而不積極的去提高他們的理解力，去除掉他們潦草的病根，還是於事無補。所以教師教學生寫字，不要急急於求學生寫好大楷小楷，但必須教學生認認真真的去寫。讀一篇文章或一首詩歌，不急急於求學生讀懂這篇文章、這首詩歌，但必須要求學生，認真去研究這篇文章、這首詩歌。

今天學生寫作不能進步，不全是學生程度的低落，大部分是學生不肯用心認真的去練習。在作文時，往往不肯打草稿，想一句，寫一句，寫不下去就拿去繳卷。這樣學習，永遠沒有進步的一天。孟子所說的「讀書之道，求其放心而已矣。」這句話的精神，也就是要求學者認真不苟的學習。唯有認真不苟的學習，學習才能有效，自然有進步成功的一天。這是教師應該要特別注意的。

其次，就是要給學生適當的鼓勵，認真學習或且學習日有進步的學生，應該公開的鼓勵。學生明白一個字，辨清一個字形，了解一詞一句的真意，都應該得到應有的鼓勵。這樣，會使學生更加認真的去學習。

附：國中高中國文教學目標分析表

一、國中國文教學目標分析表

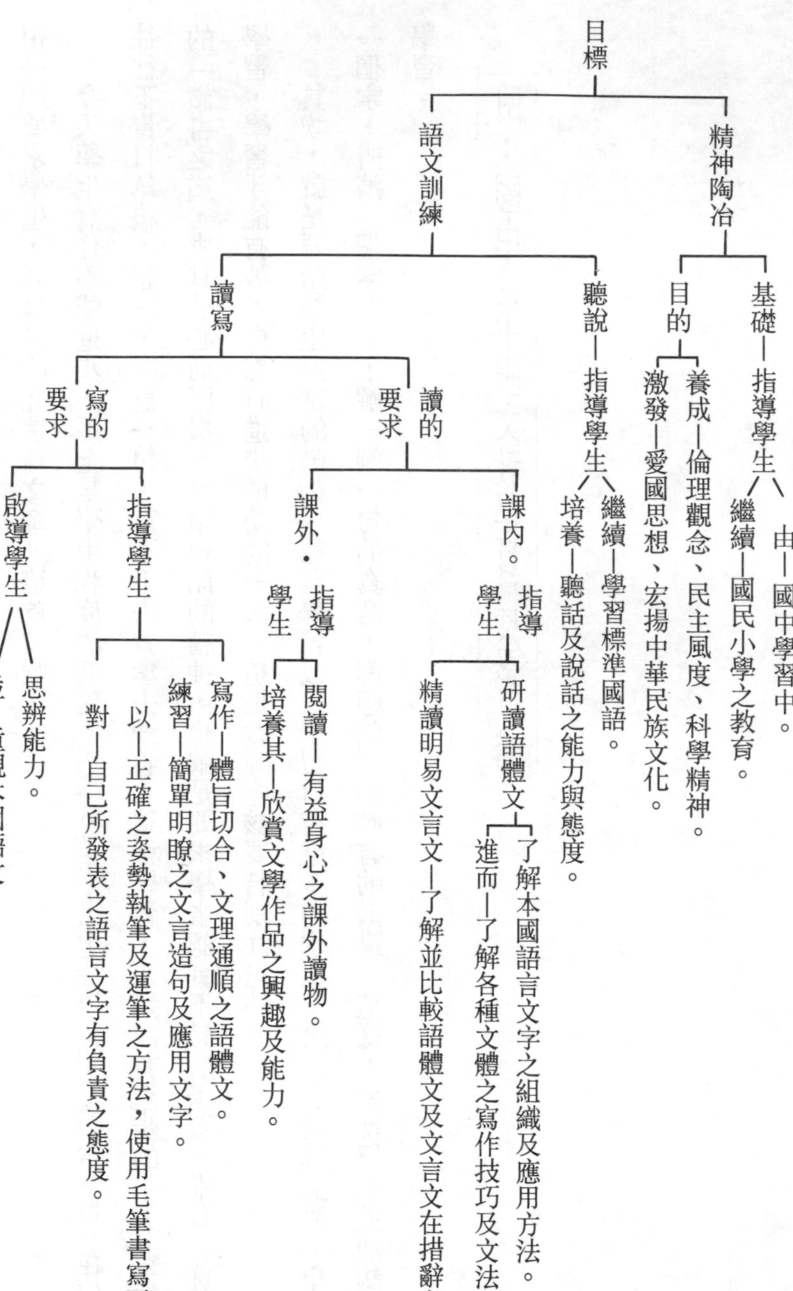

二、高中國文教學目標分析表

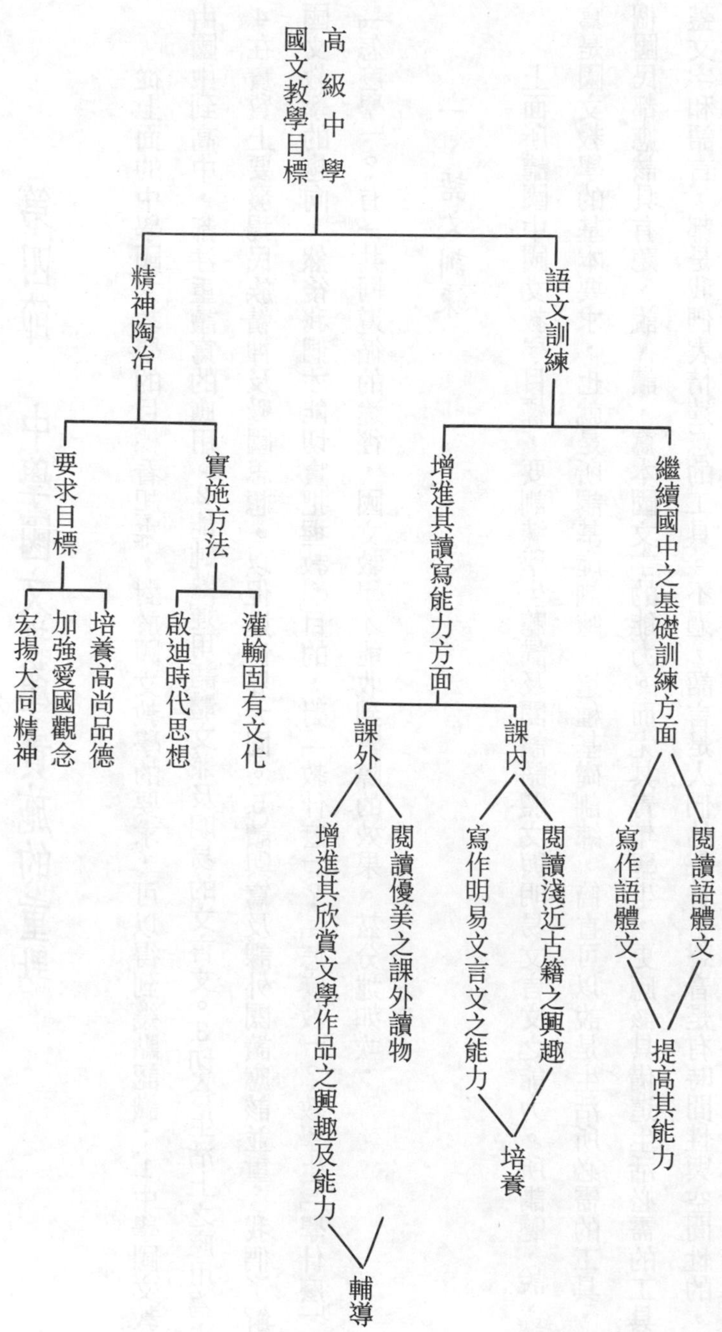

第四節　中學國文教學實施的重點

從上面的中學國文教學的目標看起來，對於國文教學的要求，可以得到幾點認識：1.中學國文教學由國中到高中，都注重讀寫的應用。2.能純熟運用語體文兼及明易的文言文。3.切合生活上之應用為主。4.在實質上要發揚民族精神及愛國思想，以促進世界大同。5.讀與寫及課外閱讀應該並重。我們了解了國文教學的趨向，然後我們才能切實把握教學目的，對「教什麼」？「怎麼教」？教學生「學什麼」？「怎麼學」？有一共同遵循的途徑，國文教學才能收到實際的效果。茲分述如次：

一、語文訓練

上面所講國中國文教學目標，要訓練學生聽講及閱讀語體文與明易文言文之能力。所謂聽、說、讀、寫是國文教學的基本要求，也就是所謂基礎訓練。這種基礎訓練，簡直可以說是生活所必需的工具，每個國民都應該具有聽、說、讀、寫本國文字的能力。而尤其青年學生，更應該具備這生活必需的工具。蓋文字和語言，都是我們表情達意的工具。不過，語言是人們的聲音，聲音是有時間性與空間性的，不能留之異時，傳之異地，所以必定要有文字濟其窮。使人與人間的情意能夠交流，並傳流於後世。所以聽、說、讀、寫實是我們生活中最重要的一部分，也是國文教學重大的任務。在實施的步驟上說：在國中階段，學生聽講的能力尚未完善，而讀寫語體文則剛剛開始，對於文言文更毫無所知，所以在國中剛入學時，應該特別注意聽講的訓練，以及語體文的讀寫，兼及閱讀平易的文言文，當然深廣度每年增加。到了高中，則聽講的能力，已臻純熟，讀寫語體文的基礎，也在國中階段奠定。故應該提高其讀寫的能力。使讀的方面能夠增加深度與速度。語體文的寫作，不但要會，而且還要純熟。對於詞語的運用，要求做到正確妥適，而且兼及明易文言文的習作。但所習行方面的還應該是些基本的訓練，不過由國中一年級到高中三年級深廣度不同罷了。這理由很簡單，高中學生與國中一樣，他們所要求的也不是高深的學問，他們所寫的也並不是高深的學問。惟有對基本訓練鍥而不舍，熟而成習，然後去研求高深的學問，才會左右逢源。所以說，中學國文教學的實施，無論國中、高中都應該循「完成語文基本訓練」的路線，這是國文教師應該把握的第一點。

二、以語體文純熟運用為主，兼及明易的文言文

依照國中、高中國文教學目標的規定，以基本訓練為國文教學之重大任務，國中以訓練聽講讀寫語體文為主，而附以閱讀明易之文言文，高中則純熟的運用語體文及明易文言文之寫作能力，照這個目標來說，我們應該先求學生（不論國中、高中）語體文運用純熟後，然後行有餘力再去學明易的文言文。假使一個中學生不能純熟運用與生活有密切關係的語體文，那國文教學的目標就算沒有完成，因此國文教學應該把推進語體文訓練，使　達到完美的境界，作為國文教學重要的目標。但是事實上，現在報章雜誌公文書信，還有一部分用文言寫作，而這些報章雜誌公文書信，都和日常生活應用有關，這是一個事實問題，既然有這事實，為使國中學生畢業後能應付社會上一切生活起見，則又必須教授文言文。所

以目標中規定國中除訓練學生閱讀語體文外，還兼及明易的文言文；高中除須有熟練語體文之寫作能力，還須有明易文言文的寫作能力，原因就在這裏。另外一個需要就是高中教學的目標，除了基礎訓練外，還須研求高深學問之準備，而這高深學問的準備，直接間接的與文言文有關，所以高中國文教學的目標，要訓練學生閱讀及純熟的運用語體文寫作能力，進而訓練學生閱讀淺近古籍，及寫作明易文言文的能力。

但是這明易文言文，明易的程度如何？我們固不敢貿然論斷，但按常理推測，應該是近代的普通文言文，或是應用文言文，決不是先秦兩漢〈喻巴蜀檄〉、〈陳政事疏〉那一類的文章。應該是運用文言字彙，文言調子，條理上情趣上和語體相差不遠的文言文。現在學生寫文言文，弄得文不成章，其原因大概就是受了深古文言的害處。文不厭淺，越是淺的文章，對學生的益處越多，我們應該訓練學生從淺明的文言文入手，學生才能從平易而入艱深。假使叫學生讀先秦兩漢六朝各體的古文，要希望他們成為古文家，其結果必弄成不但文言文不會寫，連語體文也寫不通。所以施行文言文教學，應從明易的文言文入手，才不至於徒勞無功。也惟有如此，才能培養他們閱讀淺近古籍的興趣和能力。

三、以普通文辭為主

中學國文教學從語文基本訓練，和切合生活上應用的立場來說，應以普通文辭為重。我們要注意的就是國文教學，並不是教文學，但是大部分學生的心理上，認為讀語體文是研究文學，往往讀了幾篇小說，就寫起小說來，念了幾首新詩，就學寫新詩，把與寫作有關的普通文辭，不屑一顧，棄之如屣，結果是沒有把基礎學好，寫的作品當然也不會高明。我們在報上常看到說中學生作文錯誤的笑話，有的形容父親的勤勞像一隻老牛，有的說「母親為最富感情的動物」。類似這些，不勝列舉。但他們在應用上，卻寫不通一張便條、一封書信。我們知道，學生有文學的天才，應該培養，但是寫文學也應該從普通文辭著手。不是文學作品，就是文學家寫作，也是要從基本訓練入手，並經過嚴格的訓練才成功的。並不是看了兩本小說，讀了幾首新詩就可成為文學家詩人的。並且文學的創作比普通文辭要艱深得多，我們看「淚眼問花花不語，亂紅飛過秋千去」讀起來覺得這兩句沒有什麼艱深的文字，但是作者卻下過磨練的工夫。普通文辭可以說是規矩，文學作品則是藝巧，不由規矩則不能畫方圓，不能畫方圓，更談不到進入藝巧，學畫圖的人也要先學描繪，然後才能寫生，道理是一樣的。因此，我們必須先教學生能夠閱讀普通文辭，能夠熟練的運用普通文辭寫作。

按照國文教學目標看來，無論國中、高中，都是以訓練學生讀寫為主，那國文教學應該是一門工具課，不是理論課。工具課並不是完全不講理論，但它和專門講文學理論、背景，以及道德修養的理論課不同，或許學生也喜歡聽講新文藝產生的背景，以及文學的創造理論，在文學知識方面或可獲得一些，然而不能掌握文辭的運用，並不符合培養學生閱讀古籍及明易文言文的目的。

四、精神陶冶

中學國文教學除了基本訓練的語文教學外，另一重大任務就是精神陶冶，中學教學目標說發揮民族精神，與加強愛國思想，即指精神陶冶而言。這也可以說是道德修養方面的事。這件事除了公民史地科目外，在國文教學，也應負起多少的責任。上面我們說過，道德貴在實踐，修養卻在平時，國文教學要是太注重道德的修養，反會把語文訓練的任務忽略了。但是，精神陶冶對當前教育甚為重要，應該如何去實施呢？教師把品格的陶冶與知識的傳播認為是兩回事，除了教書外，其他一切不問，這固然不對。但也不是對學生講一篇道德修養的文章，就可收到精神陶冶的效果。古人云：「百年樹人。」品德的陶冶是長期不斷的感染，一方面教師要自己以身作則，另一方面凡教材中有關精神陶冶方面的小節細目、日常行為，可以據以闡發的，不要輕易放過。《宋元學案》說：「北宋胡瑗雖盛暑必公服坐堂上，嚴師弟子之禮，視諸生如子弟，諸生亦愛敬如父兄。」又如蘇東坡〈水調歌頭〉詞中「只恐瓊樓玉宇高處不勝寒」之句，字面意義，並無別解，而神宗讀了卻嘆其終是愛君，所以目標雖然把語文訓練和精神陶冶分條說明，實施時應該融合為一，不可分開，語文訓練應該包括精神陶冶，而精神陶冶就寄託在語文訓練之中，使兩者密切配合，那才是完美的國文教學。《論語・學而》說：「子夏曰：賢賢易色，事父母能竭其力，事君能致其身，與朋友交，言而有信，雖云未學，吾必謂之學矣。」這可以為語文訓練與品德陶冶融合為一的充分說明。教師應該善為把握教材，闡詳發揮，以收到陶冶潛移默化的功效。

五、範文教學、習作教學與課外讀寫教學須同時注重

談起範文教學，大家都認為是每學期教學生讀了十數篇文章，學生課文字面釋義了解了，就算是教國文。把最重要的習作教學，認為是國文科附帶的一件可有可無的事，其實在效果言，範文教學只能算是手段，真正的目的還是習作。中學國文教學目標也特別提出要訓練學生讀寫的能力。重視習作教學的

教師，雖占大多數，但對於習作教學忽視的也並不是沒有，所以目標提出是一回事，實施又是一回事，因此範文教學與習作教學幾乎是脫了節。其實，課內的讀寫訓練，嚴格的說起來，也只是一種準備的工作。國文教學是要訓練學生自己能讀能寫，才是最後的目的。現在一般學生對於範文教學，既以了解課文表面釋義為滿足，習作更是敷衍了事，有些教師甚至為了學生應付參加考試，預測考試作文題目，到時叫學生背誦出來，這樣學生的寫作程度，怎麼能進步呢？至於課外讀寫那更談不上了。學生作文程度的低落，自在意料之中。所以吾師章銳初先生主張範文教學，習作教學，與課外讀寫應該並重（見章著《國文教學法》第一章第三節）。然所謂訓練，不是教學生讀書習作就算了，首先必須講求方法才行，所以，我們認為：範文的教學，應該附帶習作教法的指導，如作者的寫作技巧，可以附帶告訴學生，看作者事是怎樣敘的？理是怎樣說的？情是怎樣表的？意是怎樣達的？語言文字又是怎樣運用的？我們不但在讀講的時候，要告訴學生了解，使他在習作時還會能運用，這樣才算達到範文教學的目的。因此在習作時，教師命題之後，仍須將寫作有關的審題、立意、運材、布局、遣詞、造句、思辨組織等法則（詳見第五章），指導學生，不能讓學生自己去摸索，更不可認為習作是國文教學附帶的工作，每星期或隔週出了一篇作文題就算完事。

課外讀寫的訓練與學生寫作程度的關係甚為密切，尤其是閱讀方面，一般人只看到學生作文程度低落，殊不知是學生閱讀程度低落。這當然是寫作程度有跡象可尋，而閱讀程度難以捉摸的關係。因此，我們要特別注意這一點。學生閱讀程度不夠的原因，讀得不夠是一個原因，讀得不得其法也是一個原因。閱讀方法並不是機械的解釋字義，記誦文義。應該研究文法修辭的法則，最要緊的還是在多所比較，多所歸納，揣摩體會，一字一語都不放鬆，務必要發現作品的特性，與作者寫作的技巧，然後對於寫作才能有幫助。這樣，國文教學才能達到完美的境地。

以上所談的，是教學一般的原則。在教學技術上說，卻仍要作靈活的運用。我們知道，方法的本身，是一種理論，是教學的原理原則，教師應把原理原則融化為使學生能夠接受履行的習慣，才能發揮方法的效果。方法是固定的，技術的運用卻千變萬化。教育學，教學法所提供的是一些原理原則，對於實際問題，應如何解決，它們是不負責的。因此孔子有「不憤不啟、不悱不發」之教，孟子有「不屑之教誨也者，是亦教誨之而已矣」之說。顏淵問仁，孔子答以「克己復禮」；司馬牛問仁，孔子答以「仁者其言也訒」；樊遲問仁，孔子答以「愛人」，這是施教對象的不同。馬融有「女樂之設」（見《後漢書》），程門有「立雪之教」（見《朱子語錄》），這是施教方式的各異。諸如此類，非方法所能盡述。大匠能「示以人規矩，不能使人巧」，其理由即在於此。方法是達理的工具，他本身不等於理。《莊子・外物》云：「荃者所以在魚，得魚而忘荃；蹄者所以在兔，得兔而忘蹄；言者所以在意，得意而忘言。」可以為方法與技術運用兩者相互關係很確當的說明。所以方法的運用，端視教學的情況而定，如能隨時研究，由規矩進入藝巧，則更有左右逢源的樂趣。

第二章　國文教材的選取與編配

教材在國文教學中占著重要的地位，它是教學方法的依據。但是教材卻是最複雜的一個問題。因為中國文化悠久，可資以示範、練習、指導學生寫作的材料很多。到底要拿些甚麼作根據呢？許多年來討論最熱烈而仍未能得到適當解決的還是國文教材的問題。國文科是語文基本的訓練，與他種學科之敘說事理或方法者不同。譬如數學物理，他只要按照進度逐漸授與，不管用語體文也好，文言文也好，甚至有的用外國文，只要符合教材大綱的規定就可以了。而國文科卻不同，它是「敘說事理及表情達意」用的語言文字本身。不是採用一種文體，或一兩個人去寫就可以做到的，而是要從自古以來原未準備作為學生教材的作品中去選取。而選取的尺度與標準，各人的立場、見解也不盡一致。所以，國文科教材便變成為最複雜最不容易解決的一個問題了。

茲就教材選取與分配等問題，分別提出討論。

第一節　教材的選取

中學國文精讀教材選取方面，就教學方法言，應配合學生的能力需要與興趣。就教材的本身言，應能具備語文訓練、精神陶冶、文藝欣賞三種價值。部頒中學國文課程標準教材大綱裏，對選材原則的規定，共有九條，大概可分兩方面：一是思想材料質素價值等內容方面的事，一是文辭章句運用組織等形式方面的事，玆分別闡述之：

一、教材的內容

教材內容也就是思想材料方面，這是教材大綱的第一、二、三、四、五、六各條所指的。其中第一條的思想純正，足以培育國民道德，與第二條旨趣明確能配合國家政策者，是指教材內容的本質。第三條理論精闢足以啟發思路者，第四條情意真切，足以激勵志氣者，與第五條材料新穎足以引起閱讀興趣者，是指教材內容的能。也就是內容所能感染讀者的力量。本質為思想材料內容所自具，而感染力量則常有賴於形式文辭之助。因此，關於思想教材的選取，還是要多注意教材本質的部分。但是，我們前面說過，精神陶冶不是專門灌注抽象知識的論文和教條，同時教材本身還要顧及文藝欣賞、語文訓練兩方面。專門的道德論文或修身教條，往往只嚴肅的示人以某種思想材料本質的「體」，而國文教材內容的選取，應著眼於思想材料本質的「用」。如有助學生明辨事理、陶鎔情意、增益智能、開拓思境等作用。那麼，教材中可以發皇民族精神與精神陶冶的地方很多，如王安石〈遊褒禪山記〉，在體裁上看，是一篇遊記的文章，但是它的內容卻是比喻人之為學。許地山的〈落花生〉是一篇文藝性質的小品文，但卻包含著人生的哲理，這全靠教師的能善為把握發揮。學生能夠明白事理之當然，進而篤行實踐，那種精神陶冶的目的就能達到，同時也符合選材原則第一、二項的要求了。所以國文教學在精神陶冶方面所負的任務應該重質不重量。教材的思想材料內容，但求能配合得上整個教育的目的，不必顧慮條目之全備與系統之完整與否。上面我們也說過，大凡正人君子，他們的作品也必蘊藏著一股感人的誠正之氣，昔李格非論文章嘗曰：「諸葛孔明〈出師表〉，劉伶〈酒德頌〉，陶淵明〈歸去來辭〉，李令伯〈乞養親表〉皆沛然如肺肝中流出，殊不見斧鑿痕，是數君子在後漢之末兩晉之間，初未嘗以文章名世，而其詞意超邁如此，是知文章以氣為主，氣以誠為主（見《冷齋夜話》）。」這裏所說的誠正之氣，正可激勵學生奮發進取的精神與向上實踐的行為，可見教材的思想內容，不必求之於單調枯燥教條式的道德論文，如教師善於把握闡發，到處都是精神陶冶的良好材料。在學習的效果上說，學生都討厭說理的論說文，都喜歡抒情真摯，敘事有致且與學生經驗切合或學生習見事物的教材，據師範大學中等教育輔導委員會國文科教學狀況調查研究報告，教學效果最佳的教材有〈鴻門之宴〉、〈出師表〉、〈祭十二郎文〉、〈岳陽樓記〉、〈與妻訣別書〉、〈匆匆〉、〈背影〉等篇，教學效果較差的有〈示弟立志說〉、〈不朽論〉、〈迎上前去〉等篇，這也可看出凡是命意玄冥或道德氣氛過於濃厚，學生不免索然寡味。這是在選取教材的思想內容方面時要特別注意的地方。

其次教材大綱選材原則之規定，要事實情節切合學生心理發展程序方面，這一點也很重要，大凡教材能配合學生的能力需要興趣者，都能夠適合心理發展的程度，所謂心理發展，也就是學生閱讀能力與趣的分析與配合學生學習環境和個別的程度，看學生什麼時候應該讀語體文，什麼時候應該讀文言文。其實讀文言文不限於中學生，我們看有些小學生也會說「從事報國」這一類的文言句子，假使說成白話，豈不要說成「做些報答國家的事情」。由此可見，學生到某一程度，自會說些簡單的文言文，教師如能因勢利導，授些明易的文言文，當有駕輕就熟的功效。固然這明易到什麼程度，還須靠教師斟酌學生的能力、學習環境，與生活經驗才行。

上面說過，國文教材，包羅萬象，以文言說，則經史子集，詩詞歌賦；以白話說，則《宋明語錄》、《紅樓夢》、《西遊記》一類的早期白話文以及所謂的「報章體」的白話文，無一非教材範圍。在思想材料內容的選取，究竟何者為佳？這是大家都感到困惑的一件事。教師應該考察學生對每一課文之反應與程度的進展，作客觀的分析，以為選材的幫助。

二、教材的形式

教材形式是表情達意，文字運用方面的事，也就是教材大綱第六、七、八各條的要求，要文字淺顯，層次清楚，詞調清暢等項。中學國文教學本應訓練學生以運用文字、敘事說理、表情達意為職責，但是往往內容與形式不能分開，又須兼籌並顧，內容固要著重於陶冶學生性情，培養人格，但文辭的訓練乃是國文教學最重要的任務。學生必定先要對文辭了解，才能使其接受內容，否則選了一篇修身養性的古文，學生連文辭都看不懂，即使有很好的內容也是沒有用。所以，文章的內容固應能培育國民道德，在形式上也必須是淺明易曉，學生讀了，會不自覺的接受其潛移默化，這才是最理想的教材。現在我們根據這個原則，分別為教材文辭形式方面的討論。

㈠詞句：文章的詞句是學生練習運用文字的初階，假使詞句不好，就會影響學生習作的基礎，所以教材的詞句，必須能為學生學習的模則，同時又須顧及生字生詞合乎學生學習能力。因此，語體文用詞過於新奇生僻者，句子太長、太複雜，或強求歐化者，都不應該選取。就是文言文方面，詞句過於古奧的，句法太奇特的，與現代語法相去過遠的，所用故典史實過多的，近於堆砌的，也都不應該選取。

大凡選為精讀教材的文章，其詞句必須使學生了解十分之六七，學生學習才能有興趣，據師範大學中等教育輔導委員會調查，認為教學效果差的教材：有〈文獻通考總序〉、〈漢書藝文志序〉等篇，這些文章不能說不好，但是教學效果差，想與詞句奇僻不無關係罷！

㈡章法：章法是文章的法則，也就是文章組織的型態，一篇文章好像一個整體，各部分配置恰當，這個整體就完全，如配置不恰當，那便不成為一篇文章了。但是配置的方式，各人手法不同，所謂「文無定法」，就是指此。我們選取教材，應該是段落分明，思路清晰的，分開來說可分為三個原則：一是秩序的原則：秩序就是文章的編排方面，看文章次第排得適宜不適宜？二是聯貫的原則：聯貫的原則就是要看一篇文章從頭至尾前後連續得順當不順當？三是統一的原則：即是看全篇意見是否一致，是否有違背主旨的地方？教師著手選取材料，最好自己先閱讀幾遍，細細體認，然後再作決定。還有，教學活動中章法的深究，同時也是思維法則，及思辨能力的訓練，比辭句運用的訓練要難得多，文章思路能達到流暢的地步，章法是最重要的因素，教師應該深切注意。

㈢辭氣：章法是文章的架構，辭氣則可說是文章的精神，曾文正公曾云：「有氣則有勢，有識則有度，有情則有韻，有趣則有味，古人絕好文字，大約於此四者之中，必有所長。」孟子的文章，可以說是有氣有勢了，因為孟子曾說：「吾善養吾浩然之氣。」由此可見，文章辭氣的表現，與人的修養品格精神有密切的關係，《文心雕龍・體性》也說：「氣以實志，志以定言，吐納英華，莫非情性。」因為文章與人的修養有關，所以它影響感染人的力量也特別大。從前司馬遷說：讀了〈離騷〉、〈天問〉、〈哀郢〉這些文章，沒有不受感動而下淚的。王裒讀詩讀到「哀哀父母，生我劬勞」沒有一回不三復流涕，辭氣影響人如此之大，選材時不可不慎。

㈣體裁：文章體裁的選取，雖不如詞句、章法、辭氣那樣重要，但為求達到教材大綱規定，要切合學生生活應用的需要起見，那麼，文章體裁也應該注意到。在教學的效果上說，單教某一體裁的文章，學生也提不起興趣來，所以體裁的選擇自有其必要，體裁的分類甚為複雜。依文章的作用來分的，有蕭統的《昭明文選》，把詩文分為三十九類，姚鼐則把文章分為十三類，曾國藩分十一類，有依章句組織方式分的，有駢文與散文，有韻文與無韻文，依時間分的，有文言文與語體文，現代文言與古文。以至於純文學、雜文學等，但在教學上說，這種分類還嫌粗率，難以指導學生，使他們明白文章的性能及理法。近人一般都依作法來分，有敘述、描寫、說明、議論、抒情五類，但是這個分法也不很一致，有把描述併入記敘類的，有把記敘分為記述敘述的。現在通用的國文教本，大概都依照這種分類。大體說來，議論較難，說明次之，記敘又次之。所以選取文章體裁，應由易入難，由淺入深，先記敘次說明而後議論，至抒情一類，或因成年人的情感，與中學生生活經驗不太切合，所以純粹抒情文非中學生所能領會。如朱自清的〈悼亡妻〉，〈楚辭國殤〉，據調查教學效果並不很好，其原因大概就是與學生的經驗不能配合的緣故，不過每篇文章多少有抒情的成分，教師應選擇切合於學生生活經驗，配合學生需要應用的抒情教材為主。但每篇教材，必非純粹的體裁，如敘事之中有議論，說明之中有記敘，或議論之中有說明。

大體上說，學生讀敘事帶議論之體裁較為適合，可以互相參合，揣摩其寫作體式。教師可視敘事之難易，或帶議論之多寡，逐步由易而進於難。總之，以適合學生程度為最高的原則，不必拘於體製的形式。

㈤篇幅：教材篇幅的長短與文章優劣無關，但是因為文章有章法的關係，假使文章太長，學生不容易看出整篇文章的聯絡照應與作者寫作的技巧，所以應該選取較短的，尤以國中更應如此。上面我們所舉的普通文辭，我認為是國一學生很好的教材。無論怎麼短的文章，每篇總都有起頭結束，俗謂麻雀雖小，五臟皆全，只有這樣的短文，學生才能夠一口氣的從開始看到結束，了悟作者寫作的技巧與手法，從而揣摩，學習其作法。否則，教一篇洋洋數萬言的文章，學生讀了前段忘了後段，僅在字面的釋義，已記不過來，何暇去揣摩文章的章法呢？即在精讀方面來說，也應以短文為宜，因為文章短，學生可以反覆習誦，由熟誦而生藝巧。如過於長，學生讀一篇未畢，已感疲倦，如何能使其熟讀成誦呢？當然教材還是要配合各年級而稍為加長，但是與其失之過長，毋寧失之過短，這是我們要注意的。

教材的選擇，千頭萬緒，而近年來「學生程度低落」的呼聲非常普遍，無論是國中高中都有這種現象，當然這種內容很複雜，並不太簡單，牽涉的範圍也很廣，但無疑的教材是其中重要因素之一，工欲善其事，必先利其器。我們要教學有效果，單有教法，而沒有良好的教材，當然也是辦不到的。所以教本在教學上實占有很重要的地位。苟無良好的教材，要求教學有良好的效果，那是無異緣木求魚。茲綜合以上所說，憑個人淺漏的看法，舉出幾點意見，以供選材的參考：

㈠選材應配合語文訓練要求：國文教學的目的是語文訓練，文藝欣賞與精神陶冶，但是還是以語文訓練為重要，為求達到這個要求，選材必須側重於形式方面，對寫作訓練有示範作用的。許多文學思想的教材，固然可以使學生接受一些學術常識，但是對於學生所迫切需要的語文訓練無多大用處，這是我們應該知道的。

㈡選材應切合學生生活經驗：教材上文章大多是成人的經驗，本來沒有預備留給後人讀的。所以有許多意見，學生不能接受，這樣學生不免沒興趣，尤其國中一年級學生剛讀文言文會特別新奇。本來說話叫說，文言卻用「曰」、「云」、「謂」了。字的用法差異已經增加他們的負擔，假如再不配合他們的生活經驗，任意選些佶屈聱牙的古文，當然格格不入了。所以選材應設身處地，選取切合學生生活經驗的文章。

㈢好文章不一定是好教材：有許多文章在文辭上是一篇絕好的藝術品，但不能選作教材，如李後主〈一斛珠〉：「綉床斜凭嬌無那，爛嚼紅絨，笑向檀郎唾。」這三句在藝術上極工，刻劃極妙，可惜僅止於藝術上之工，而無高深之旨意經緯其中，像這種的作品，不能選為教材。

㈣應該選詩歌：詩歌雖與語文訓練沒有密切關聯，但與文藝欣賞及啟發情意有很大的關係。現在教本舊詩詞都選得很多，新詩比較少。或許是以為新詩沒有適當的可資選取，不過像早期的新詩，如劉大白、徐志摩等的新詩，尤以劉大白的新詩，可以說是舊詩與新詩的橋梁，可以酌量選給學生閱讀。

㈤應另選課外閱讀教材：許多人都知道課外閱讀的重要，但是課外閱讀的材料，卻付闕如。有的教師還開些書目，讓學生去閱讀，有的只讓學生盲目的去閱讀，甚至入迷武俠小說，荒廢正課，為害甚大。所以除了精讀的教本外，還應該選些淺易的文章，為學生課外閱讀的教材，使學生不至於毫無適從的盲目的去閱讀，而且同年級的學生，閱讀同程度的課外讀本，平時討論研摩，可互收切磋之效，這是值得提倡的一件事。

㈥應多採用改寫教材：精讀教材雖多，但一篇文章之中，未必每句都適合學生閱讀之用，教師可以原有之教材，另行寫定或刪改，刪除者如歸有光〈項脊軒志〉之「項脊生曰」一段與全文情調不一致，學生不易領會，從前商務的國文教本曾經把這一段刪掉，改寫方面如章鋭初師的〈辛亥革命的逸聞〉，教學效果都還不錯，可以全力推廣，以適應學生的能力與需要。

以上幾點選材的意見，雖然沒有什麼高論，但是對學生語文訓練方面，或許有些功效。至於教材的思想內容，如發揚民族精神及精神陶冶方面，這裏沒有提及，那是因為我們認為精神陶冶，不是片面的選取些談論道德修身的文章可以收效的，而是全面的把作者一股誠正之氣發揮出來。這要靠教師的善為運用教法。不在於教材的本身，而在於教師的靈活運用教法，使學生曉悟其中的道理，啟發學生愛國的精神。那麼，無處不是發揮民族精神的好材料了。

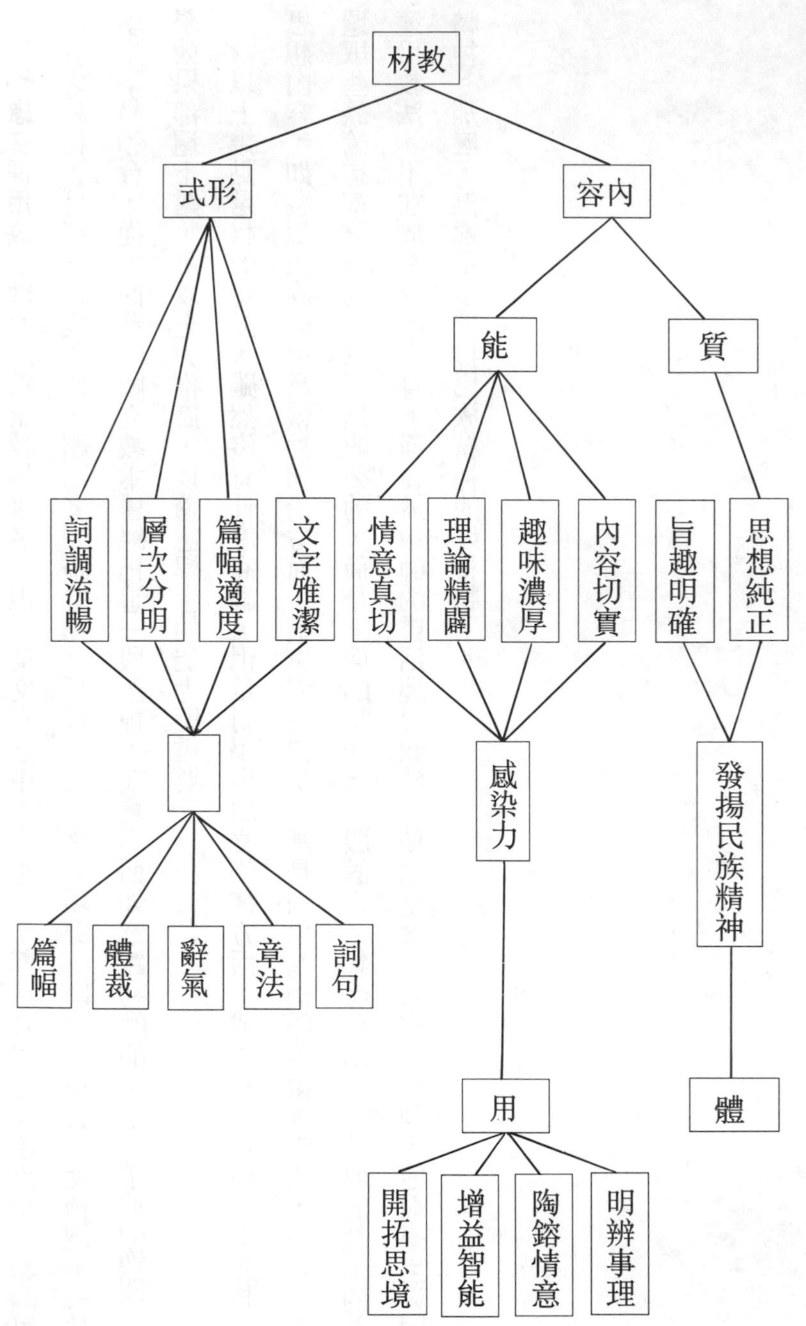
材教
式形
容内
能
質
詞調流暢
層次分明
篇幅適度
文字雅潔
情意真切
理論精闢
趣味濃厚
内容切實
旨趣明確
思想純正
感染力
發揚民族精神
篇幅
體裁
辭氣
章法
詞句
用
體
開拓思境
增益智能
陶鎔情意
明辨事理

第二節　教材的配置與編次

範文教材的配置指教材的體類，在各學年中所占的百分比而言。教材的編次則是指教材排列的次序。教材的配置，本來在選取的時候，就應該考慮到，也可以說選取教材的體類，應受各學年配置的限制，教材編次又是在各學年配置的體類範圍內作適當的排列，使學生能由簡而繁，由淺入深，由易而難，日漸進步。其實這種事情，可說是同時進行的活動，不可分割。但為述說方便起見，所以分開來討論。

一、教材的配置

依照中學課程標準的規定，國中、高中語體文言的配置是：高中三學年，文言平均約占百分之七十，語體文約占百分之三十。國中則文言文平均約占百分之四十，語體文約占百分之六十，但其中都可有百分之五的伸縮性。這種配置一直實行了很多年，但是對於中學國文教學應以語體文為中心的主張，不免稍有出入。因此，頗有人主張減少中學文言文教材的比例，也有人主張國中完全教語體文，高中完全教文言文的，見仁見智，各言之成理，但是課程標準規定的，也自有其理論根據，問題還是在於能否適應學生的能力需要與興趣。在教材的本質上說，中學課程標準規定對於文言文的教學，國中、高中都側重於明易的文言文，這明易一詞，雖很難下一定義，但也是應以學生能力、需要、興趣為依歸。中學生學習文言文，一開始就失之於艱深古奧，不能使其有自得之趣，則以後年復一年，艱深古奧的程度愈加，更將容受不得，消化不得，惟有枉費時間精力，終亦妨礙到語體文的學習。難怪有人主張國中全教語體文了。假使教材的配置能由淺而深，由易而難，使學生日進而有功，那文言語體比例的多寡，就不是重要的問題了。

至於教材體類的配置，根據六十年二月修訂的比例，國中側重於記敘文，高中則側重於論說及抒情，這裏所說的記敘抒情論說的範圍，就課程標準草案，有具體的舉例，說明記敘文如許地山〈落花生〉，吳敬恒〈總理的少年時代〉等篇，論說文如　國父〈立志做大事〉，梁啟超〈學問之趣味〉等篇，抒情文如朱自清〈背影〉，徐志摩〈想飛〉等篇。這些課文，據師大中等教育輔導委員會的調查，教學的效果都很好，可以說是迎合語文訓練的要求了。

二、教材的編次

教材的編次就是把各年級所配置的文藝文、普通文、應用文作先後排列講授的問題，例如在國中一年級，記敘文占百分之五十，論說文占百分之三十，究竟應先講授記敘文，抑先講授論說文，抑是記敘文與論說文參互講授，當然這還得視教學的效果為轉移。近幾十年來，編者見解不一，有人主張以文章體裁為編次的，如商務有記事文教本，寫景文教本等是，有人主張以時代先後為編次的，如前中華新編高中國文等是，還有以國學常識為主的，以文學流變為主，以單元為主的……種類繁多，其間當然互有利弊，這裏暫不論列。我認為編次的方式應照部定國文課程標準教學目標為廣泛之應用，不必拘束於自具系統，以免文字牽就內容材料，而轉達語文基本訓練之目標。教本前後各冊尤應相互銜接，力避前後深淺間出的毛病。以前有的高中國文第一冊就是《詩經・伐檀》、《尚書・牧誓》，與國中教材深淺不銜接，學生必不能理解。

總而言之，教材的選取、配置編次應以語文訓練為目的，而以迎合學生的能力、需要、興趣為依歸，要根據客觀的條件。在思想內容方面，應著眼有助學生高尚情意之陶冶，正確事理之明辨，生活智能之增進、思辨力之啟誘四端，在文辭形式上國中第一冊應與國小國語課本程度銜接為準，文言文應求簡短明易，以期學生學習有效，以後各冊漸次深長，使學生能跬步漸進，以達到語文訓練的要求。

現在國文教材，都用現成標準教科書，教師不必多費心神去選配安排，但應就編定之教材中注意訂定進度，茲將注意事項列舉如次：

㈠預定教學篇數：在學期之初，教師應對照校曆，看國文課共占有若干小時。（除去放假考試及習作時間）就該學期年級所用教本全部課文及常識，細閱數遍，分別約計各篇所需教學時數，選定全學期所需篇目。

㈡安排各篇講授次序：就所選定各篇目中，視語體文及文言文篇數，作假定的按月互相分配，並審別其思想材料，詞句章法之深淺難易與篇幅之長短，體裁風格之差別，及文章內容與現實生活時令節日有關者，作教學先後次序之安排。

㈢酌選略讀教材：選定精讀教材後，如教本內尚有多餘課文，可酌選數篇為學生課外略讀教材。如無多餘課文，可預先選就油印，其選材原則除上述辦法外，並須配合精讀教材之內容、性質、與文體，使學生能觸類旁通，收融會吸收之效。

㈣預排習作時間：習作時間須預先作妥善之安排分配，於課文講授告一結束之後，其題目並須與教材內容體類時令配合（詳見第五章習作教學）。

㈤填製教材進度表：課文選定之後，須填就教學進度表，以資對照實際進度，作為以後實際教學之參考，中途須更換課文或補充者，最好事前準備，如填教學進度送教務處存查者，並須通知教務處更改。

附：文章體裁分類比較表

總類			曾國藩	姚鼐	劉勰	蕭統
散文	文章	議論文	論著	論辨	論說、諸子	史論、論
			序跋	序跋		序
		抒情文		贈序		
			哀祭	哀祭	哀弔、祝盟	誄、哀、弔文、祭文
		記敘文	傳誌	傳狀		行狀
				碑文	誄碑	碑文、墓誌
			敘記			
			雜記	雜記	雜文、諧隱	
	書牘	公牘文	詔令	詔令	詔策、檄移	詔、冊、令、教文、檄移
			奏議	奏議	章表、奏啟、議對	表、上書、彈事
		書翰文	書牘	書說	書記	啟、牋、奏記、書
韻文			辭賦	頌贊	頌贊	頌、贊、史述贊
				箴銘	銘箴	箴、銘
				辭賦	封禪、騷	賦、騷、七、對問、連珠、設論、辭、符命
					詩、樂府	詩
史料			典志		史傳	

第三章　教材的準備

國文精讀教學是全部教學的重點，所以許多教師都把主力放在精讀教學上，這並不是沒有理由的。不過，過去一般教師處理教材，只是做到字面的釋義。講完了，讓學生自己去誦讀。有時雖還教學生一些虛字用法，但這些講解，只作到表面釋義而已。用功的學生，拼命照教師講解的熟讀背誦。智識方面固可吸收了一點，但對寫作的技巧，文字的駕馭，仍是不能徹底領會。因為智識的獲得與寫作技巧的訓練，未必有很密切的關係。就效果而言，指導學生精讀課文不過是準備，學生自己能夠閱讀，能夠寫作，才是目的。現在學生只能豎起耳朵來聽教師講解，一旦沒有教師講解，他就不會自動的去研究問題解決疑難，造成學生永遠要依賴教師的狀態。所謂教學就是教學生學，教學生自己能夠閱讀欣賞課文，才是教學的主要目的。所以教師在準備課文的時候，應該注意指導學生寫作的訓練才對。

在處理教材的實際活動說，文言文教學與語體文不同，文言文應先從「單詞的分析」「語句的剖析」「文義的探究」「作法的審辨」「讀法的講求」五個步驟進行。語體文則恰相反，應先從全文文義舉出作者的經營法度、思想內容，分別體會其旨趣，復次逐詞逐句比較引證。簡言之，文言文的教學過程是「由小而大」「由分而合」，由點的講解進而完成全面的深究。語體文的教學過程則應「由大而小」「由合而分」，由全面的概述，推而為點的分解。其間當然也可以視課文的內容難易，酌情損益。惟無論文言文或語體文，教師雖處於主動的地位，把握控制，但都應採取提引研討的方法，最好只做到若干訂正補充暗示點化的工夫，讓學生自己去作嘗試體會，以完成這教學活動的過程。茲將教材應準備項目分述如後。

第一節　詞語教學

詞有單詞、複詞的分別，所謂單詞，就是能夠代表一個觀念意象的單位。一個詞可以是一個字，也可以是兩個以上的字構成。中國古代單音詞占大多數。一篇文章，必須先使學生了解詞的音義與構造，才能使學生逐漸深入，以至於語句文義與作法的體會。或許有人認為解釋字與詞，都是些瑣碎的工作，不免是些末節。但是學生如果單詞還不明瞭，則章句無從辨認，其他義旨章法更無從談起了。因為詞是句的基本構成單位，《文心雕龍．章句》說：「夫人之立言，因字而生句，積句而生章，積章而生篇。」這裏所說的字，就是我們所講的單詞，所以處理文言文教材，必先將單詞分解清楚。這是初步的工夫，也是起碼的工夫。但這初步的工作應先指導學生自己從課文中去發現生字生詞，自己去考查索解，然後由教師訂正補充，以養成學生自動研究的精神。

一個字可以成為一個詞，但有時一個字連意都不能代表，而必須結合兩個字以上才能成為一個觀念，如蝴蝶、蜈蚣等是。我們叫一個字能成為一個意思的叫單體詞：如桌、椅、人等。兩個字以上構成的詞叫複體詞，如粉筆、黑板擦……等。粉筆、黑板擦還保持原來的意義，有許多兩個字結合的複詞，失去原有的意義，變成新的意義了，如反正、孝廉等。詞還是源於字，學生對於一個詞的字形、字音、詞義三種因素，有一種不明瞭時，都應該列為生字生詞，細心解釋，務使徹底瞭解。尤其是中國方塊字，有象形會意形聲轉注假借等要素，稍一疏忽就會錯誤。更應該督促學生注意。茲就字與詞的形音義三方面略述如次：

一、字形

現在課文的字形，大都趨向正楷，但有時還不免印上幾個「俗體字」、「或體字」，教師應該分別指正，以免學生誤一字為兩字。如「病梅館」，課本上「梅」常寫成「槑」。「柳州羅池廟碑」中「婦順夫指」，把「恉」寫成「指」。至於「疲」「罷」同用（〈出師表〉：「益州罷敝。」疲作罷）。「繇」「由」不分（〈舉賢良對策〉：「繇此觀之。」由作繇）更是不勝舉例。教師應該就字形的本原及演變假借之由來，詳細指示，使學生在識字上增加他們的興趣，使他們更容易記憶，然後運用於習作時，才不會犯意義不合的毛病。茲歸納分類舉例說明如次：

㈠或體字：

自從《說文》大徐本，所謂或作某，小徐本有時寫作俗作某，因此後人都以為或體是俗字。其實或體不是俗字，便是俗體也有相當價值。或體俗體兩種，都是小篆的異文。茲舉常見者如次：

砥：或作厎。《詩經》：「周道如砥」，「孟子」引作「厎」。

枏：或作柟，又作楠。《廣群芳譜》云：「柟生南方故作楠。」

翻：或作飜。《說文新附》云：「翻或從飛」。

媮：或作偷。〈鄭板橋與弟書〉：「風俗偷則不同為惡。」偷同媮。《左傳・昭公十六年》：「不可偷也。」又《左傳・襄公三十年》：「晉未可媮也。」作媮。

貉：或作貊。《荀子・勸學》：「干越夷貉之子。」《集韻》云：「貉北方豸種也，或從百。」《說文》「貃」字「段注」云：「今字乃假貉為貃，造貊為貉。」

㈡俗體字：

莽：俗作莾，學生常常把莽字寫成莾，其實他不知道「莾」不是「莽」之俗字，而是誤書。教師應該特別指正。

酬：俗作　。《正字通》云：「酧、酬之俗字」。

暴：俗作曝。歸有光〈先妣事略〉：「累累暴階下。」《集韻》曰：「暴，日乾也，或作曝。」

愍：俗作憫。李密〈陳情表〉：「愍臣孤弱。」《廣雅》曰：「愍，憂也。」現在學生對愍字比憫字生疏，所以有的課文注曰：「愍」同「憫」。其實「愍」還是正字。

石南：俗作石楠。柳宗元〈袁家渴記〉：「其樹多楓、枏、石楠。」石南為灌木名，俗加木作石楠。

㈢古今字：

古今字是因為古籀異體，或是《說文》以後所出的字，後人慣用後出字，所以叫古今字。如：

棄：古作弃。《荀子》：「不安職則弃。」棄作弃，這是古籀異體。

勢：古作埶。〈與彭寵書〉：「六國之時其埶各盛。」勢作埶。《說文》云：「埶，穜也。」本為樹埶字。《說文新坿》云：「勢，盛權力也。」漢人常以埶為權勢之勢。

價：古作賈。《孟子》：「市賈不二。」價作賈。《說文》云：「賈，賈市也。」一曰：「坐賣售也。」《說文新坿》云：「價，物直也。」古人價字常作賈。

影：古作景。〈過秦論〉：「贏糧而景從。」《說文》云：「景，日光也。」影字《說文》無，故前人形影字皆作景。

悅：古作說。〈報任少卿書〉：「女為悅己者容。」悅作說。《說文》云：「說，說繹也。」悅字《說文》無，漢人喜悅字皆作說。

(四)假借字：

假借字以同音關係為多，許慎列為造字的方法之一，其實是用字的方法，課文中除了有關文字學常識者外，其他可以不作詳細的解釋，以免分散學生的注意力。如遇有特殊的同音假借字，應該舉例說明，使學生知其所以然，培養閱讀古籍的能力。假借有正例變例之分，許慎假借定義說：「本無其字，依聲托事，令長是也。」「令」本是「號令」的「令」，假借為「縣令」的「令」。「長」本為「長久」的「長」，假借為「長幼」的「長」字。這可以說是正例，是假借中最純粹的例子。《三國志・諸葛亮傳》的「欲信大義於天下。」假借「信」為「伸」，鍾嶸《詩品》云：「文詞之命世也。」假借「命」為「名」，這可以說是變例。變例的假借，鄭康成所謂倉卒無其字，隨便借用的，可以說是本有其字的假借，這類的假借，大都與聲音有關。正例的假借因為與聲音沒有關係，大致是字義的問題，學生不致把字形弄錯。變例的假借，因為聲音相似，學生很容易誤解，教師應將原字形舉出告訴學生。如：

蘇東坡〈赤壁賦〉：「浩浩乎如馮虛御風。」假借「馮」為「憑」。

《管子．牧民》：「不璋兩原，而刑乃繁。」假借「璋」為「障」。

《孟子．梁惠王上》：「頒白者不負戴於道路矣。」假借「頒」為「斑」。

又〈離婁下〉：「其橫逆由是也。」假借「由」為「猶」。

㈤簡體字：

簡體字的爭論，過去討論很久，不過，我國是文字之國，文字是國家的靈魂，我們要發揚民族精神，還要從健全文字作起，學生如有書寫簡體字，教師應該予以糾正，但是一般社會習慣還不免有簡體字，如：醫之作医，歲之作岁，聽之作听（其實听音宜引切，笑貌），勸之作劝，體之作体，又現行真書與所謂宋體字不盡相同之處，如眞作真，道作道，也要隨時提示，以免學生誤認為另一個字。

其他還有字形相似的字，如剌（ㄌㄚˋ）與刺（ㄘˋ），段（ㄉㄨㄢˋ）與叚（ㄐㄧㄚˇ）等也應隨時舉例類比，使學生得以辨認正確，同時還須令學生課外練習，就其形象的關係，連同字音一併整理起來，也就是文字學的常識。中國字形，除了一部分因時代演變，假借不容易尋其原始的意義外，其他即使不懂文字學的人，也可從字形上去識別。如：昀（音勻）字是日旁，與日有關，所以是日光的意思，眴（音田）字是目旁，與眼睛有關，所以是目光轉視的樣子。這雖然不是很固定的原則，但如能按圖索驥，也可以減少錯誤了。

以上所舉各類的字體，都應該就課文中所提到的指示學生。今日學生最大的毛病，除字彙貧乏，詞彙理解不正確外，就是字形字音辨認不清，教師應該特別注意指正。至於教師自己書寫無論板書或批改作業，亦均應注意，勿稍輕忽以免錯誤。

二、字音

中國字以形為主，西洋為拼音字，所以中國字容易會意而不易讀音，西洋字容易讀音而不容易會意。尤其中國歷史悠久，幅員遼闊，在不同時代或不同地方，讀音都有很大差別，錢大昕《十駕齋養新錄》上說：古讀「拂」如「弼」，如《孟子．公孫丑》：「入無法家拂士。」讀「文」如「門」，《水經注．漢水》：「文水即門水也。」讀「華」如「敷」，《詩經．周南》：「桃之夭夭，灼灼其華。」「朱傅」：「『華』音『敷』。」這是古今的音變。《戰國策．秦三》上說：「鄭人謂玉未理者璞，周人謂鼠未腊者朴。」這是方音的不同。除此之外，字音還有本音、破音之別，破音有時只變聲調，不變音素，有時連音素也都變了。因音變義也隨之而變，假使不細心查考，很容易弄錯了。例如我們最常見的「不」字，當否定詞用讀ㄅㄨˋ（第四聲），又音ㄈㄡˇ（第三聲）與否同，又音ㄅㄧˇ（第三聲）與鄙同，又音ㄈㄨ（第一聲）作華下萼解，又姓讀ㄅㄧㄠ（第一聲），《晉書》：「汲郡人不準」，又音ㄆㄧ（第一聲）與丕同，《詩經．周頌》：「不顯不承。」《孟子．滕文公》作「丕顯哉，文王謨；丕承哉，武王烈。」上面不字除作華下萼解為其本意外（據鄭樵說），其他全為假借意，事實上已成為同形體的另一個字了。類似這些，實難盡舉，教師應該隨時提醒學生注意，以免錯誤，茲將字音變化情形歸納分類舉例如次：

地名讀異音者：

朱提　提音ㄕㄨ（第一聲），漢縣名，又「朱提」銀之別名，「提」讀如「時」。

沁陽　沁音ㄕㄣˋ（第四聲），縣名，在河南孟縣東北。

敦煌　敦音ㄊㄨㄣˊ（第二聲），縣名，在甘肅省。

允街　允音ㄑㄧㄣ（第一聲），後漢縣名，故城在甘肅省平番縣南。

允吾　讀如「鉛牙」，漢縣名，《水經注》：允吾縣在大河之北，按故城在今甘肅省皋蘭西北。

水名讀異音者：

澠水　源出山東臨淄縣者音ㄕㄥˊ（第二聲），在河南鐵門縣的澠河，澠音ㄇㄧㄣˇ（第三聲）。

治水　在山東朝城縣，音ㄔˊ（第二聲），在山西朔縣者音ㄊㄞˊ（第二聲），亦讀ㄧˊ（第二聲）。

惡池　春秋時水名，源出山西繁峙縣，音ㄏㄨ（第一聲），ㄊㄨㄛˇ（第三聲），亦作滹沱。

墊江　源出甘肅臨潭，墊音ㄉㄧㄝˊ（第二聲）。

姓名讀異音者：

万俟卨　讀如「墨其屑」，南宋奸臣。

酈食其　讀如「歷異基」，漢時人。

金日磾　讀如「金覓底」，西漢匈奴人。

辟彊　讀如「闢疆」。

皋　陶　讀如「皋姚」，舜時司法官。

古國名及王后名讀異音者：

身毒　讀如「捐篤」，一名天竺，即今之印度。

大宛　讀如「大鴛」，漢西域國名，產名馬，在今蘇聯中亞細亞錫蘭河上流地方。

烏秅　讀如「鴉拏」，西域國名。

可汗　讀如「克寒」，突厥人稱其君長叫可汗。

閼氏　讀如「煙支」，漢時匈奴稱王后叫閼氏。

器物讀異音者：

夏楚　古時用以扑責學生的東西，《禮記・學記》：「夏楚二物，收其威也。」夏音ㄐㄧㄚˇ（第三聲）。

綸巾　用青絲帶作成的帽子，蘇軾〈水調歌頭〉：「羽扇綸巾」綸音ㄍㄨㄢ（第一聲）。楊升庵云：「綸巾世誤作綸，因為綸從侖聲，侖從人一冊會意。綸字的冊上加了一個亼，便成綸字，從冊聲之珊，姍、刪、跚等字與關同屬刪韻，所以綸字讀作關。」

齊衰　一種縫下邊的喪服。音ㄗ（第一聲），ㄘㄨㄟ（第一聲）。

井榦　井上木欄。《莊子・秋水》：「吾跳梁乎井榦之上。」榦音ㄏㄢˊ（第二聲）。按榦或即韓字，《說文》：「韓，井垣也。」此可謂假借讀異音了。

重疊字讀異音者：大多是擬聲、摹狀的。

肺肺　音ㄏㄨㄟˋ（第四聲），茂盛貌。《詩經・陳風》：「其葉肺肺。」

刺刺　音ㄑㄧˋ（第四聲），多言貌。韓愈文：「語刺刺不能休。」

活活　音ㄍㄨㄚ（第一聲），水聲。《詩・衛風》：「北流活活。」

啞啞　音ㄜˋ（第四聲），笑貌。如《易》：「笑言啞啞。」

破音字：

樂：快樂音ㄌㄜˋ（第四聲）；音樂音ㄩㄝˋ（第四聲）；喜愛音ㄧㄠˋ（第四聲）。

著：著作音ㄓㄨˋ（第四聲）；著手音ㄓㄨㄛˊ（第二聲）；著火音ㄓㄠˊ（第二聲）。

差：差錯音ㄔㄚ（第一聲）；參差音ㄘ（第一聲）；差遣音ㄔㄞ（第一聲）。

行：步行音ㄒㄧㄥˊ（第二聲）；德行音ㄒㄧㄥˋ（第四聲）；行列音ㄏㄤˊ（第二聲）。

搶：搶奪音ㄑㄧㄤˇ（第三聲）；同撞音ㄔㄨㄤˇ（第三聲）；搶風音ㄑㄧㄤ（第一聲）。

以上字音異讀的原因，大概可分為三類：一種是古今音變，如「拂」讀「弼」，「華」讀「敷」之類。一種是破音，如「樂」讀ㄧㄠˋ（第四聲），差讀ㄔㄞ（第一聲）。一種是譯音，如「万俟」讀「墨其」、「日磾」讀「覓底」。至於方言的音變，如「方」臺語讀如「ㄅㄥ」，因為中國方音甚多，未能一一舉例，同時在教學上也沒有什麼價值，不再詳細討論了。

另外有一些容易讀錯的字音，既不屬古音，也不是破音，只是學生不肯細心查字典，以訛傳訛，就讀錯了。這大概是因為形聲字表聲的部分，有的和本字的音完全相同，如淋、霖都讀林。有的和本字的音大同小異，如：從易聲的字有湯、錫、陽。從易聲的字有剔、賜、錫。有的和本字的音雖有密切的關係，讀起來卻又大不相同。如：從肅聲的鏽、蕭。從台聲的怡、冶，讀音完全變了。教師在教學時應該特別提醒學生注意，並且可以舉出類似的例子，以資學生識別。如：

瞠目而視，瞠音ㄔㄥ（第一聲）。

同仇敵愾，愾音ㄎㄞˋ（第四聲）。

風馳電掣，掣音ㄔㄜˋ（第四聲）。

鏗然有聲，鏗音ㄎㄥ（第一聲）。

讀音錯誤的原因，不在於不常見的字，不常見的字，學生也許會自己去查考索解。錯誤的原因，倒是在常見的字。因為常見，意義也明白，於是隨口讀出，就很容易錯誤。教師應該常常指引學生注意。遇稍有懷疑的字音，都應該隨即翻查字典。學問的獲得，原是一點一滴累積來的。

三、詞義

詞除具備了字形字音的條件之外，還須代表一個觀念的意義，上面所說的教學生辨認字形字音，也是為求詞義的了解，而文章能產生它的作用與價值，也是在詞的意義上。因此，詞義的處理，遠較字形字音為難，也更為重要。字義與詞義有別，「口」與「舌」單字的意義，都是人體器官之一，「口舌」合為一詞，意義卻不同了。如：「此難以口舌爭也」（《史記・留侯世家》），「徒以口舌為勞」（《藺相如傳》），「口舌之痾」（《漢書・五行志》），與「口」「舌」兩義都不相屬，處理單詞時，應告訴學生不可單注意單字的意義，才不會錯誤。又現在學生習作，單詞認識不清，運用錯誤幾成普通現象。教師應該把詞語活用的意義，多舉例類比，譬如：「是非」，泛稱口舌爭論叫「是非」（如搬弄是非）。善惡也叫「是非」（如是非之心）。它可以作名詞用，也可以作動詞用（如是非非謂之智，上是非字為動詞，下是非字為名詞），也可以作形容詞用（如是非之地）。應該告訴學生在何種情形之下作何種用法？在何種用法之下必成何種意義，這樣，才能使他們徹底了解每個詞彙的含意與運用的方法。茲將詞語教學有關項目舉述如次：

㈠詞的構成：

上面說過，詞有單詞與複詞的分別，單詞除了字形字音的條件外，還須代表一個觀念。如「天」「人」「書」……等，複詞則須結合二字以上表示一個觀念，如「教材」「教室」……等，中國除了少數的詞如「髣髴」「蹉跎」等，必須兩字結合成一意義外，大多是單音詞，後代的複音詞大都是演變而來的，為求學生對詞語能徹底明瞭、消化應用起見，教師應將詞的構成方式指導學生。茲將複詞構成的種類列舉如左：

1.聯合式的合義複詞：兩個詞以平列關係聯合起來成為一個複詞，如「身體」，「身」與「體」是同一意義，但有時合起來使人更懂些，其他如：

社會、法律（是兩個個別的單體詞聯合成的）

寒冷、睡眠（是兩個相同的單體詞聯合成的）

保養、擁護（是兩個相似的單體詞聯合成的）

是非、利害（是兩個相反的單體詞聯合成的）

2.組合式的合義複詞，其中一個是主體，一個是附加，如「火車」，「車」是主體，「火」是附加，這不過是形式上的說法，實際上它不能說成火的車。其他如：草帽、電扇、大門等，草帽可以說成草編成的帽，電扇也可以說成用電力推動的扇，但是大門只是外面的門，不能說是大的門。

3.結合式合義複詞：兩個詞連綴成一個複詞，既不是平列，也不是主從，而是採句子的形式拼合的。

如寫字，讀書，只是缺少一個主詞，便是一句完整的句子，所以叫採句子形式拼合的。

4.聲音關係構成的複詞：構成這類複詞，不是以意義相結合的，它們純粹由於聲音的關係構成兩個字合在一起，只代表一個意義，不能再加以分析。古人所謂合二字而成一語其實一字也，如葡萄、蚯蚓等；又可分為：

(1)雙聲關係構成的：如：黽勉、匍匐、流離、流連。

(2)疊韻關係構成的：如：逍遙、婆娑、晃旮、窈窕。

(3)非雙聲疊韻構成的：如：蝴蝶、蚱蜢、笤帚、窟窿。

(4)疊字構成的：關關、橐橐（以上擬聲），赳赳、喃喃（以上摹狀）等。這類疊詞非重疊不能表示其所代表的意義，但在語體裏大多為了情景的關係也用疊詞，其疊與不疊意義都相同。如緩緩、慢慢、剛剛等。

(5)帶詞尾構成的：如：忽其、惄焉、率爾、煥乎。都是帶詞尾的複詞，在語體中常用兒、頭、子等詞尾。如：花兒、昨兒、木頭、舌頭、屋子、刀子。以上名詞帶詞尾。假使是形容詞的詞尾普通用的，也有用「底」（所有格）、「地」（副詞）的，如「我底」、「慢慢地」等。

5.外來翻譯的：如冒頓、浮屠、德謨克拉西、摩登，這些是就外來語音譯過來，本身結成詞的字沒有什麼意義可言。

這些詞的構成規則與方式，說起來沒有什麼作用，但學生能夠知其所以然，就不會疑惑，教師也可藉此把文法上詞構成的規則方式等逐步授與學生了。

㈡詞的變化：

詞義演變的種類很多，在文章上的運用，有本義，有引申義，有時是活用，我們不知道究有多少種的變化。處理精讀教材，應逐詞分析講解，使學生瞭然作者表達之技巧，以為習作之幫助。茲分別述之：

1.古今義變：如焉字本義為黃色鳥，現在用為語詞；為字本義是母猴，現在用為「治」「是」等的意思。這種古今變義，古義已廢，只用今義。還有一種古今兩義並存的，那只能算是假借義。

2.假借變義：如氣的本意為饋客芻米的氣字，如齊人來氣諸侯，假借為雲气的气；私字本為禾穀之意，如「遂及我私」現在借為公厶的厶（《韓非子》：自環者謂之厶）。這種假借義最普遍，有引申義的假借，如：「理」本義為「治玉」，引申為「處理」、「整理」等意。有因聲音相似而假借的，如「猝」本義為「犬從草暴出逐人」，「卒」的本義為「隸人給事者」，後人常以卒字代猝字。如〈報蘇武書〉：「前書倉卒。」這類因同音而假借的發生，大概是古代講學，由教師口授，學生耳聽筆記，教師說的是本字，學生聽了再記起來，便變成另一同音的他字，成了假借字。所以它們的關係不是雙聲，就是疊韻。而且假借的規則也不一致。

3.兼併者：有許多詞是兩個不同意義的聯合，但其中有一個意義被另一個所吞併了。所以仍只有一個意義。如：諸侯統治的叫「國」，大夫所治的叫「家」，但是「國家」一詞「家」的意義卻被「國」兼併了，只有單音詞「國」字的意義。其他如「妻子」指「妻」，「兄弟」指「弟」，「窗戶」指「窗」，「緩急」指「急」等均是。

4.擴大與縮小：詞義擴大者如「臉」字，本為「目下頰上」之意，現在擴大變為臉之全部，縮小者如「趾」是「腳」，本作「止」，後來縮小變為「腳指頭」。

5.減輕與加重：詞義減輕者如「賞」字從貝，「賞賜」意，變為「讚賞」，是由實物的賞賜變為語言的讚賜。加重者如「誅」字，《論語》：「於予與何誅」，從「言責」的意思，現在變為「殺戮」。又如二楹一椽，「楹」「椽」是柱子，現在變為「家屋」之意。

6.混用與轉變：混用者如：「兩」與「二」，「兩」是「從二無三」，如「兩儀」「兩漢」，「二」是「可能有第三」，現在則混用，如「兩碗飯」、「兩本書」、「二程子」，又如生口上的叫「髭」，頤下的叫「鬚」，頰旁的叫「髯」，現在則通稱「鬍子」，詞義轉變者，大都兩義並存，與古今義變有別，如：「滑稽」是「辯捷」的意思。《史記》：樗里子滑稽多智）現在則有「諧謔」之意；「鄉里」，「夫妻」的意思《南史・張彪傳》：我不忍鄉里落他處）。《丹鉛續錄》：「俗語鄉里夫妻，步步相隨，言鄉不離里，如夫不離妻也。」現在則有家鄉之意。詞義轉變在語體裏也常見到，如《紅樓夢》中說：「賈政早晚進來請安。」「早晚」是「朝暮」的意思。「多早晚我才撕他那張嘴。」「早晚」又是「遲早」之意。「你那裏去，這早晚才來。」「早晚」則是「時候」之意。

7.忌諱與替代：忌諱者如商人諱蝕本，「舌」與「蝕」同音，所以稱「豬舌」為「豬利」。平常我們看「死人間」叫「太平間」。《紅樓夢》中稱「棺材」為「那話兒」。《戰國策》中稱太后死叫「山陵崩」。替代者如「人」字是普通名詞，但可替代特殊人物。《左傳》：「微夫人之力不及此。」（人指秦穆公），《論語》：「賊夫人之子。」（人指子羔），「仁者安人。」（人指百姓），「夫子循循然善誘人。」（下人字指學生），「古之人與民偕樂，故能樂也。」（人指古之賢君），其中「人」字所稱代的人都不一樣。

詞類中有時隱有人名地名，字面雖是原義，而其實是代替另一意義。如《孟子．滕文公》：「在於王所者，長幼尊卑，皆薛居州也。」「薛居州」指像薛居州那樣的人。柳宗元〈永州八記〉：「以茲丘之勝，置之豐、鎬、鄠、杜，則貴遊之士爭買者，日增千金而不可得。」豐、鎬、鄠、杜指鬧市。

8.本音變義與破音變義：本音變義者如「凡四十年」的「凡」（總的意思）與「平凡」的「凡」（平庸的意思）。音雖不變，其義卻有別。破音變義不但義變連讀音也變了，如「為非作歹」的「為」音ㄨㄟˊ（第二聲）與「為人作嫁」的「為」音ㄨㄟˋ（第四聲），音異而義也不同。這還是只變聲調而已。有時則連音素也變了，如：「魂魄」的「魄」音ㄆㄛˋ（第四聲），與「落魄」的「魄」音ㄊㄨㄛˋ（第四聲）等是。

9.詞的活用：詞活用的意義很廣泛，廣義的說以上的各種變義也可以說是詞類的活用，但這裏所指的僅就詞性方面來說。例如：

「庶不負朝廷伸義討賊，興滅繼絕之初心。」「滅」「絕」是動詞活用為名詞，「滅世絕國」之意。

「吾固未有子，汝當以同姓為吾後。」「後」為形容詞，活用為名詞，「後代」「後嗣」之意。

「遂欲雄據江南，坐享漁人之利。」「坐」是動詞，活用為副詞。

「其為人也，小有才。」「小」是形容詞，活用為副詞。

文言文中這種的例子很多，不勝條舉，在語體文中也常有詞性活用的例子，不過語體文中沒有像文言文這麼普遍而大都要加詞尾「兒」及「著」字，有時還要重疊後加「兒」的。如：

這天都算有了「吃兒」了。（吃字本為動詞，加兒字變為名詞。）

大家偷偷兒的各處尋找。（偷字是動詞，重疊後加兒字變為副詞。）

劉老老……便前仰後合的朦朧著兩眼，一歪身就睡熟在這床上了。（朦朧本為形容詞，加詞尾「著」變為動詞。）

我聽見寶二爺娶親，我要來看熱鬧兒。（熱鬧是形容詞，加兒字變為名詞。）

各樣兒買賣，樣樣兒俱全。（樣是名詞，重疊後加兒字，變為副詞。）

以上各類詞義的轉變，有屬於文字方面的，如假借變義；有屬於訓詁方面的，如詞的縮小與擴大；有屬於聲韻方面的，如本音破音變義；有屬於修辭方面的，如忌諱與替代；有屬於文法方面的，如詞類的活用，其轉變的原因，大概有五：1.由於古代字少，不夠應用，因此用假借的方法來代替，如田是田地，又轉為田獵。甚至耕種、司農官、土地等，都借田字來表達。2.後世思想發達，事物繁變，原有的字不敷應用，又不能隨時添造新字，因就原有的字引申別造新義來應付，如理是治玉，引申為修理、處理、整理、料理等義。3.為求用詞確切文句生動，因就舊詞中選擇較適合的使用，如「君君、臣臣、父父、子子。」形容國君要怎樣做，用任何的詞，都不能表達完全，只有用君字來形容，那是最完全的說法，而且文句也因而生動有致了。4.由於後世文人的模仿：因為古人的語言文字中，有一種倒置說法，使名詞處於動詞的地位，如《左傳》：「爾欲吳王我乎？」後人看了，覺得很有意思，雖當時已沒有那種語法，仍有意無意的模仿，如「是欲臣妾我也，是欲劉豫我也。」5.古代器用簡單，能夠少寫一字，就少寫一字，文句盡量求簡，如「豕人立而啼」比「豕如人立之形而啼」少了三個字，兩句的意思卻是一樣，當然大家都採用字數少的句型。因此詞類活用的情形，就層出不窮了。

以上所述詞義演變的原則，如能隨時闡述，多舉「類比」，使學生知其所以然，觸類旁通，習作時就不致有張冠李戴的毛病。

㈢虛詞的指導：

虛詞在文言文教學中，占了很重要的地位，俗語說：「之乎者也矣焉哉，用得成章好秀才。」尤其國中學生，剛開始學文言文，對於虛字常有不知所云的感覺，過去學校教師，都抱著虛字無義的觀念，不加講釋。因此，學生對文言文的氣、格、風、神無法體會，只有靠自己「熟讀千遍，其義自見。」暗中摸索一點門徑。不用功的學生，那只有強記一些詞語的瑣碎釋義，應付考試罷了，因此中學畢業的學生，非但不能寫出明易的文言文，就是閱讀文言文的能力也薄弱得很，其關鍵全在於不能體會虛詞在文言文中的含意與作用。

講釋虛詞，應用比較的方法，把文言文中的虛詞與語體文中的虛詞互相比較，同一虛詞用法不同的比較，虛詞通用的比較，反覆說明，務使學生徹底了解它的用法與作法。然後才能達到使學生「閱讀淺近古籍，寫作明易文言文」的目標。

比較的方法很多，在乎教師的善為運用，以「乎」字為例，我們都說它是語末語氣詞，或叫做語末助詞，這種籠統的說法，當然不能滿足學生的需要，必定要把乎字的用法列舉出來比較，「惜乎子不遇時」與「泰山其頹乎」前乎字與語體的「啊」相當，表感嘆的語氣詞，後乎字則和「吧」相當，表推測的語氣詞，又「許子必種粟而後食乎」與「且夫發七國之難者誰乎」，兩乎字雖都是表疑問的語氣詞，但上乎字與語體的「嗎」字相當，下「乎」字又與「呢」字相當，其他乎字還有很多的用法，都應該用歸納分析的方法，告訴學生知道。又虛詞中有通用的，也應提出比較，使學生融會以促了解。如《史記．魯仲連鄒陽列傳》：「白頭如新，傾蓋如故。」《新序》：「如」並作「而」。(見《經傳釋詞》)可見「而」可作「如」解，因此「如」也可作「而」解，這些都要教師平時提引指導，反覆舉列類比，才能收效。

虛字運用的方法很多，這裏不過是說明虛字在教學中的重要，提供一點意見以供教學的參考而已，至於虛字的研究，有裴學海的《虛字集釋》及宋文翰的《虛字使用法》，呂叔湘的《文言虛字》，楊樹達的《詞詮》，許詩英先生的《常用虛字使用淺釋》等都可參考。

四文言與白話詞類的比較：

文言的語詞與白話的語詞比較起來，有相同的，有不同的，也有部分相同的，相同的如「抱」、「掃」、「輕重」、「欣賞」、「發揮」，文言白話的意義是一樣的。有的文言語詞和白話語詞的形式相同，但意義已經不同了。如「兵」，文言謂「兵器」，語體謂「士卒」。「吃」，文言謂「結巴」，語體謂「食」。「交通」，文言裏是「交際」、「勾結」的意思，白話裏已變為「客貨和郵電的往來」的意思。「消息」，文言是「生滅盛衰」之意，白話則是「音訊」、「新聞」的意思。部分相同的如文言「白日」，白話稱「白天」，文言「夫婦」，白話稱「夫妻」。其他如文言叫「履」，白話叫「鞋」。文言叫「肩輿」，白話叫「轎子」。文言稱「廉」，白話叫「便宜」。文言稱「犢」，白話叫「小牛」等不勝列舉。這些文言白話詞語的不同，剛進國中的學生，更需要詳細引徵比較，他們才能消化受用，至於像文言的「滑稽」與白話的「滑稽」含義不同，那是詞義轉變的問題，在上面已經提過，這裏不再討論了。

詞類的比較不單是文言與語體方面，就是文言與文言，語體與語體，也應該隨時提出比較，譬如說：我們常稱「蛋煎得太熟」，叫「蛋老了」。但是「人老了」，不能稱「人熟了」。「殊堪嘉尚」是獎勉語，但是以學生的身分，卻不能對前方殺敵致勝的將士說「殊堪嘉尚」。又類似的詞語也應該提出比較，如「孰」與「誰」相似而不相同，孰字指人也指事物，誰字指人。孰字又有哪一個的意思，就多數中間一個，誰字可不是哪一個。諸如此類，促使學生明瞭作者遣詞的技巧，從而知道這些的用法。在某處非用這些詞語不可，或者還有其他詞語可用，理解之後，並能消化，以至於自己推敲。

以上所述，都是使學生儲積詞彙，了解詞彙，運用詞彙的一般方法，我們知道，現在學生習作程度低落，是由於思想枯澀，知識貧乏，無話可說，但其根本還是在於詞彙貧乏所致，因為生活經驗可以得到的智識，無適當的詞彙來代表它，是表達不出的，如有人在花園裏看到紅的、黃的、綠的三種顏色，要是他根本沒有「紅」、「黃」、「綠」三個詞彙來分別代表，作文時如何表達得出來呢？另一方面學生有了這詞彙，不知如何去使用，則更是毛病，如有人知道了「紅」、「黃」、「綠」這三個詞彙，但卻說秋天的楓葉是綠的，菊葉是紅的，那豈不更糟？所以要使學生詞彙豐富，並能準確的運用，必須在範文教學中對詞語的處理，多徵引其相似義、相反義的他詞比較，才能收效。

㈤處理單詞的步驟：

根據上述，詞的變化非常複雜，所以處理單詞應該分三個步驟進行：1.先從語句的情勢認辨其在語句中運用的究竟。（無論其為本義、變義、假借義）作概括逕直的說明，藉以解決此語此句的文義。2.再就該詞義之為本義、變義或假借義及其運用之所以然，連同字形、字音，一併重作詳細指示。3.最後仍酌視情形，徵引前所曾習，或本課文他語句中所同有的本詞之異義（凡與本語句中用義有異有別的）或相同義相似義相反義的他詞，為之對照類比。（若為虛詞、或者只作聯介詞語文句使其相互間造成關係的工具，或者只為表達語勢和語氣的記號，其本身往往無義可言，除了詳細說明其用法之外，尤須多多徵引類比）這樣，學生漸漸詞彙豐富，可以理解準確，從而漸漸感覺敏銳，可以觸類旁通，國文精讀教學才算做了起碼工作，始足以言「振本而末從」了。

第二節　語句教學

語句教學，就是指導學生研究文章的句法與句義，上面我們分解單詞，本來就是為了探求文義，無須要再來剖析語句，但是我們知道，口語與文章多少有些距離，不但文言文與口語有距離，即使語體文也是與口語有若干距離的。譬如我們常說：「你來了」，表示驚訝的神氣，可以在表情上表達，但在文字上卻要加上一「咦」字。因此，我們教學生詞義了解之後，還得把語句剖析明白，才能進一步了解文義。

詞句的剖析是文法的範圍，在語體文因為比較接近口語，問題較為簡單，文言文則因為時代太遠，且有聲氣的關係，比較困難些。而這種聲氣，又必須在字句的結構上去求得，劉大櫆說：「學者求神氣而得之於音節，求音節而得之於字句，則思過半矣。」因此古人行文，常常變化語句，以求聲調鏗鏘發金石聲，如韓愈〈畫記〉：「牛大小十一頭，橐駝三頭，驢如橐駝之數而加其一焉。」不說驢四頭，偏轉彎抹角的說，這就是求句子的變化，當然與所謂文章的聲氣有關。所以教師對於文言文的語句，應該詳細剖析，使學生明瞭，然後才能說到文義的了解，語句分析詳細情形各位可以參考文法書籍，這裏不過舉出一些例子，使知道一點概略，至於能融會貫通，見一知三，要靠自己的研究了。

現在中學課文各篇文章中，除少數語句比較單純，只有單句外，很少沒有複句的，反過來說，可以說到處都是複句。因此，我們必須先明瞭什麼是單句、複句與繁句，然後才可以談到語句的剖析。在許詩英先生的《中國文法講話》中說：「簡句是只包括一個詞結的，如『我讀書』。繁句是包括兩個或兩個以上的詞結，其中有的詞結做另一個詞結的文法成分。」如：

《論語．憲問》：「貧而無怨難，富而無驕易。」（表態繁句）

白居易〈燕詩〉：「當時父母念，今日爾應知。」這句話應是說當時父母想念你，今天你應該知道。（當時為時間補詞，父母主詞，念動詞，止詞省）

歸有光〈先妣事略〉：「家中人聞吳家橋人至，皆喜」等是。複句比較複雜，它是含有兩個或兩個以上的詞結，其中不是一個詞結做另一個詞結的文法成分，它們之間是憑聯合、加合、平行、補充、轉折、比較、主從、等立等關係結合的，有時等立之中有主從，主從之中有等立，有時所含的單詞也有其他子句附於其中，使學生眼花撩亂，不知如何是好。碰到這種情形，教師應該詳細剖析。其進行步驟可分三方面來說：

第一：把各複雜語句，分析成單純的原形，探明其複合的關係，在組織中其順序與口語不同之處。以及有省略的，應予補充，指點給學生知道，然後再進行概括的依次釋明全句句義。比較佶屈聱牙的語句，應用論理的讀法，領導學生誦讀順口。若引用其他書文的文句，並應兼示其出處。標點符號應予同時切實指導。這是第一步。茲分別舉例說明之：

㈠究明複合關係的由來：上面我們說複句構成的形式很多，這裏再舉出一些常見的例子。（名稱據《中國文法講話》）

聯合關係：如「小鳥時來啄食，人至不去。」（通常不用關係詞連繫，有時也用而來連繫，如：「舍於市之主人，而歸其屋食之當焉。」）

加合關係：如「嗚呼！身前既不可想，身後又不可知，哭汝既不聞汝言，奠汝又不見汝食。」（是聯合關係的加強，關係詞常用「又」字）

平行關係：如「承先人後者，在孫惟汝，在子惟吾。」（句式整齊者曰平行關係，不整齊者叫聯合關係）

補充關係：如「先天下之憂而憂，後天下之樂而樂。」（互相補充）

對待關係：如「矢人惟恐不傷人，函人惟恐傷人。」（由一正一反聯合而成正反，兩句各有主詞。另一種是正反兩句的主詞相同的，如君子成人之美，不成人之惡。）

轉折關係：如「諸兒見家人泣，則隨之泣，然以為母寢也。」（句意相背戾）

交替關係：如「大約讀書不成，非放心即怠惰，二者必居其一。」

排除關係：用「除……外」的句型，如：「除了你用功讀書以外，別的一概不行。」

比較關係：又分為三類：

1. 比較事物的同類：

如「魚，我所欲也；熊掌，亦我所欲也。」

2.比較兩件事物的高下：

如「文言文難教呢？語體文難教呢？」

3.用「與其……寧」的句型：

如「吾寧終身教育以終吾生乎？抑改變初志投身商界乎？」（用於問句。有用於非問句者：如「與其不得自由，毋寧死也。」）

因果關係：如「舜不告而娶，為無後也。」

假設關係：如「故苟得其養，無物不長；苟失其養，無物不消。」

條件關係：如「盡得大的責任，就得大快樂。」

推論關係：是「既……就」的句型，如「且既有吸收，即有消化。」

擒縱關係：是「雖……也應」的句型，如「此言雖小，可以喻大。」

襯托關係：是「非但……即使」的句型，如「無論弟不能樵，縱或能之，且猶不可。」

逼進關係：由淺入深，如「臣死且不避，卮酒安足辭。」

㈡與習用語不同的應重作配置：上面說過，文章有時因為求聲氣的關係，往往變換其位置，如遇這種情形，應予重新配合，復其原形，使學生了解語句變化的法則，從而能習行變化的方式，運用在寫作上，茲將文言裏句子各部分的次序與習用語不同的地方分別舉例如次：

1.用疑問詞作賓語，要把賓語放在動詞之前。如：

何為則民服。（止詞「何」字是疑問詞，所以一般放在動詞為之前，原意應作「為何則民服」）

子何恃而往？（止詞「何」是疑問詞，所以放在動詞恃之前）

吾誰欺，欺天乎？（吾誰欺即「吾欺誰」）

泰山其頹，則吾將安仰？（安仰即仰安，安，何也？）

2.否定句裏用代詞作賓語，這賓語要倒置在動詞之前。如：

時不我待。（「不」是否定詞，故把賓語「我」，放在動詞「待」之前）

不患莫己知。（莫己知即莫知己）

每自比於管仲樂毅，時人莫之許也。（莫之許也即莫許之也，「莫」是否定詞）

3.倒裝賓語跟動詞中間有「之」或「是」字賓語的也倒置了。如：

吾斯之未能信。（吾未能信斯）

非夫人之為慟而誰為？（非為慟夫人而誰為）

君人者，將禍是務去。（君人者，將務去禍）

4.用「唯……是……」構成一個的熟語，賓語也倒裝了。如：

父母唯其疾之憂。（即父母唯憂其疾）

除君之惡，唯力是視。（即除君之惡，唯視力，是字語氣詞）

唯利是圖。（即唯圖利，是字語氣詞）

5.以字的賓語，常常放在前頭。如：

勤以補拙、儉以養廉。（以勤補拙、以儉養廉）

禮以行之、遜以出之、信以成之。

6.一般賓語的倒裝，或是為了加重語氣，或是為了賓語太多，現在口語也常用這種格式，如「這裏的事情，你不用管。」（你不用管這裏的事）但在文言文裏，常常在動詞之後補一個代詞。如：

俎豆之事，則嘗聞之矣，軍旅之事，未之學也。

死馬且買之千金，況生馬乎。

是疾也，江南之人常常有之。

7.文言裏用「以……」和「於……」往往跟現代語的「拿」，和「在」的位置不同，如：

與以錢：不受。（拿錢給他）

喻之以理，動之以情。（拿道理說給他聽，拿感情打動他）

雜植竹木於庭。（在院子裏種了些樹跟竹子）

㈢前後聯絡間有省略詞語的應為補充：茲分述之：

△主語的省略：

1.因為文言少了可以用作主語的第三身代詞，「之」、「其」很少用作主位，「彼」字語氣太重，所以有時只好省略掉。如：

居，吾語汝。（省汝）

王請勿疑。（省余）

陳太丘與友期行，期日中，（友）過中不至，太丘舍（友）去，（太丘）去後（友）乃至。

2.泛指一般擬議的主語也往往省略掉。如：

道之以政、齊之以刑、民免而無恥。

志於道，據於德，依於仁，游於藝。

△賓語的省略：

1.常見的是第一個動詞後的賓語兼作第二個動詞的主語往往省略。如：

勿令（他）入山，山中虎狼惡。

日出，乃遣（他）入塾。

今而後吾將再病，教（我）從何處呼汝耶？

2.以字後頭的賓語。如：

貧者自南海還，以（之）告富者。

以四事相規，聊以（之）答諸生之意。

3.與字後頭的賓語。如：

見犬在道甚眾，走欲與（之）為戲。

可與（之）言而不與（之）言，失人；不可與（之）言而與（之）言，失言。

眾人懷安，不足與（之）圖大事。

4.為字後頭的賓語。如：

余思粥，擔者即為（我）買來煮之。

即解貂覆生，為（生）掩戶。

先生不羞，乃有意欲為（文）收責於薛乎？

5.從字後頭的賓語。如：

八齡失母無依，寢食與父共，從（父）受國文，未嘗就外傅。

時過其家，間從（他）乞果樹。

6.賓語後頭跟著「以……」或「於……」的時候。如：

余告（之）以故，眾咸歎服。

其畜牛也，臥（牛）以青絲帳，食（牛）以白米飯。

家貧無從致書以觀，每假借（之）於藏書之家而觀之。

7.其他的例子。如：

為之，則難者亦易矣，不為（之）則易者亦難矣。

何者？功多，秦不能盡封（之），因以法誅之。

主人恐其擾，不敢見（之）。

△主語和賓語之外「以」和「於」這兩個關係詞也常常省去。如：

客聞之，請買其方（以）百金。

群臣後應者，臣請（以）劍斬之。

予自束髮讀書（於）軒中。

秦始皇大怒，大索（於）天下。

△省曰字的主語，以及連曰字也省去。如：

孟子曰：「許子必種粟而後食乎？」

陳相曰：「然。」

「許子必織布而後衣乎？」

曰：「否，許子衣褐。」

「許子冠乎？」

曰：「冠。」

「曰」字等於現代口語的「說」，兩個人的對話，必須交待清楚，這句話是誰說的，那句話是誰說的，所以舊小說多不厭其煩的左一個某某說，右一個某某說。現在有了標點符號，各人所說的話用引號標明，就不會混淆不清。這種辦法，古人雖已用過，只因古書沒有標點，而兩個人所說的話連在一起，完全要靠文義來分別，一不小心，便要弄錯。所以教師應該詳細分析，使學生曉然省略之所在。

㈣語句佶屈聱牙的，須領導學生讀一遍，以求順口：過去私塾時代，教法重在學生的讀，學生倒有誦讀的經驗。自廢私塾，創學校以來，教法重在教師的講。學生對誦讀的問題，就漸漸淡忘了。久而久之，變成只看而不讀的習慣。導致不能體會文章的深意。其實好的文章，須朗誦熟讀，才能體會到作者的技巧。如《史記‧李將軍列傳》云：「李廣見草中石，以為虎而射之，中石，沒鏃。視之石也。因復更射之，終不能復入石矣。」《史記辨惑》認為凡多三「石」字，當云：「以為虎而射之，沒鏃，既知其石，因復更射，終不能入。」後人評謂：「簡則簡矣，神情不類。」我們也認為去了三「石」字，不如原文遠甚。這大概與誦讀不順口有關。讀了前一段覺得每句有「石」字，拗口的很。所以王若虛以為凡多三「石」字。其實多讀幾遍，就可看出司馬公傳神之筆就在三個「石」字上哩！因此，對於佶屈聱牙的文句，如不誦讀數遍，使之習慣，學生永遠不能體會出文章的氣勢。

㈤文句中引用其他書文的，須示其出處：課文教材內往往引用他書辭語，如說明其出處，尚還容易查考。如不說明出處，學生無從查考，文義就不易了解。前者我們稱之為：「明引法」，後者稱之為「暗引法」。明引法又可分為兩種，一是「正引」，一是「喻引」。正引是直截了當的說出「某某曰」，或「某書曰」。喻引則用「所謂什麼」化為自己語氣中的一部分。暗引者是把古人所說的話，化為自己的意見，了無痕跡可尋。如：

孔子曰：「三人行，必有我師焉。是故弟子不必不如師，師不必賢於弟子。」（明引）

佛典說：「如人飲水，冷暖自知。」（明引）

所謂「鞠躬盡瘁，死而後已」之義也。（喻引〈出師表〉）

所謂「鷸蚌相爭，漁人得利」。其斯之謂歟？（喻引《戰國策》）

再不會見「宗廟之美，百官之富。」如何能有趣味？（暗引）

教材中無論明引暗喻，教師都應該查考其出處，詳為闡說，使學生了解語句構造的技巧。

㈥標點符號應同時切實指導：標點符號是閱讀文章寫作文章重要的工具。文字上使用了標點符號，閱讀不費腦力，容易明白文字的意思，同時正確了解文字的意思，使讀者不至誤會文意。但是現在學生都不很注意，教師應該利用剖析語句的機會，附帶告訴學生，使其知道標點符號的用法和文義關係的密切。如梁啟超說的「民可使由之，不可使知之」。假使在兩可字下加一逗點，意義便完全不同了。中國古代教學已經注意到標點符號，不過非常簡單罷了。如〈學記〉云：「一年視離經辨志。」離經就是離絕經書之句讀。到了宋朝，館閣校書，始用圈點的符號。這可稱為舊式的標點符號。現在新式的標點符號已日漸完善，應用起來也很便利。教師應該指示學生文句標點之所以，使學生習知運用。

第二：要剖析逐個單句的組織，分清單句中各部的成分：上面我們說過，要把繁複的語句，還它各個單純的原形，那麼單句組織的成分，也應同時分析清楚，使學生徹底了解文句的構造。古人說：「文者集句而成，如錦繡然，故謂之文，欲知文，當識句。」識句實為了解文義的基本工夫。茲分別述之：

㈠句子的成分：句子的成分通常可分為兩部分：即主要部分與附加部分，主要部分即主語與述語，但句子不會只有主語述語就能表達出完全的意思，有時需要許多形容或限制性的詞語附加上去，才能表達出完整的意思，甚至附加之上另有附加，弄得枝節橫生，所以要加以分析，使學生知道句子中心意思之所在，不致被附加部分糾葛不清，如：「假如要做一個負責熱心教學的教師，就應該時時刻刻不斷的去研究日新月異的教學方法」。這一句話的主要成分，只是教師應該研究教法，其餘都是附加部分。「負責熱心教學」是修飾「教師」，用「的」做其間的關係詞。「時時刻刻不斷的去」，又是修飾「研究」的，「日新月異」形容「教學方法」這句子又是假設複句。用「假如……就……」把上下兩個意思連繫在一起，句子主要的部分非常簡單，附加的部分卻非常複雜，若不逐一分析其構成成分，學生很難辨認清楚。

㈡句子順序的變化：有時作者為了寫作技巧的關係或是措辭的便利起見，往往把順序顛倒過來了。

有時則把應緊接的提散開去，有時分一為二，有時省繁為簡，如：

1.顺序顛倒者：

只用請安，一概儀注都免。（《紅樓夢》第八十三回），原順序為「免一概儀注」。

你在家裏，什麼事作不得。（又八十八回）即作不得什麼事。

2.把緊接的提開去：

我最不能忘記的，是他的背影。（他的背影我最不能忘記）

怡然坐於堂上者，為其母沈太夫人。（其母沈太夫人怡然坐於堂上）

3.分一為二者：

庭有枇杷樹，吾妻死之年所手植也。（吾妻死之年手植枇杷樹）

大姊嫁王三接，孺人所許聘者也。（孺人許大姐嫁王三接）

4.省繁為簡者：

所問非所答。（為「不答所問，答所不問」之省）

有所得，即持歸陳母前。（有所得即「有所得之物」之省）

處理這些句子的時候，也應和剖析複句之先分清逐個單句一樣，將各個成分分清，並按照習用語言法則安排，讓各個成分各得其所，如有省略之處，應予補足。使句義顯豁，然後再指示其相互關係之形成及語法的特點，使學生知所體認學習。

第三：處理詞組：單句的成分，往往不是一個單詞就夠，而是由許多詞組所構成，所以又必須進一步處理詞組，詞組雖不是句子，其作用不過等於一個詞，但它又不像單詞只代表一個觀念，有時也有附加部分，弄得相當複雜，它可以由敘事句轉變成，也可以由判斷表態有無等句轉變成，例如：

㈠由敘事句轉變成為詞組：

大道行。（加「之」字變為「大道之行也」為詞組）

將軍百戰死，壯士十年歸。（加「的」字變為「百戰死的將軍」「十年歸的壯士」兩詞組）

㈡由表態句轉變為詞組：

山高。（顛倒變成「高山」為詞組）

溪深。（加「之」字變成「溪之深」為結合式詞結）

㈢由判斷句轉變為詞組：

雲英、沈將軍至緒女也。（變成「沈將軍至緒女雲英」即為詞組）

㈣由有無句轉變為詞組：

蜀之鄙有一僧。（變成「蜀鄙之僧」即為詞組）

這塊板只有三個角。（變成「三角板」即為詞組）

這些詞組變化的原則，當然有作者技巧存乎其間，處理的時候，同樣要將變化的原因與相互的關係，其間或有省略或有顛倒，與前後跟著有幫助語氣語勢等成分連同全詞組的語義，一併弄清。

現在中學生國文根本的毛病，除了單詞認識不清和詞彙貧乏之外，便是句讀不明，教師剖析語句，乃是要使學生能夠明白語句的組織和變化與句讀的辨認，然後閱讀習作的能力，方能有進步，而語句的組織和變化，比單詞尤為複雜，繁複的語句，學生倘不明其組織和變化，則雖然能懂表面的釋義，仍不能消化運用，尤其文言語句與白話語句的比較與組織，更應隨時提示類比練習，使學生能融會貫通，熟習應用，至於教師的教學，常須用文法和修辭學作工具，平時也應有相當的研究。

第三節　文義教學

使學生了解課文文義是教學的最高目標之一。上面我們所說的詞語教學、語句教學，也無非是為了了解文義而做的基本工夫。本來應該是單詞語句懂了，文義自然也就明白。但是中學生體認的能力還不夠，若不是再做一番文義探究的工夫，他們只知道一點支離破碎的辭語釋義，懂得一點文章的皮毛末節，對於全文還是連貫不起來。因此，還要在學生單詞、語句弄清楚之後，再作一番綜合整理闡發的工夫。使學生曉然文章真意之所在。茲將處理的過程分述如次：

一、解釋題文

大凡文章都有一個題目，使讀者便於識別或是便於稱說。如果文章沒有題文，讀者就無從稱呼識別了。所以教師講解課文之前，先要使學生認清題文，心裏有個了解。解釋課文內容時，學生才不致把握不住全篇的中心意義。有些題文的文辭，簡直是一個很精煉的文句，如李白〈春夜宴桃李園序〉與〈下終南山過斛斯山人宿置酒〉的詩題等，能把全文內容要點包舉無遺，則須將題文的組織，也像課文一樣細細詳解。題文大概可分為固定與不固定兩類，也就是隱的與顯的，如上面所舉的李白詩文兩例以及像柳宗元的〈始得西山宴遊記〉等，缺一字即與文意不合，可說是最固定最明顯的了。其他如曹植〈與楊德祖書〉，蘇軾〈祭歐陽文忠公文〉，雖然看了題文，還不知道內容是說些什麼？但一望題文也就可以知道是什麼文章，都可說是屬於顯的一類。有的題文如「孝經六章」（前高中標準本第六冊）「世說新語」（同上第四冊），這可說是書名或書名的一部分，還有，為稱說識別便利起見，後人隨意摘錄篇首二字而成的題文。例如《論語》的〈學而〉、〈為政〉，《孟子》的〈梁惠王〉、〈公孫丑〉，類似這些都沒有什麼意義可言，可說是屬於隱的不固定的一類。所以有的編者為求便利讀者明瞭文意起見，選用古人的文章，依照文意，另擬題名，如說〈曾子烹彘〉不說《韓非子．外儲說左上》（見啟明初中國文第一冊），有的雖然另擬題名，仍與文意無關，但範圍已縮小了許多，如說〈齊人妻章〉，不說《孟子．離婁》（見前標準本初中國文第三冊）都是使題文更切合文意的關係，對於那些非題之題，教師宜就課文內容，自己另擬一題，於講解原題後，再講所另擬之題。如講解《孟子》、《論語》日記等彙記文辭的課文，篇無中心，則應分別逐章提其要旨為題，以資學生識別。

二、課文的本事和背景

講述文章的本事與背景，是幫助了解課文的基本工夫，教師應該詳細查考擇要講解，如唐人小說有一篇〈虬髯客傳〉，是作者眼見唐末藩鎮割據，天下紛紛，所以借隋季的時代，寫這篇故事來警告野心家。謂「真人之興也，非英雄所冀，況非英雄乎？」這是它的本事。又唐人小說除〈虬髯客傳〉外，還有〈紅線傳〉〈聶隱娘傳〉等都是描寫神仙劍俠鋤奸懲惡的事情。這些小說發達的原因，都是當時政治社會背景所造成。因為唐代末葉，時勢日非，軍閥橫暴，各據一方，不聽中央命令，互相爭戰吞併，天下騷然，民生疾苦。於是一般富於思想的文人們，造出種種劍俠來自慰。民間也因劍俠故事，大都是除暴安良，代人報仇雪恨的，自己抵抗既不可能，只好藉閱讀或聽講這些故事聊資一快。所以唐代末葉的傳奇小說就特別發達了。這種背景本事，非必篇篇都有可尋；但作者為什麼寫這篇文章，教師總應盡可能考證一下，使學生明曉。至於詩詞題名之考證及本事，如〈菩薩蠻〉、〈重疊金〉等，教師準備時雖然不得不查個明白，但不必都告訴學生，以免分散他們對課文內容的注意力。

三、處理課文文義的步驟

分析文義在性質上說，可分內容及形式兩部分，內容方面要使學生把握全文的中心意旨，不致被各段各節的情節所迷惑，致把握不住全文的要旨，例如〈虬髯客傳〉這篇文章，是作者眼見唐朝末年藩鎮割據，天下紛紛，所以借隋朝末年所發生的故事，寫這篇文章來警告野心家，說「真人之興也，非英雄所冀，況非英雄乎」。意思是說像虬髯客那麼英雄的人，還不是唐太宗李世民的對手，何況不如虬髯客的人呢？言外之意，大家不可輕舉妄動，自招禍患。所以儘管這篇文章描寫虬髯客如何的神秘，如何的英雄，並穿插紅拂女的慧眼識豪傑，李靖之得紅拂女青睞，助唐太宗完成帝業，說得天花亂墜，都不外乎是這個意思。

至於處理這類教材的方法，可用歸納和分析的方法。換句話說，就是聯絡各句而成節，聯絡各節而成段，聯絡各段而成篇。因為文章各句的意義，還不能看出全文的真義，有時即使聯絡各句，也只能看出各節各段的綱要，還是無從體認全文的主旨，必要聯絡各段成篇之後，才能知道全文中心思想之所在。古人說：

> 指馬之百體而不得馬，而馬係於前者，立其百體而謂之馬也。《莊子．則陽》

意思是說，馬散為百體，指馬的任何一體都不是馬，而馬顯現在我們的眼前，是聚合馬的百體才成為馬。體認文章義旨中心思想、道理是一樣的。文章的中心，不在於任何一段，而是聯絡各段的大意之後，文章的中心思想才宛然可見。例如〈鄭成功與荷蘭守將書〉這篇文章，從文章的各節綱要來說，雖然錯綜反復，但其意思無非是「動之以情」、「說之以理」、「誘之以利」、「脅之以力」四個提綱。如：

> 我軍入城之時，余嚴飭將士，秋毫無犯，一聽貴國人民之去，若有願留者，余亦保護之，與華人同。

這一節可以說是「動之以情」，又如：

> 臺灣省，中國之土地，久為貴國所據，今余既來索，則地當歸我。

這一節可以說是「說之以理」，又如：

珍瑤不急之物，悉聽而歸。

這一節可以說是「誘之以利」，又如：

若執事不聽，可樹紅旗請戰，余亦立馬以觀，毋游移而不決也。生死之權，在余掌中，見幾而作，不俟終日，唯執事圖之。

這一節可以說是「脅之以力」。這四節的提綱，假使孤立的來看，只是各節的大意，看不出全文的中心思想。必要把四節意思聯繫起來體會，才可以了解，作者初則動之以情，再則說之以理，繼則誘之以利，終則脅之以力，一步緊一步，誘脅勸降的意思，就顯然的表露出來。這樣處理課文，不但是使學生體認文義的過程，同時也是指導學生寫作必要的步驟。我們知道，學生寫作往往不知從何下筆，即使下筆寫了，也多是語言無序，結構淩亂，或是逸出題外，或是文不對題。經過這樣的指導之後，學生如果寫一篇勸降的文章，就不致毫無依靠，茫無頭緒了。他會循著這「動之以情」、「說之以理」、「誘之以利」、「脅之以力」四個提綱去下筆。即使寫得不甚好，也不會離題太遠。因為這四個提綱，可以說是任何勸降書共同的綱要。（請參閱臺灣教育第二七六期〈論讀與寫的關聯性〉一文）

指導學生辨認課文文義，有時不一定按照這種方式，要看課文的性質，作不同的處理。有時也可以按文章作法及體裁來指導，如柳宗元〈黔之驢〉這篇文章。可分敘與論兩部分，敘的部分有三小節：

黔無驢，有好事者，船載以入，至則無可用，放之山下。

這是第一小節，為文章的開端。

虎見之，尨然大物也，以為神，蔽林間，窺之，稍出近之，慭慭然莫相知。

這是第二小節，敘驢與虎開始接觸。虎只見驢之形，以為是神，接應下文「向不出其技」句。又說：

他日，驢一鳴，虎大駭，遠遁，以為且噬己也，甚恐。然往來視之，覺無異能者。益習其聲，又近出前後，終不敢搏。稍近，益狎，蕩倚衝冒，驢不勝怒，蹄之。虎因喜，計之曰：「技止此耳。」因跳踉大㘎，斷其喉，盡其肉，乃去。

這是第三小節，敘驢之聲可駭，至驢之蹄，則曰「技止此耳」。以有用烘托出其無用，為後段悲驢之死伏筆。以上三小節構成一大段，為全文敘述的部分。

噫！形之尨也，類有德。聲之宏也，類有能。向不出其技，虎雖猛，疑畏卒不敢取，今若是焉，悲夫！

這是第二大段，為全文之論斷。所以這篇文章是先為驢立案，後加以論斷為全文之結束。

這是根據文章的體裁來分析，分析之後還可製成分析表，指導學生詳細體認。現在就把〈黔之驢〉這一課文的分析表列舉如次：（表附下欄）

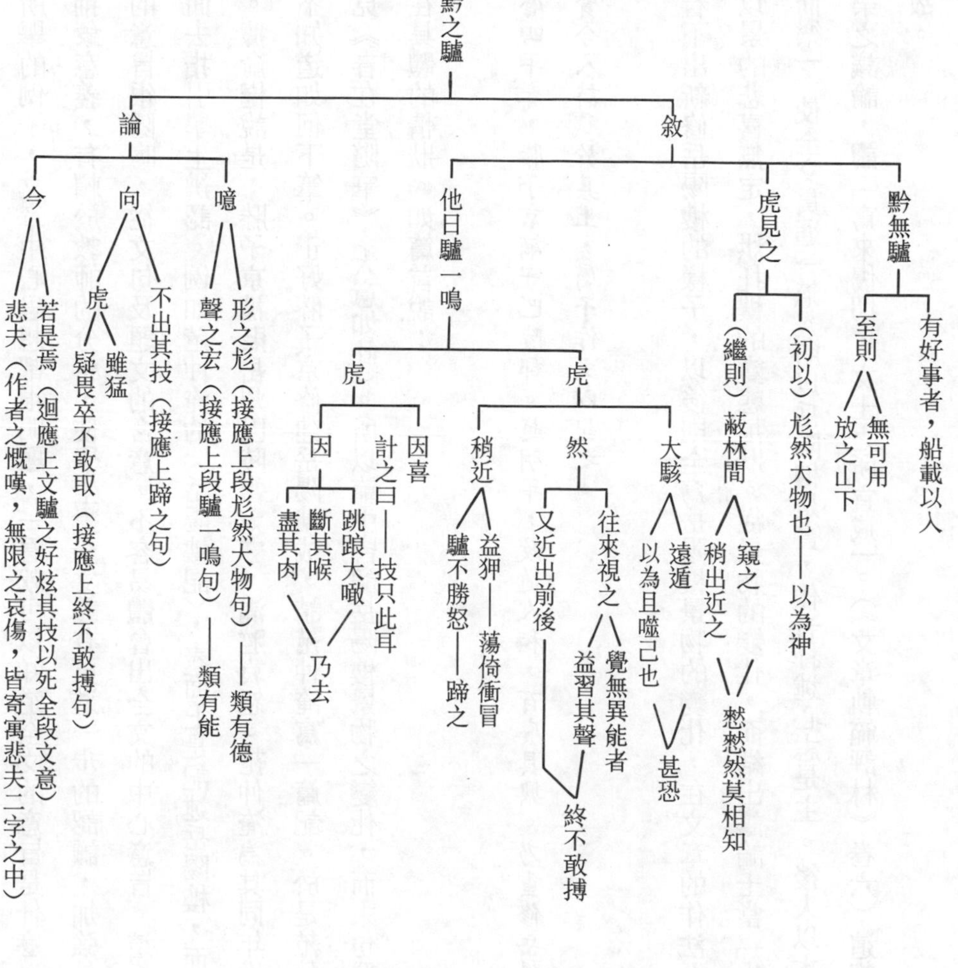
黔之驢
敘
黔無驢
有好事者，船載以入
至則
無可用
放之山下
虎見之
（初以）尨然大物也——以為神
（繼則）蔽林間
窺之
稍出近之
憖憖然莫相知
他日驢一鳴
虎
大駭
遠遁
以為且噬己也
甚恐
然
往來視之
覺無異能者
益習其聲
又近出前後
終不敢搏
稍近
益狎——蕩倚衝冒
驢不勝怒——蹄之
虎
因喜
計之曰——技只此耳
因
跳踉大㘎
斷其喉
盡其肉
乃去
論
噫
形之尨（接應上段尨然大物句）——類有德
聲之宏（接應上段驢一鳴句）——類有能
向
不出其技（接應上蹄之句）
虎
雖猛
疑畏卒不敢取（接應上終不敢搏句）
今
若是焉（迴應上文驢之好炫其技以死全段文意）
悲夫（作者之慨嘆，無限之哀傷，皆寄寓悲夫二字之中）

以上所舉的例子，文章中心思想都很明顯，一看就可以知道全文的意旨是什麼，只是學生缺乏文句所代表的抽象意義，有賴於教師的分析，使學生對全文義有更進一步的認識，加強其寫作的訓練。然而有時文章的意旨很隱晦，從文句及題文的含意，不容易體會出全文的中心意旨。這樣，則應從作者寫作的背景方面去指引學生辨認。例如范仲淹的〈岳陽樓記〉，表面上是記述岳陽樓，而主旨卻是自述胸懷，借題抒意。據俞樾說是：滕子京被貶岳州巴陵當太守，滿腔哀怨。范仲淹為其同年進士，很想寫封信去勸他，但不知道如何下筆。正好滕子京修建岳陽樓成，請范仲淹寫一篇記。於是范仲淹借題發揮，寓規勸之意（見《春在堂隨筆》，大意如此）。所以篇中皆記岳陽樓景物之變化，而末句發為議論，都沒提到岳陽樓實在具體的情狀。如篇首說：

慶曆四年春，滕子京謫守巴陵郡。越明年，政通人和，百廢具興。乃重修岳陽樓，增其舊制，刻唐賢今人詩賦於其上，屬予作文以記之。

這幾句話看不出新修岳陽樓的樣子，以後則全寫岳陽樓景物的變化，在文章的作法上，可以說不是記實在的樓，以景的悲喜無定，烘托樓的變態萬狀。從景物的變化，而結出議論士當「先天下之憂而憂，後天下之樂而樂」，使全文貫通一氣。所以岳陽樓是賓，作者抒述心志是主。後人以本篇駢儷俗體，篇末又發揮憂樂之議論，謂「寫來傷切，文士之所宜戒」。（《文章軌範評林》卷六）這都是沒有體會到文章義旨的緣故。

在內容上說：作者篇首提出了一節緣起，接著說：

予觀夫巴陵勝狀，在洞庭一湖。銜遠山，吞長江，浩浩湯湯，橫無際涯；朝暉夕陰，氣象萬千。此則岳陽樓之大觀也，前人之述備矣。然則北通巫峽，南極瀟湘，遷客騷人，多會於此，覽物之情，得無異乎？

這一小節記岳陽樓之景，以「氣象萬千」為總括，因為氣象萬千，所以遷客騷人，覽物之情，其必有異。因為覽物有異以引起下文悲喜。這一小節中的「遷客騷人」接應前節「滕子京謫守巴陵郡」的「謫」字，謫字是一篇的氣脈，換句話說，全篇的文意，都是從謫字發出，則下文所謂「不以物喜，不以己悲」，當「先天下之憂而憂，後天下之樂而樂」，都是為勸滕子京貶謫而發，極為明顯。接下述觀物之情說：

若夫霪雨霏霏，連月不開，陰風怒號，濁浪排空；日星隱曜，山岳潛形；商旅不行，檣傾楫摧；薄暮冥冥，虎嘯猿啼。登斯樓也，則有去國懷鄉，憂讒畏譏，滿目蕭然，感極而悲者矣！

這一節說，岳陽樓氣象變化之悲，也是接應上一節覽物之情有異之一端。從人生之逆境而說。又說：

至若春和景明，波瀾不驚，上下天光，一碧萬頃；沙鷗翔集，錦鱗游泳；岸芷汀蘭，郁郁青青。

而或長煙一空，皓月千里；浮光耀金，靜影沉璧；漁歌互答，此樂何極！登斯樓也，則有心曠神怡，寵辱皆忘，把酒臨風，其喜洋洋者矣！

這一節寫覽物之情有異之另一端，為岳陽樓氣象變化之喜，從人生之順境著筆。悲與喜為全文著眼處。從覽物之情而悲，伏下文不為己悲，結出憂字。從覽物之情而喜，伏下文不以物喜，引出樂字來。悲喜為人情之在己者，憂樂則不在己，應在物。所以又說：

嗟夫！予嘗求古仁人之心，或異二者之為，何哉？不以物喜，不以己悲。居廟堂之高，則憂其民；處江湖之遠，則憂其君。是進亦憂，退亦憂，然則何時而樂？其必曰：「先天下之憂而憂，後天下之樂而樂」歟。噫！微斯人，吾誰與歸。

這一節說覽物之情有悲喜，是就一般之遷客騷人而言，而古仁人則不以物喜，不以己悲。在文章作法上說，不以物喜，不以己悲，是接應上文，在內容上說，則是更進一層說，人情有悲喜二端，是在己者。而仁人之心，憂樂則在於物，既然憂樂在於天下萬物，那個人的悲喜又算得什麼呢？以仁人之心勉滕子京放棄個人之悲喜，而引出「先天下之憂而憂，後天下之樂而樂」為勸勉，其意非常明顯。而結語作者又慨嘆的說：「微斯人，吾誰與歸」，盼望滕子京與其同道而行，期勉友人，一往情深。固然，范仲淹能寫此文，必先有此修養，而後始可期勉友人，與他同志。後人常引言行錄謂「希文少有大志，嘗自誦曰：

「士當先天下之憂而憂，後天下之樂而樂」，今於此發之。」這話只對了一半，范仲淹固然有此大志，不單是於此發之，還有藉此以勸勉滕子京之意，這是不能不知道的。

這篇文章，在體裁上說是記敘文，借岳陽樓發揮自己的意見，其作用則在於規勸友人放棄個人悲喜，以天下之憂樂為憂樂。文章的內容雖然是抒發個人的心志，但作法上仍是以岳陽樓為寫作的對象，沒有離開岳陽樓來發揮，第一節寫滕子京重修岳陽樓索記開始，接下寫岳陽樓之大觀，再從岳陽樓之大觀論悲喜，但仍不離開岳陽樓，悲喜都是直接從「登斯樓也」而產生的，最後發揮議論，說悲喜憂樂，看似和岳陽樓無關，但從文章的氣脈說，也都和岳陽樓有間接的關聯，這樣全文就在「岳陽樓」的題旨之下情調一致了。不會有離題的感覺。這樣分析或許比較抽象，還可作成分析表在教學時，一併懸掛，以增加學生的了解。(見分析表)

文義教學的目的，是要求文章辨認文章的整體性，因為一篇文章，作者不會單純的敘述或論說一件事物，必定會旁徵側引，廣譬博喻，如果教師就文章所表達的各部分，孤立的片斷的解說，不去分析歸納文章主旨的所在，即使解說得如何動人，學生還只是「見樹不見林」而已。分析歸納文章的義旨，不但是使學生了解課文意義的重要過程，也是訓練學生寫作最好的方式。

上面所說，或許有人認為文章本無法度，古人寫文章，那會根據什麼聯絡照應的法度去寫文章，是的，文章本天成，妙手偶得之。後人所謂文章法度規矩，都是自己揑造出來的。但這些揑造的法度，對初學寫作的學生來說，是有其必要的。章學誠說得好：

歸氏震川，取史記之文，五色標誌，以示義法，今之通人，如聞其事，必竊笑之，余不能為歸氏解也。然為不知法度之人言，未嘗不可資以領悟。（《文史通義．文理》）

這幾句話，可以做為我的解釋和本文的結論。

岳陽樓記分析表

- 岳陽樓記
  - 敘
    - 作記之緣起
      - 時間 — 慶曆四年春 — 滕子京謫守巴陵郡
      - 原因
        - 越明年 — 政通人和，百廢具興
        - 乃重修岳陽樓
          - 增其舊制，刻唐賢今人詩賦於其上
          - 屬予作文以記之
    - 岳陽樓之情狀
      - 予觀夫 — 巴陵勝狀 — 在洞庭一湖
        - 銜遠山 — 浩浩湯湯，橫無際涯
        - 吞長江 — 朝暉夕陰，氣象萬千
        - — 此則岳陽樓之大觀也
      - 然則
        - 北通巫峽
        - 南極瀟湘
        - — 遷客騷人，多會於此
        - — 覽物之情，得無異乎（異字為下文悲喜伏筆）
      - 若夫
        - 霪雨霏霏，連月不開
        - 陰風怒號，濁浪排空
        - 日星隱曜，山岳潛形
        - 商旅不行，檣傾楫摧
        - 薄暮冥冥，虎嘯猿啼
        - — 登斯樓也，則有
          - 去國懷鄉
          - 憂讒畏譏
          - 滿目蕭然
          - — 感極而悲者矣
      - 至若
        - 春和景明，波瀾不驚
        - 上下天光，一碧萬頃
        - 沙鷗翔集，錦鱗游泳
        - 岸芷汀蘭，郁郁青青
      - 而或
        - 長煙一空，皓月千里
        - 浮光耀金，靜影沈璧
        - 漁歌互答，此樂何極
      - （至若、而或）— 登斯樓也，則有
        - 心曠神怡
        - 寵辱皆忘
        - 把酒臨風
        - — 其喜洋洋者矣
  - 論
    - 嗟夫
    - 予
      - 嘗求古仁人之心
      - 或異二者之為 — 何哉
        - 不以物喜
        - 不以己悲
    - （仁人）
      - 居 — 廟堂之高 — 則憂其民 — 進亦憂
      - 處 — 江湖之遠 — 則憂其君 — 退亦憂
      - — 然則
        - 何時而樂
        - 其必曰
          - 先天下之憂而憂
          - 後天下之樂而樂
          - — 歟
    - 噫
      - 微斯人
      - 吾誰與歸

四、闡發文義

文章不僅限於文辭表達出來明顯的意義，凡是好的文章大多意餘於詞。許多可以選為教材的文章，往往還隱含作者的人生哲學及真理大義，給予讀者啟示教訓，我們可稱之為隱義。《文心雕龍》所謂「夫隱之為體，義生文外，秘響旁通，伏采潛發。」宋梅堯臣所謂：「含不盡之意，見於言外，狀難寫之情，如在目前。」就是指這類隱意而說的。文章的隱義，它用的詞語很簡單，所含的意義卻很廣博；舉的例子很淺近，道理卻很深遠，學生不容易體會得出來。教師應該加以把握，詳為闡發，使學生曉然真義之所在，而增進陶冶的價值。茲舉例分述於次：

㈠即小以見大：

《史記．管晏列傳》司馬公寫管仲的政績，只說：「桓公實怒少姬，南襲蔡，管仲因而伐楚；責包茅不入貢於周室。桓公實北伐山戎，而管仲因而令燕修召公之政。於柯之會，桓公欲背曹沫之盟，管仲因而信之。」管仲之功業，孔子尚稱：「微管仲，吾其披髮左衽矣。」難道只這三件小事！這就是「即小以見大」的寫法。因為文字不是萬能的工具，假如寫管仲的功業如何偉大，令人看了，有「不過如此」的感覺；倒不如寫小事，以見出偉大的地方，這樣效果要強得多。這也是司馬遷運用文字技巧的地方。其他如：韓愈在〈柳州羅池廟碑〉文裏用「宅有新屋，步有新船，池園修潔，豬牛鴨雞，肥大蕃息。」形容柳宗元在柳州的政績。這都可以說是「即小以見大」的一種寫法。這種文義，教師應詳為闡述，學生才能體會得出來。

㈡意在言外者：

所謂絃外之響，不著一字，盡得風流。如：

「新來瘦，非關病酒，不是悲秋。」（言相思之苦）

「吾嘗將百萬軍，然安知獄吏之貴乎。」（言獄吏作威作福）

「國破山河在，城春草木深；感時花濺淚，恨別鳥驚心。……」（司馬光《迂叟詩話》云：「國破山河在明無物，城春草木深明無人；花鳥平時可娛之物，見之而泣，聞之而驚，則時可知矣。」）

「請看今日之域中，竟是誰家之天下。」（言外之意為唐家之天下）

文章如果用直述，則索然無味。不如用委曲含蓄的話來暗示，則令人回味無窮。莊子所謂：「世之所貴道者，書也；書不過語，語有貴也。語之所貴者，意也；意有所隨。意之所隨者，不可以言傳也。」（《天道》）

㈢寄真義於喻託：

「夫搏牛之虻，不可以破蟣蝨。」（以「搏牛之虻，不可以破蟣蝨」，喻鉅鹿城小而堅，秦兵不能卒破。釋義見顧氏《日知錄》）

「歲寒然後知松柏之後凋。」（喻亂世的時候，才能看出忠臣來）

「入之愈深，其進愈難，而其所見愈奇。」（以遊山喻為學）

「向晚意不適，驅車登古原；夕陽無限好，只是近黃昏。」（李義山自傷年老）

㈣借他事為映襯：

映襯為增加文章的力量，借明他事，陪襯出本題的意思。如：《史記．滑稽列傳》：「楚莊王之時，有所愛馬……病肥死，欲以棺槨大夫禮葬之。……優孟曰：馬者，王之所愛也，以楚國堂堂之大，何求不得，而以大夫之禮葬之，薄，請以人君之禮葬之。」（借以人君禮葬馬，反襯出不可以大夫禮葬馬。）又：「齊威王好為淫樂長夜之飲，沈湎不治，委政卿大夫。淳于髡說之以隱曰：國中有大鳥，止王之庭，三年不飛又不鳴，王知此鳥何也？王曰：此鳥不飛則已，一飛沖天，不鳴則已，一鳴驚人。」（借鳥映襯王之不治國事）

㈤蘊藏文義於典故之中：

「昔伯牙絕絃於鍾期，仲尼覆醢於子路。」（伯牙絕絃見《呂氏春秋．本味》，仲尼覆醢見《禮記．檀弓》）

「古人賤尺璧而重寸陰，懼乎時之過矣。」（賤尺璧重寸陰見《淮南子》）

「其言之不慚，恃惠子之知我也。」（恃惠子之知我見《莊子》）

蘊藏文義於典故之中的文章最為常見，不過有些我們已習見習知，不求其所以然罷了。如「成績」一詞出於《尚書》；「矛盾」出於《韓非子》；「一毛不拔」出於《列子．楊朱》，不勝列舉，教師應詳細查考，告訴學生，使其知其所以然，不致運用錯誤。

㈥蘊藏文義於史實之中：

文章使用史實，有加強語氣之功，無用字繁雜之弊，所以作者都樂意使用。遇有這類文句，教師應詳為講釋史實之內容及在本文所代表的意思。例如：

「在齊太史簡，在晉董狐筆。」

「昔者神農伐補遂，黃帝伐涿鹿而禽蚩尤。」

「嗚呼！阮步兵死，空山無哭聲，且千年矣。」

㈦蘊藏文義於語氣語感之中：

文義蘊藏於語氣語感之中，就是作者對事物發生的感慨，不是直接敘述出來，而是把人與自然來比較，發現自己的渺小，而發出感慨來。如蘇軾〈赤壁賦〉：「寄蜉蝣於天地，渺滄海之一粟，哀吾生之須臾，羨長江之無窮。」也有的以時間今昔的對比，如歸有光〈項脊軒志〉：「亭有枇杷樹，吾妻死之年所手植也；今已亭亭如蓋矣。」見到枇杷的長大，而感到種枇杷的人的死亡，產生出「今不如昔」的感慨。但這類感慨的文章，多是消極的。除掉一部分哀悼的感抒之外，教師應採用反面的說法，鼓勵學生積極的進取，不可任其頹廢，養成一種散漫消極的行為，這是要特別注意的。其他例子如：《三國志．荀彧傳》：「太祖軍至濡須，彧疾，留壽春，以憂薨，時年五十。謚曰敬。明年太祖遂為魏公矣。」（荀彧輔助曹操，厥功甚偉。後來曹操要加九錫，他不贊成，憂鬱而死。陳壽用「明年太祖遂為魏公矣」，「遂」字「矣」字前後提應，暗示荀彧一天不死，曹操就一天不敢為魏公。荀彧一死，曹操就立刻為魏公。令人產生無限的感慨）。沙張白〈市聲說〉：「君子之所哀，豈僅在市聲哉。」（此以市聲與其他事物對比發出的感慨）。杜牧〈阿房宮賦〉：「秦人不暇自哀，而後人哀之；後人哀之，而不鑑之，亦使後人而復哀後人也。」（此時間之對比）。

以上所舉各類隱義，只不過是例子罷了；當然還有更多的，這要從修辭方面去探討，這裏不再詳細的說明。而且各家的說法也不很一致。如「新來瘦，非關病酒，不是悲秋。」陳介白認為是「曲言」。(見《修辭學講話》)近人認為是「婉曲」。(見《修辭學發凡》)傅庚生認為是「烘托」。(見《中國文學欣賞舉隅》)教師可以不必多作分類介紹，以免分散學生的注意力。不過，像這類文句，如只單憑字面的解釋，學生自己可能領會不出來，需要教師詳細闡釋講述。學生生活智能的增進，精神的鼓舞，行為的實踐，全靠這些文義的啟引哩！

五、體會作者表達之技巧

作者表達的技巧千變萬化，舉不勝舉，且多屬於修辭方面的事。茲僅就熱烈的感情，豐富的想像，淵博的知識，深刻的觀察力四點，舉例說明之：

㈠表現熱烈的感情的，如：

彼黍離離，彼稷之苗；行邁靡靡，中心搖搖。知我者謂我心憂；不知我者，謂我何求？悠悠蒼天，此何人哉？(《詩經．王風》)

乃以竹如意擊石，作楚歌招之，曰：「魂朝往兮何極，暮歸來兮關水黑，化為朱鳥兮，有咮焉食？」歌闋，竹石俱碎。(〈登西臺慟哭記〉)

這兩段都是表示亡國之痛，一是無語問蒼天，一則表現於吟詠。尤以「竹石俱碎」句，見出作者情感之奔湃。

㈡表現豐富的想像的，如：

柳宗元〈永州八記〉：「其上有居者，以余之亟游也，一旦，款門來告曰：『不勝官租私券之委積，既芟山而更居，願以潭上田貿財以緩禍。』予樂而如其言，則崇其臺，延其檻，行其泉於高者而墜之潭，有聲潨然，尤以中秋觀月為宜。」（自「其上有居者」至「予樂而如其言」寫得潭的原因。自「則崇其臺」至「尤以中秋觀月為宜」，則自現實的潭寫到想像的潭了。）

杜甫〈月夜〉：「今夜鄜州月，閨中只獨看；遙憐小兒女，未解憶長安。香霧雲鬟溼，清輝玉臂寒；何時倚虛幌，雙照淚痕乾。」（作者因看到月，同時聯想到閨中的妻子，但是不說自己看月懷念妻子，單說妻子看月懷念自己；不說自己看月懷念兒女，偏說兒女隨母看月不了解懷念自己。寫兒女不了解懷念的懷念，其懷念更覺得苦。如非作者想像豐富，怎麼能寫出這類文句呢？）

作者在文章裏表達想像的地方，我們所能夠講解的很有限，學生更未必了解。因為文字不過是一種符號，這種符號卻要代替無限的內容。要從簡單的符號去領會那無限的內容，是一件很困難的事。其實有許多符號，我們教師本身也很難全部領受，只能說比學生多一點而已。不過我們比較有正確豐富的領受力，對那些符號有特別的敏感，可以據以感染學生。使他們了解「春天」不只是代表四季的開始；「落葉」不只是掉下的葉子；血不單是一堆黏稠的液體；美，不單是一個很好看的美人。這樣，才能夠充實他們寫作的內容。

㈢表現淵博的學識的：

前人論詩，謂才、學、識、情四者，缺一不可。我認為文章也是這樣。尤以學識更是為文之基本條件。文章能夠傳流千古，也是貴在有淵博的學識。如朱自清〈荷塘月色〉，描寫月光與樹影的和諧，以「梵婀鈴上奏著的名曲」來形容，作者用音樂上的旋律去描述景象的調和，我們覺得格外妥適。但這要懂得音樂的人才能想像到。韓愈寫〈新修滕王閣記〉，自己卻沒有到過滕王閣。張平子〈西京賦〉，寫出奇禽怪獸，名花異木不計其數，如不是學識淵邃，怎能寫得出。不過要講解這些文章，教師自己必先要有足夠的修養才可以。

㈣表現深刻的觀察力的：

觀察與想像可以說是有連帶的關係。上面我們說作者想像力的豐富，但那種豐富的想像力的基礎，卻是建築在觀察上面。粗疏的觀察，不能產生出豐富的想像。許多成功的作品，多係作者有深刻的觀察力所致。如司馬遷周遊天下名山大川，才能產生出不朽的《史記》。觀察可分人的觀察、事的觀察、物的觀察、景的觀察等。如：《紅樓夢》第三回描寫寶玉道：「面若中秋之月，色如春曉之花，鬢若刀裁，眉如墨畫，鼻如懸膽，睛若秋波，雖怒時而似笑，即瞋視而有情。」（記人）其他記事的如《儒林外史》記嚴監生之死；記物的如宋起鳳的《核工記》；記景的如袁宏道的〈滿井遊記〉，都為作者觀察力深刻的表現。教師應就作者觀察的眼力指引給學生，不可讓學生如閱讀故事似的浮掠過去。

最後，教師還要注意把握教學目的與全文題旨。國文教學的目的，應該寄高深的研究於基礎訓練之中，上面已經討論過了。但是講解的時候，必須因教材的不同，而作適當的處理，不可拘於一格。一篇文章除講解辭句文義之外，應注意教學的作用；為什麼教這課書，教這課書的目的在那裏，教師應該牢牢把握，處處啟發學生。尤以在講解的時候，應處處配合全文的主旨，不可溢出題外，使學生枝節橫生，不得要領。

所謂文章的主旨，也就是文章的中心思想；每篇文章都有一個主旨，不管作者說得天花亂墜，但其主旨只有一個。曾國藩曾說：「萬山旁薄，必有主峰；龍袞九章，但挈一領。」所說主峰，就是主旨。假使不懂文章的主旨，就等於瞎子摸象一樣；摸著象腿的說：象好像一棵樹，摸著尾巴的說：象好像一條繩，摸著耳朵的，又說象像一張大樹葉，不知道象到底是怎麼一個形狀。有些文章乍看似乎沒有中心，越說越遠，大有喧賓奪主之勢，但到最後一語道破，具有畫龍點睛之妙。例如：謝濟世的〈戇子說〉；說三個僕人一黠一樸一戇，戇子處處拂主人的意思，樸者隨遇而安，黠者則處處討主人的歡喜。但當主人戍邊時，黠者、樸者都離主人他去，只有戇者攘臂而出，隨主人以去。其中心思想在敘述戇僕忠誠報主，但卻穿插許多故事以為反襯，看去有喧賓奪主之勢，可是細細一想，此中卻大有妙用。最後由主人口中點出「戇者有用也」而中心也顯然存在。這與《戰國策》中的馮諼所作所為不能使孟嘗君滿意重視，直到最後才從孟嘗君口中說出：「先生所為文市義者，乃今日見之」的全篇主旨來，實有異曲同工之妙。這全要靠教師提引，讓學生去探討，深切體會。

有許多文章的主旨很複雜；這一類的文章大多是日記，日記記載私人瑣事，隨想隨記，每條每段都有一個主旨。其次是遊記，遊記除專寫遊賞之樂者外，許多都是名為遊記，實在是發抒意見的。如王安石〈遊褒禪山記〉、蘇軾〈遊石鐘山記〉。〈遊褒禪山記〉以遊山喻人之求學，〈遊石鐘山記〉則在發抒意見，謂事必目見始能得其真，不可據耳聞而妄加臆測。日記原非供人閱讀，課文中所選大都為記載個人品格志向及治學方針，讀書札記這一類的事。但是日記與遊記，實為文章初步的規範，應該告訴學生主旨之隱顯及作者題外之意的所在。

第四節　文章作法指導

文章作法，也就是所謂章法。章法並非有一定的軌轍可尋，不過是作者靈活的運用，與各人的意匠本領。我們常聽說一句俗語：「熟讀唐詩三百首，不會作詩也會吟。」因此，大家都認為「文無定法」、「神而明之」。或曰「文成法立」。陸機〈文賦〉說：「體有萬殊，物無一量，紛紜揮霍，形難為狀。」事實上，作者的寫作法則和技巧，不是全部都可讓人知道的。同時作者寫作的時候，也不準備讓後人用來作教材，讓後人拿來教學的。假使我們教學生說這篇文章是根據甚麼法則寫的，要是讓作者知道，豈不大笑話；因為這許多法則都是後人替他捏造的。但是對初學文章的學生來說，應該告訴他們認識些門徑，使他們得到啟示，從而讓他們多多觸發體會、類反、演練，也可增進自己寫作的本領。章學誠說得好：「趙仲符氏，取古人詩為『聲調譜』，通人譏之，余不能為趙氏解矣。然為不知音節之人言，未嘗不可生其啟悟……歸震川氏，取『史記』之文，五色標識，以示義法；今之通人，如聞其事，必竊笑之，余不能為歸氏解也。然為不知法度之人言，未嘗不可資其領會。」（見《文史通義・文理》）但是，方法是用為達理的工具，它的本身不是理，假如拿文章法則以為是傳授的祕方，可以包括寫文章的一切法式，認為都應該從這個法則去寫文章，那就是「郢人寶燕石」了。所以我們應該就篇論篇，根據文章的本身用欣賞的功夫去體認，尋求作者的意匠本領與寫作的技巧，去啟悟學生寫作的能力。這種提引又可以從五方面著手：

一、關於作者思想發展的型態

作者思想發展的型態，是作者選取材料、控制材料的工夫，也是作者構思立意的過程，是作者「志」、「識」的表現。中學生固然不如作者的經驗，但許多作者寫出來的作品，也常在我們經驗中所自有，如：「舉杯邀明月，對影成三人。」作者能寫得出來，我們也有這種經驗，但是我們寫不出來。這是觀察力不夠的關係，有了這種經驗與觀察力，仍是表達不出來，這又是「詞彙貧乏」「語句組織不純熟」的緣故。因此我們必須指導學生認識課文的思想發展型態，看作者如何著眼？如何入手？如何搜尋材料？以供自己寫作的需要。如歸有光〈項脊軒志〉，以記項脊軒為主，而人事之變遷，家道之坎壈，皆寓意於軒，作睹物懷人的寫法。題目雖為項脊軒，內容卻是透過這一間破舊的小屋，來表現對幾個親人的懷念和追憶，因此項脊軒可以說是賓，是虛，而人物的懷念是主是實了。作者開始說項脊軒的由來，及未修前與修葺後的情狀，成一鮮明之對照。以前是屋漏而暗，現在是不漏而明，不但不漏不暗反而增勝，襯出下文之可喜；而用「然余居於此，多可喜亦多可悲。」總結可喜之事，引起可悲之事。在所懷念的人物中，第一是母親，由老嫗口中說出「某所，而母立於茲。」與項脊軒發生了關係。懷念祖母則是自己來過軒中，以及對作者的期望，用瞻顧遺跡結束，引出「長號不自禁」作結。最後作者發表議論，照應全文，言外之意，將來必可得著富貴，而迴應可喜之事，以自嘲作結。文章到這裏本來已經結束，但是以後作者妻子來歸，與項脊軒也發生了密切的關係，而不幸也逝世了。因此作者再追記一段懷念他的妻子，尤以最後「庭有枇杷樹」兩句，令人神情悱惻。通篇以懷念家人為中心意旨，而以睹物懷人為具體的表述，而以項脊軒為敘述的材料。「用不要緊的題，說不要緊的話，卻是風韻盎然。」可謂寄抒情於敘事之傑出文章。這可以說是作者搜尋材料控制材料的眼力與手法。我們如能據以啟引學生，使能有悟於心，則學生思辨力的訓練，也可以收到效果了。

二、關於剪裁安排的工夫

剪裁就是把文章的材料下一番簡擇的工夫，安排是組織文章的工夫。前者有關文章的內容，後者則有關文章的形式。高明的作者，都為他的作品簡擇與安排材料下苦心。如〈左忠毅公逸事〉，作者選用左公及史公的二處說話，把全文的精神都襯托出來。左公第一次說：「吾諸兒碌碌，他日繼吾志事惟此生耳。」第二次在獄中史公去看他時怒曰：「庸奴！此何地也，而汝來前。國家之事糜爛至此，老夫已矣，汝復輕身而昧大義，天下事誰可支拄者？不速去，無俟姦人構陷，吾今即撲殺汝。」這兩次的說話把左公對史公的期望，與左公忠心為國的精神都表現出來。史公的兩處對話，一為探獄後對人曰：「吾師肺肝皆鐵石所鑄造也。」以後在軍中日以繼夜不辭辛勞，或勸以稍休，公曰：「吾上恐負朝廷，下恐媿吾師也。」這兩處說話把左公之個性與史公不負左公的期望也全都表達出來了。當然他們說的話很多，為什麼作者只採用這四處對話，而且用得都很有效果，這就是作者選擇材料的眼力。

有的文章作者可以多說，也可以少說；多說不嫌其繁蕪，少說不嫌其不足。也可以這樣說，也可以那樣說。如：

《書經》：「爾惟風，下民惟草。」

《論語》：「君子之德風，小人之德草，草上之風必偃。」

《說苑》：「夫上之化下，猶風之靡草：東風則草靡而西，西風則草靡而東，隨風所由而草為之靡。」

這三種表達的意思都一樣，《書經》只用七個字，《論語》用了十六個字，《說苑》卻用了三十三個字，但它們都能恰如其分。《三國志》說劉備三訪諸葛亮，只用「凡三往乃見」五個字。《三國演義》卻寫了好幾千字。它們也都能滿足讀者的要求。又如《史記・留侯世家》，寫張良遇圯上老人，老人與他約會，第一次怒其「與老人期，後，何也？」第二次復怒曰：「後，何也？」最後一次，張良不到夜半就先去等了，老人喜曰：「當如是。」這種不厭重複的敘述，頗能增加文章結構之美。在全篇文章來說，張良之事蹟，當然還有很多，而司馬遷就記載這些，其餘很巧妙的用「所與上從容言天下事甚眾，非天下所以存亡，故不著。」數句話結束了，這是司馬遷剪裁的手段。

至於作者安排的工夫，就是文章由句連成段，由段連成篇的所處的地位。好的作品，你想把它移動調整一下也不可能，這是作者安排的手段。如〈左忠毅公逸事〉：「不速去，無俟姦人構陷，吾今即撲殺汝！」在「不速去」、「吾今即撲殺汝」之間插入一句「無俟姦人構陷」，讀起來覺得很不順口。但是這正是表示作者在安排上曾大費過苦心，故意叫他不貫串，藉以表出當時憤怒急迫的神情。又如《史記・春申君列傳》：春申君聽了李園的話，以為與李園女弟生的孩子可以代為楚王，自己享福，但李園把女弟進獻楚王以後，卻把春申君殺了以滅口，接下說：「是歲也，秦始皇帝立九年矣，嫪毐亦為亂於秦，覺，夷其三族，而呂不韋廢。」司馬遷本記楚事，而忽然寫到秦，好像與主旨不一致，其實不是。這是作者特地的安排，暗示讀者，用不正當的手段取得政權，下場都是不好的。在作者安排的順序上說，每篇文章也不一致，有把重要語安排在篇首；有把重要語安排在篇末，有頭尾重複的安排。不過指導學生，並不必批評其得失優劣，只要把安排的順序提促他們注意，不致囫圇吞棗浮光掠影的過去就夠了。

剪裁與安排的技巧是寫作文章一個很重要的過程，學生寫作，篇無中心，能取而不能捨，首尾衡決，陳義蕪雜，都是在學習過程中不注意作者剪裁安排的技巧所致。教師應在文義探究中，提示全文大綱各段要旨，使學生明白全文之條理大體的時候，同時提指作者剪裁安排的手法，使學生習知熟練，為習作之助。

三、遣詞造句的技巧

遣詞造句，重在修煉，就是作者對已經剪裁選取的材料，加以刪削的工夫。許多好文章，其詞句都是經過作者千錘百鍊出來的。賈島詩云：「兩句三年得，一吟雙淚垂。」梁章鉅云：「百工治器，必幾經轉換，而後器成。我輩作文，亦必幾經刪潤，而後文成，其理一也。聞歐陽文忠作〈晝錦堂記〉，原稿首兩句是『仕宦至將相，富貴歸故鄉。』再四改訂最後乃添兩「而」字；作〈醉翁亭記〉，原稿起處有數十字，黏之臥內，到後來只得『環滁皆山也』五字（見梁著《退庵論文》卷十九）。可見古人為文，多苦心刪改，始予示人。」這種苦心刪改的精神，皆可為後學所取法，教師應該據以啟導學生體認。例如「死」字，它也可說「薨」、「崩」、「卒」、「亡」、「物故」、「即世」，差不多近二百種的說法。但是《左傳．僖公三十二年》稱獻公死為「即世」,《戰國策·觸讋說趙太后》稱太后死曰「山陵崩」,自稱死曰「填溝壑」,《趙策》稱奉陽君死為「捐館舍」,《史記·魏其武安侯列傳》稱帝王死為「宮車晏駕」,胡適〈差不多先生傳〉稱死為「一命嗚呼……」當然還有更多的說法,但是作者卻選用了其中一詞,自有其道理存在;或是身分不同,或是情趣各異,或是體裁有別,但都能恰如其分。在情味上說,如〈木蘭辭〉上云:「問女何所思,問女何所憶,女亦無所思,女亦無所憶……東市買駿馬,西市買鞍韉,南市買轡頭,北市買長鞭。」其實可以用一句話表達出來,何必兩問兩答,一市各買一物呢?這就是作者遣詞造句的結果。謝榛說:「若一言了問答,一市買鞍馬,則簡而無味,殆非樂府家數。」(見《四溟詩話》卷三)鼂錯〈論貴粟疏〉云:「春不得避風塵,夏不得避暑熱,秋不得避陰雨,冬不得避寒凍;四時之間,無日休息。」其實上四句話就是「四時之間,無日休息」之意,但是作者重複了,當然有他不得不重複的理由。李斯〈諫逐客書〉云:「惠王用張儀之計,拔三川之地,西并巴蜀,北收上郡,南取漢中,包九夷,制鄢郢,東據成皋之險,割膏腴之壤;遂散六國之縱,使之西面事秦,功施到今。」這裏面的「拔」「并」「收」「取」「包」「制」「據」「割」其實都是同一意思,但是作者為求辭語變化而更易不同的字。諸如此類,我們如果只照字面,講解過去,學生對於詞句修飾刪改的技巧無由體會到,就不能欣賞文章的佳妙處。所以我們處理課文的時候,對於作者運用詞句與修辭變化技巧有關的地方,應隨處提指比較,使學生知道一個詞語的安措,辭的增減,句的變化,對於文章的情趣氣勢,都會因而大異其趣。由是多讀、多記、多揣摩,不特體會別人的優長處,積久而自己遣詞造句,也必會精練起來。歐陽公云:「作文之法,只是要熟耳,變化姿態,皆從熟出也。」(見《退庵隨筆》引)

四、聯絡照應的技巧

一篇文章，除了剪裁安排遣詞造句的技巧外，還須有聯絡照應的組合，也就是把文章一段一段的聯貫起來，使相互沒有關係的各段，聯成一氣。這種聯絡，有的文章表示出一種很顯然的聯絡線索，有的文章則無形中很巧妙的使段與段之間有銜接轉折的作用，使前後段密切的聯繫起來。前者我們稱之為基本的聯絡，後者稱之為藝術的聯絡。

基本聯絡可分多種，茲舉例略述如次：

㈠用聯詞作上下文的接榫。如：

「孔子曰：『三人行，必有我師焉。』是故弟子不必不如師，師不必賢於弟子。」（「是故」直承）

「然而四者之中，恥尤為要。」（「然而」轉接）

「若夫明妃去時，仰天太息。」（「若夫」假設）

「由是觀之，無惻隱之心，非人也。」（「由是觀之」總結）

㈡用聯語作上下文的接榫：聯詞不夠用，擴而充之，用關聯的短語來作上下文的接榫。如：

《儒林外史》：「那婆婆道：其實不在家了，不知在那裏。說畢，關著門進去了。說話之間，知縣轎子已到。」（「知縣轎子已到」與上文不連貫，用「說話之間」短語連接起來）

《後漢書・范滂傳》：「初，滂等繫獄，尚書霍諝理之。及得免，到京師，往候諝而不為謝。」（文言文中要倒敘以前的事，往往用「初」、「始」、「先是」等短語連接起來）

㈢用關聯的句子做上下文的接榫：有時聯語不夠用，就要用關連的句子。如：

〈柳州羅池廟碑〉，以上一段說柳宗元在柳州的政績，以下柳宗元自言當死，囑部將「為廟祀我」。兩段文義不相連貫，用「柳民既皆悅喜」這句子把上下文連接起來。又如《史記・管晏列傳》，敘管子與晏子之事蹟，各不相屬，中間用「後百餘年而有晏子焉」這句話連接起來。

㈣用關聯的段落做上下文的接榫：這是文章裏最大的一種聯接。如：

歸有光〈項脊軒志〉，前一段敘項脊軒的情景，後面抒懷念家人之情，中間用「然余居於此，多可喜，亦多可悲」一個段落連接起來。又如李陵〈答蘇武書〉：上文自述處匈奴之苦，下文歷敘戰敗投降之出於不得已，並論漢待功臣之薄。中間用「嗟乎！子卿，人之相知，貴相知心。前書倉卒，未盡所懷，故復略而言之」這一段落連接起來。

上述這許多連接的方式，都是可以明顯的看得出來，所以都稱為基本的聯絡。藝術的聯絡是作者修辭的技巧，無明顯的形式可尋，但其文氣卻自然連貫一起。例如：

㈠首尾呼應法，如：

〈越世家〉中范蠡獨笑曰：「吾固知必殺其弟也。彼非不愛其弟，顧有所不能忍也。是少與我俱，見苦為生難，故重棄財；至如少弟生而見我富，乘堅驅馬，逐狡兔，豈知財所從來？故輕去之，非知惜吝。前日吾所為欲遣少子，固為其能棄財故也；而長者不能，卒以殺其弟。」「吾固知必殺其弟」與「卒以殺其弟」前後呼應著。又如：〈魏公子列傳〉中「侯生笑曰：臣固知公子之還也。曰：公子喜士，名聞天下。今有難，無他端，而欲赴秦軍，譬若以肉投餒虎，何功之有哉！尚安事客！然公子遇臣厚，公子往而臣不送，以是知公子恨之復返也。」「臣固知公子之還」「以是知公子恨之復返也」前後呼應，使文章自然聯成一氣。

㈡暗伏明應法，如：

《史記・項羽本紀》：「梁乃召故所知豪吏，諭以所為起大事。遂舉吳中兵，使人收下縣得精兵八千人……江東已定，急引兵西擊秦。項梁乃以八千人渡江而西……漢王則引兵渡河，復取成皋，軍廣武，就敖倉食……絕楚糧食，項王患之。……是時漢兵盛，食多，項王兵罷食盡。……張良陳平說曰：『漢有天下太半，而諸侯皆附之，楚兵罷食盡，此天亡楚之時也，不如因其飢而遂取之。』……項王軍壁垓下，兵少食盡，漢軍及諸侯兵圍之數重，夜聞漢軍四面皆楚歌……項王笑曰：『天之亡我，我何渡為？且籍與江東子弟八千人渡江而西，今無一人還。縱江東父兄憐而王我，我何面目見之：縱彼不言，籍獨不愧於心乎？』」八千人代表項羽起事時的豪氣，最後無一人而還，有些不堪回首話當年之慨。故作者先以「八千人渡江而西」為暗伏句，探下「八千人無一人還」為照應。又項羽的失敗，糧食一節是他的致命傷，故先說漢王「就敖倉食」、「絕楚糧食」，勝敗之機已可先見，探下「項王兵罷食盡」及陳平說漢王曰：「楚兵罷食盡，此天亡楚之時也。」「項王軍壁垓下，兵少食盡」可見他的覆亡不是突然而來的，這也是暗伏的一種手法。

㈢一路照應法：有一種文章，乍看沒有照應，其實一路相提呼應，如：

〈魏公子列傳〉：其中心為敘述「公子為人，仁而下士」，篇中即處處以公子「仁而下士」為照應。公子知「趙王田獵耳，非為寇也。」是公子之客所知，為一篇之起線。接下「親迎侯生」、「厚遺朱亥」、

「優禮毛公薛公」，都是接應仁而下士而來。曾國藩說：「用公子為人，仁而下士，仁二見，客凡二十四見，公子凡百四十八見；公子翩翩可喜。」這可說是一路接應的手法。又如歐陽修〈瀧岡阡表〉，全篇以「待」字為聯絡的線索。第一段從作表延遲說起，標出「待」字；第二段說明「待」字的來由，而這個「待」字是根據他們仁孝的行為，接著敘他母親體驗父親的志向教訓兒子，直到成名，這個「待」字有了著落。而最後才說明作這墓表，做一個完滿的結束，這也可說是一路照應的一種寫法。

㈣層遞接應法，如：《戰國策．莊辛說楚襄王》，中間數段就是很好的例子：

「王獨不見夫蜻蛉乎？六足四翼，飛翔乎天地之間；俛啄蚉寅而食之，仰承甘露而飲之。自以為無患，與人無事也，不知夫五尺童子，方將調飴膠絲，加己乎四仞之上，而下為螻蟻食也。」以下以次遞進云：「夫蜻蛉其小者也，黃雀因是以」，「夫黃雀其小者也，黃鵠因是以」，「夫黃鵠其小者也，蔡靈侯之事因是以。」一直說到本題，「蔡靈侯之事其小者也，君王之事因是以。」這種聯絡的方式，如剝蕉心，如去筍殼，去了一層又一層，一直說到主旨為止。又如《大學》由「格物」一直說到「平天下」與此同一手法。

㈤過渡聯絡法：過渡聯絡法也可以說是聲東擊西法。本來是要說本題，但卻從遠處說起，乍看之下好像是說偏了，到最後才恍然大悟，原來是如此，而把前後文意貫通一氣。如：《戰國策．觸讋說趙太后》：本來是要說太后令長安君為質於齊，但見太后後卻是說些生活起居家常及請補其子為衛士的事。最後才借愛護兒女勸令長安君為質，結出「於是為長安君約車百乘，質於齊，齊兵乃出。」接應第一段求救於齊，齊曰：「必以長安君為質，兵乃出」句。中間兩人的對話，好像與本題沒有相干，但具一種過渡的聯絡法，把前後文的意思溝通了。

㈥聯絡的省略：有的文章各段看似獨立，而其精神意趣仍復一氣貫通，我們可稱之為省略的聯絡，也是藝術聯絡的一種。如管仲〈四維〉：

國有四維，一維絕則傾，二維絕則危，三維絕則覆，四維絕則滅。

傾可正也，危可安也，覆可起也，滅不可復錯也。

何謂四維？一曰禮，二曰義，三曰廉，四曰恥。

禮，不踰節；義，不自進；廉，不蔽惡；恥，不從枉。

故不踰節，則上位安；不自進，則民無巧詐；不蔽惡，則行自全；不從枉，則邪事不生。

這篇文章計分五段，只用一個「故」字，中間各段，看似獨立，而其精神卻仍貫通一氣。當然，作者聯絡的方式還很多，這裏不過舉幾個例子罷了。這種藝術的聯絡，學生自己未必會看得出，作文時也特別缺乏這種技術；教師處理，不可模糊了事。

文章作法的了解與文義的體會有相互的關係，學生能領會文章的作法，更能深切的啟悟，亦可增進對文義的理解。文義的理解愈透徹，更可看出作者結構安排的巧妙。所以使學生了解文章作法與體悟文義，為範文教學的兩大目標，古人合稱之為「明義法」。教師如能一點一點地指導學生，從而體會出作者的風格；那麼，範文教學的效果也就可以加大了。

五、文辭的鑑賞

鑑賞就是鑑別和欣賞，它可以分兩方面來談：一是文章體式的認辨，一是文章風格的欣賞。要能辨認文章的各種體式，及欣賞文章的各種風格，那才算了解課文的全部，現在分別來談談：

㈠文章體式的認辨：

欣賞文章風格，當先從認辨體式開始，要認辨逐節逐段的體式，其第一件事就是區分段落。現在採用統一教本，每篇文章總是分好段落的。不過，這種段落的區分，有的細而詳，有的大而簡；如果段落太大，則一段之中又可包括幾小段，包括幾種體式。就是分段詳細的，也往往在寥寥數語中，有記有敘，帶說帶論，夾敘夾議。如：錢泳〈沈百五〉：第三段敘沈百五不肯接受洪承疇的勸降而被殺，中間卻插上「洪笑曰：『鐘鼎山林，各有天性，不可強也。』」這一節議論。韓愈〈師說〉，這一篇是議論文，最後一小段卻是說明。就是書札傳狀也多互用記敘論說來表現。如曹丕〈與吳質書〉，名為書信，其實是評論各人的得失。一篇文章所包含的章句、體式是複雜的，要想學生能切實體認，單靠籠統的指導決不會夠的。所以，教師第一次教學到某類體裁的文章，就應將其性質，作用和寫作方法等常識，扼要予以指導。讓學生在逐篇的逐段、逐節中去細細領略；某段某節是在記狀，某段某節是在敘述，何處在作說明，何處在發議論，這樣寫所以成其為書札，那樣寫所以成其為傳狀，各種體式，學生從小處、單純處著意識辨、學習，乃能日進而有功。

㈡風格的欣賞：

文章的風格，因人而不同；「郊寒島瘦，元輕白俗。」是說作者個性的差異。大概人之有感於中，必發之於言。《文心雕龍》稱：「夫情動而言形，理發而文見，蓋沿隱以至顯，因內而符外者也。」我們告訴學生文章的風格，也就是剖解作者，分析文章，看他們內外相符的地方。課文表面的釋義像是介紹一個人的姓名年籍。文義探究與作法的審辨，好像是介紹一個人的所受教育環境與言行，由言行活動中可見一個人的個性趨向。所以風格是屬於精神方面的事。教師應該就課文的內容，作精當的研討，才能使學生對文章有進一層的了解。

文章風格的分類，前人說法不一，但不外可以分形式、內容兩方面，形式固可影響內容，但風格還是以內容方面居多，茲分別述之：

1. 簡約與繁複

「簡約體」是力求辭語簡明扼要，總以用最少的字，表達最多的意思。《文心雕龍》所謂「精約者覈字省句，剖析毫釐者也。」《史通》所說的「一言而巨細咸該，片語而洪纖靡漏。」辭少而意多，使人感到峻潔，有言外之餘音。如《論語》、《左傳》二書可謂得簡約之美。例如「孔子與弟子言志章」，全文共六十二字，包括三人的動作言語志向，而三人所言之志又各能恰如其分，可謂極盡簡約之能事。

又如：《左傳》記載「曹劌論戰」篇云：

> 十年春，齊師伐我，公將戰。曹劌請見。其鄉人曰：肉食者謀之，又何間焉？劌曰：肉食者鄙，未能遠謀。遂入見。問何以戰？公曰：衣食所安，弗敢專也，必以分人。對曰：小惠未徧，民弗

從也。公曰：犧牲玉帛，弗敢加也，必以信。對曰：小信未孚，神弗福也。公曰：小大之獄，雖不能察，必以情。對曰：忠之屬也，可以一戰，戰則請從。公與之乘，戰於長勺。公將鼓之，劌曰：未可。齊人三鼓。劌曰：可矣。齊師敗績，公將馳之。劌曰：未可。下視其轍，登軾而望之，劌曰：可矣。遂逐齊師。既克，公問其故；對曰：夫戰，勇氣也。一鼓作氣，再而衰，三而竭。彼竭我盈，故克之。夫大國難測也，懼有伏焉，吾視其轍亂，望其旗靡，故逐之。

全文計二百二十二字，敘曹劌以一平民身分參與國事。又從鄉人對答中說出「肉食者鄙」，可見魯國「尸位素餐」的人很多，襯托出曹劌的才華卓著與勇身謀國的忠誠。至於戰爭必以政治為基礎；從曹劌與魯莊公對答中說出，初則小惠未徧，繼則小信未孚，終至忠之屬也。如剝繭抽絲，水落石出，戰爭之憑藉在此。敘戰事，則「公將鼓之，劌曰：未可。」說出曹劌的才智。妙在始終抑而未明言，似箭在絃上，引滿待發，三鼓而曰可。從「公將鼓之」而至「齊人三鼓」其中又包藏幾許戰場情狀，如影繪聲，而以「遂克齊師」作結。然到這裏文章已經可以結束了；惟箭卻無處發射。最後又說未可的所以然，這枝箭也發射了，心中也了然了。真可說極盡簡約之能事。

大概文章簡約則其轉處多，轉處多，才可看出曲折變化的妙處，有絃外的餘音。如〈大風歌〉只有三句，〈易水歌〉只有二句，其慷慨悲壯之氣溢於言外。

繁複體與簡約體相反，千言萬語不覺其累。《文心雕龍》云：「繁縟者博喻釀采，煒燁枝派者也。」大概作者感情豐富，不能自已。如徐志摩之〈我所知道的康橋〉，描寫康橋的景致，縷縷而言，多達數千言。

史公敘〈項羽本紀〉長八千八百餘字，而全文中用虛字很多。史公並不是不知道詞尚簡約，但不這樣不足表現他文章的風神、跌宕、開闔、抑揚、入神入妙之處。這可以說出繁複的美。

文章到底是簡約美、或是繁複美，未可加以定論。前人亦有主簡者，如陸機〈文賦〉：「要辭達而理舉，故無取乎冗長。」方苞〈與程若韓書〉曰：「夫文未有繁而能工者，如煎金錫，麤礦去，然後黑濁之氣竭，而光潤生。」王充則重繁，其〈自紀篇〉云：「為世用者，百篇無害；不為世用者，一章無補。如皆有用，則多者為上，少者為下。」其實文章繁簡，各有其妙。如：《墨子・公孟》：「政者，口言之，身必行之；今子口言之，而身不行，是子之身亂也。子不能治子之身，惡能治國政。」共用三十六字。《論語・子路》：「其身正，不令而行；其身不正，雖令不從。」僅用十五字。《大學》：「其所令，反其所好，而民不從。」只用十一字。《管子・牧民》云：「御民之轡，在上之所貴；道民之門，在上之所先，召民之路，在上之所好惡。故君求之，則臣得之；君嗜之，則臣食之；君好之，則臣服之；君惡之，則臣匿之。毋蔽汝惡，毋異汝度，賢者將不汝助。」共七十一字。又如《穀梁傳》載「驪姬譖申生」，其文長達五十九字，曰：「世子之傅里克謂世子曰：『入自明。入自明，則可以生，不入自明，則不可以生。』世子曰：『吾君已老矣，已昏矣，吾若此而入自明，則驪姬必死，驪姬死，則吾君不安。』」〈檀弓〉只用二十五字。文章的繁簡，大概與體裁、時代、作者個性有關。

總之，教師指示學生簡繁，應就課文論課文不必批評簡好或繁好，《日知錄》云：「辭主乎達，不論其為繁與簡也，繁簡之論興，而文亡矣」。《文心雕龍》云：「或簡言以達旨，或博文以該情……故春秋一字以褒貶，喪服舉重以包輕，此簡言以達旨也。邠詩聯章以積句，「儒行」縟說以繁辭，此博文以該情也。」舊評曰：「繁簡皆本乎經，後來文家，偏有所尚，互相排擊，殆皆未尋其源」，這是教師應該知道的。

2. 陽剛與陰柔

剛健是剛強雄偉的文章，其氣充沛，凜然不可已。柔婉是柔和優美的文體。剛健屬義，柔婉屬仁。曾文正公云：「西漢文章，如子雲相如之雄偉，此天地遒勁之氣，得於陽與剛之美者也，此天地之義氣也。劉向匡衡之淵懿，此天地溫厚之氣，得於陰與柔之美者也，此天地之仁氣也。」大抵陽剛的文章與作者性格修養有關，有作者才力氣勢存在其中。有的意志高尚，情出激揚。有的悲天憫人，發於憤慨。有的感觸人生，聲出高昂，自能奔放雄健。如：項羽〈垓下歌〉：「力拔山兮氣蓋世，時不利兮騅不逝。騅不逝兮可奈何，虞兮虞兮奈若何」。陳子昂〈登幽州臺歌〉：「前不見古人，後不見來者。念天地之悠悠，獨愴然而涙下。」在文章中，如黃宗羲的〈原君〉，茲錄一段如次：

古者天下之人，愛戴其君，比之如父，擬之如天，誠不為過也。今也，天下之人怨惡其君，視之如寇讎，名之曰獨夫，固其所也。而小儒規規焉以為君臣之義無所逃於天地之間，至桀紂之暴，猶謂湯武不當誅之，而妄傳伯夷叔齊無稽之事，視兆人萬姓崩潰之血肉，曾不異夫腐鼠。豈天地之大，於兆人萬姓之中，獨私其一人一姓乎！」其聲調雄偉，氣概激揚，有凜凜乎不可已之勢。

陰柔的文章以氣象柔和為主，其格調大都優美安閒，清平舒緩，音節和諧，與陽剛的文體正恰相反。曾國藩云：「陽剛者氣勢浩瀚，陰柔者韻味深美。剛健者雄偉，柔婉者秀美。前者聲音堅強重濁，腔調急促。後者聲音柔軟清平，腔調緩舒。」在形式上陽剛的文章大都句法短，而語句的配置有順有逆。陰柔的文章則句法較長，而語句的配置多為順序。如李清照〈點絳脣〉：「蹴罷秋千，起來慵整纖纖手。露濃花瘦，薄汗輕衣透。見有人來，韈剗金釵溜。和羞走，倚門回首，卻把青梅齅。」

又如范仲淹〈岳陽樓記〉：

予觀夫巴陵勝狀在洞庭一湖。銜遠山，吞長江，浩浩湯湯，橫無際涯；朝暉夕陰，氣象萬千。此則岳陽樓之大觀也，……至若春和景明，波瀾不驚，上下天光，一碧萬頃；沙鷗翔集，錦鱗游泳；岸芷汀蘭，郁郁菁菁。而或長煙一空，皓月千里；浮光耀金，靜影沉璧；漁歌互答，此樂何極！登斯樓也，則有心曠神怡，寵辱皆忘，把酒臨風，其喜洋洋者矣！

但是一篇文章中也不一定全屬陽剛，或全屬陰柔，大都是剛柔各盡其美。如李後主詞：「春花秋月何時了，往事知多少？小樓昨夜又東風，故國不堪回首月明中。雕欄玉砌應猶在，只是朱顏改，問君能有幾多愁，恰似一江春水向東流。」（〈虞美人〉）

又：「林花謝了春紅，太匆匆，無奈朝來寒雨晚來風。胭脂淚，相留醉，幾時重？自是人生長恨水常東。」（〈相見歡〉）

這兩首詞，都是前半闋剛而美，後半闋柔而美。教學生誦詠的時候，當仔細揣摩其哀怨的利滯，詞意的曲直，字句的疾徐，音韻的洪細，當可得其大概。

陽剛陰柔兩體，桐城派最注意其區別，各人說法很多，當以姚鼐所說的較為具體，學生當較易體會。其〈復魯絜非書〉曰：「鼐聞天地之道，陰陽剛柔而已。文者，天地之精英，而陰陽剛柔之發也。惟聖人之言統二氣之會而弗偏，然而詩書論語所載，亦間有可以剛柔分矣。值其時其人，告語之體，各有宜也。自諸子而降，其為文無有弗偏者。其得於陽與剛之美者，則其文如霆如電，如長風之出谷，如崇山峻崖，如決大川，如奔騏驥。其光也，如杲日、如火、如金鏐鐵。其於人也，如馮高視遠，如君而朝萬眾，如鼓萬勇士而戰之。其得於陰與柔之美者，則其文如升初日，如清風，如雲、如霞、如煙，如幽林曲澗，如淪如漾，如珠玉之輝，如鴻鵠之鳴而入寥廓。其於人也，謬乎其如歎，邈乎其如有思，暝乎其如喜，愀乎其如悲。觀其文，諷其音，則為文者之性情形狀，舉以殊焉。」

3. 平淡與絢爛

平淡與絢爛的區別在於辭藻所用之多少。少用辭藻不加修飾為主，則屬於平淡質實的。絢爛的文體則是多用豐富詞藻來修飾，力求富麗。其實平淡的文體，亦經由絢爛而來。蘇軾謂：「凡文字少小時，須令氣象崢嶸，采氣絢爛。漸老漸熟，乃造平淡。其實不是平淡，乃絢爛之極也」。於此可見平淡的意義。如王維詩：「獨坐幽篁裏，彈琴復長嘯，深林人不知，明月來相照」。可稱為平淡體，又如歐陽修〈瀧岡阡表〉；也可說是平淡的一類。茲節錄其一段：

修不幸，生四歲而孤，太夫人守節自誓。居貧自力於衣食，以長以教，俾至於成人。太夫人告之曰：「汝父為吏，廉而好施與，喜賓客。其俸祿雖薄，常不使有餘，曰：『毋以是為我累。』故其亡也，無一瓦之覆，一壟之植，以庇而為生。吾何恃而能自守也。吾於汝父，知其一二，以有待於汝也。……吾之始歸也，汝父免於母喪方逾年。歲時祭祀，則必涕泣。曰：『祭而豐，不如養之薄也。』間御酒食，則又涕泣曰：『昔常不足，而今有餘，其何及也。』……汝父為吏，嘗夜燭治官書，屢廢而嘆。吾問之。則曰：『此死獄也，我求其生不得爾。』吾曰：『生可求乎？』曰：『求其生而不得，則死者與我皆無恨也，矧求而有得邪！以其有得，則知不求，而死者有恨也。夫常求其生，猶失之死。而世常求其死也！』……其平居教他子弟，常用此語。吾耳熟焉，故能詳也。」

平淡文體注意於消極手法的知的方面，絢爛的文體則注意積極手法的情的方面。作者皆情思豐富，才藻充溢。因此比事屬辭，使讀者光彩奪目，不能自已。韓愈所謂「沈浸濃郁，含英咀華」者，便是這個意思。如朱自清的文章，可說是屬於絢爛的一類。茲錄〈荷塘月色〉裏的一段為例：

月光如流水一般靜靜的瀉在這一片葉子上和花上。薄薄的青霧浮起在荷塘裏。葉子和花彷彿在牛奶中洗過一樣，又像籠著輕紗的夢。雖然是滿月，天上卻有一層淡淡的雲，所以不能朗照。但我以為這恰是到了好處。——酣眠固不可少，小睡也別有風味的。月光是隔了樹照過來的。高處叢生的灌木，落下參差的斑駁的黑影。峭楞楞如鬼一般彎彎的楊柳的稀疏的倩影，卻又像是畫在荷葉上。塘中的月色並不均勻，但光與影有著和諧的旋律，如梵婀鈴上奏著的名曲。

平淡與絢爛兩種文體，也是一般的說法，沒有嚴格的界限。因為一篇文章不可能純粹是平淡體，或純粹是絢爛體，大都是兩者揉合而成的。如最平淡的科學語辭，也往往會用上幾個比喻。而最尚絢爛的詩詞，也不見得句句都用辭藻。這是指引學生欣賞時最要注意的。

4. 謹嚴與疏放

謹嚴與疏放是就作者的態度而言。疏放的是純任自然，不加雕琢，不論粗細，隨意說寫的語文。如鄭板橋的文章是。謹嚴的則是從頭至尾，嚴嚴謹謹，細心檢點而成的文體，如韓愈的文章是。茲各舉一則為例：

鄭板橋〈後刻詩序〉：

古人以文章經世，吾輩所為風月花酒而已。逐光景，慕顏色，嗟困窮，傷老大，雖刳形去皮搜精扶髓不過一騷壇詞客爾！何與於社稷生民之計，三百篇之旨哉！屢欲燒去平生吟弄，不忍棄之，況一行作吏，此事又束之高閣。姑更定前稿，復刻數十首於後。此後更不作矣。板橋自題。板橋詩刻止於此矣，死後如有託名翻板，將平日無聊應酬之作，改竄爛入，吾必為厲鬼，以擊其腦。

韓愈〈答李翊書〉：

抑又有難者，愈之所為，不自知其至猶未也。雖然，學之二十餘年矣。始者，非三代、兩漢之書不敢觀，非聖人之志不敢存。處若忘，行若遺，儼乎其若思，茫乎其若迷。當其取於心而注於手也，惟陳言之務去，戛戛乎其難哉。其觀於人，不知其非笑之為非笑也。如是者亦有年，猶不改。然後識古書之正偽，與雖正而不至焉者，昭昭然白黑分矣。而務去之，乃徐有得也。當其取於心而注於手也，汩汩然來矣；其觀於人也，笑之則以為喜，譽之則以為憂。以其猶有人之說者存也。如是者亦有年，然後浩乎其沛然矣。吾又懼其雜也。迎而拒之，平心而察之。其皆醇也，然後肆焉。雖然，不可以不養也。行之乎仁義之途，遊之乎詩書之源。無迷其途，無絕其源，終吾身而已矣。

這兩段文字我們可以看出韓愈為文之檢點，與鄭板橋之疏放隨口而出，恰成一個對照。

5. 蘊藉與奔薄

蘊藉與奔薄是指感情抒發的程度而言。這種程度的表達，見於詩詞者較多。蘊藉的感情，能以含蓄平淡的詞句，令人慢慢的領略出極雋永的情趣。像絃外餘音，不絕如縷。像喫橄欖，令人回味無窮。如：杜甫〈登高〉詩：「風急天高猿嘯哀，渚清沙白鳥飛迴，無邊落木蕭蕭下，不盡長江滾滾來……」眼前顯出一片淒涼景象，即使我們不再讀「萬里悲秋常作客，百年多病獨登臺」也已經可以想像作者的情緒了。其他如：

歸有光〈項脊軒志〉：

亭有枇杷樹，吾妻死之年所手植也。今已亭亭如蓋矣。

韓愈〈祭十二郎文〉：

去年，孟東野往，吾書與汝曰：「吾年未四十，而視茫茫，而髮蒼蒼，而齒牙動搖。念諸父與諸兄，皆康彊而早逝。如吾之衰者，其能久存乎？吾不可去，汝不肯來，恐旦暮死，而汝抱無涯之戚也！」孰謂少者歿而長者存，彊者夭而病者全乎？嗚呼！其信然矣，吾兄之盛德而夭其嗣矣；汝之純明宜業其家者，不克蒙其澤矣！所謂天者誠難測，而神者誠難明矣？所謂理者不可推，而壽者不可知矣！……。

奔薄的感情是忽然奔迸一瀉無餘的湧出。例如碰到過度的刺激，大叫一聲或大哭一場，與蘊藉的表情，迥異其趣。如：《詩經．蓼莪》：「蓼蓼者莪，匪莪伊蒿，哀哀父母，生我劬勞。」又如謝翱的〈登西臺慟哭記〉及孔尚任之〈哀江南〉，茲各錄一段：

先是一日，與友人甲乙若丙，約越宿而集。午雨未止，買榜江涘。登岸，謁子陵祠，憩祠旁僧舍。毀垣枯甃，如入墟墓。還與榜人治祭具。須臾，雨止。登西臺，設主於荒亭隅，再拜跪伏。祝畢，號而慟者三。復再拜起。又念余弱冠時，往來必謁拜祠下。其始至也，侍先君焉。今余且老，江山人物，睠焉若失。復東望泣拜不已。有雲從南來，渰浥浡鬱，氣薄林木，若相助以悲者！……。

（〈登西臺慟哭記〉）

俺曾見金陵玉殿鶯啼曉，秦淮水榭花開早。誰知道容易冰消。眼看他起朱樓，眼看他讌賓客，眼看他樓塌了。這青苔碧瓦堆，俺曾睡過風流覺。將五十年興亡看飽，那烏衣巷不姓王，莫愁湖鬼夜哭，鳳凰臺棲梟鳥。殘山夢最真，舊境丟難掉。不信這輿圖換藁，謅一套哀江南，放悲聲，唱到老。（〈哀江南〉）

教師如能將課文的體式風格逐段指引學生認辨，欣賞，使學生浸淫其間，從而對課文發生興趣，而能樂此不倦，那教學就相當成功了。

第五節　讀法指導

一篇文章除去上述詞句、文義、作法的講解，風格的鑑賞，最後應該再讓學生誦讀，使已經了解的文句，由誦讀而臻於純熟，同時也可借誦讀時增加對文義的了解。其實朗讀與語文訓練也有密切的關係，從前私塾裏都注重讀，有「聲入心通」「因聲以求氣」的說法。姚鼐〈與陳碩士書〉曰：「大抵學古文者，必要放聲疾讀，又緩讀，祇久之必自悟。若但能默看，即終身作外行也。」中國字有許多需要發音來表示情意，陳澧《東塾讀書記》卷十一云：「大字之聲大，小字之聲小，長字之聲長，短字之聲短，又如說酸字口如食酸之形，說苦字口如食苦之形，說辛字口如食辛之形，說甘字口如食甘之形，說鹹字口如食鹹之形。」這些字在語言文字裏並不少，若不讀出聲來，是很難體會其情狀的。在語文訓練方面說，也應該常說，而慢慢習慣成為自然，進而脫化應用。這也是曾國藩所說的「使古人之聲調拂拂然，若與我之喉舌相習，則下筆時必有句調湊赴腕下，自覺朗朗可誦。」的意思。

朗讀的分類，各人說法不一，從前有人分為四種，即誦讀、吟讀、詠讀、講讀，我們現在分論理的讀法，與藝術的美讀。要進到藝術的美讀，必須先使學生熟讀順口。然後由純熟而進入藝術的美讀。

現代的語體文，雖不若文言文那樣可以誦得「琅琅」，但也有自然的聲調以傳神情，我們翫索其神情，揣摩其聲調，做到作者的聲調「不啻若自其口出」，由是而詞語習，句法熟，說話能脫口而出，寫作時能順筆流洩，那也相當成功了。教學生學習讀法，可以注意四點：

㈠詞語的輕重：文句中凡是有特別主眼，或是前後詞彼此相關聯照應的，通常應該重讀。如：

「這兒是三層樓。」

「病從口入，禍從口出。」

詞語的輕重讀法有時與文義很有關係，如《三國志・王粲傳》：「蔡邕曰：『此王公孫也，有異才。』」假如「王公孫」一樣輕重的讀下去，就是王姓的公孫的意思，假如「公」字重讀，則是王公的孫子的意思。

㈡調的昇降：

1.昇調的用途：聲高揚

(1)意義未完的文句。如：再過一個月△，就要放寒假了。

(2)號令或絕叫的文句。如：中華民國萬歲△。

(3)不帶疑問詞的疑問句。如：你不相信我的話嗎△？

(4)表驚愕的文句。如：他死了△！

2.降調的用途：　聲低抑

(1)意義完結的文句。如：我是中華民國的國民△。

(2)插入疑問詞的問句。如：你是來幹什麼的△？

(3)祈求的文句。如：明天請早些過來。但願我們的學生成績好△。

(4)憤恨感激慨歎的文句。如：這個朋友真難得（感激）。豈有此理△（憤恨）。嗚呼……

㈢聲的強弱：（由肺發出）大都有關人的情感，用於議論文、詩歌及敘事文的對話。記述及說明文則不太有。

1.句的頭部加強，表悲壯、快活、叱責、慷慨。

2.句的尾部加強，用於表不平、熱情、確信。

3.句的中央部加強，用以表莊重滿足優美。

㈣氣的緩急：指拍節的長短，與文字的感情有關，若含有莊重、敬畏、謹慎、沉鬱、悲哀、仁慈、疑惑等感情須緩讀。若含快活、確信、憤怒、驚愕、恐怖、怨恨等感情須急讀。如為詩歌韻文，有時還須搖曳生姿。如：「樓——船～～夜—雪—瓜——洲～～渡——鐵—馬—秋——風～～大—散—關～～」（短豎表急勢，長表緩勢，曲線表搖曳之勢。）

美讀是欣賞文句，了解文義的媒介，教師應在講解課文完畢之後，示範美讀給學生聽。（課文長者可酌選數段）或指定語音較清晰的學生範讀，教師在旁指正，讓學生經常習誦，俾對文義有深一層的體會。上面所說的四種讀法，不是絕對的，有時一句中同時具備幾種讀法，或上下文有特殊關係，則須視實際情形斟酌用何種聲調。詩歌的讀法與家鄉土音很有關係，往往各地不同，不能一概而論。朗讀不必大聲，但要清楚明晰。能讀得清楚，意義能完全表達出來，這樣，朗讀的目的也就達到了。

範文教學處理教材的實際活動，止於此了。但這還只是論理的說法，其進行的技術形式，待下章「教法的準備」再行討論。另外課文中有關作者傳略，雖然不是課文本身的事，但對於課文的理解很有幫助。所以我們在這裏附帶談及。課文作者，後面都附有傳略，但有時還要補充。有些作者別名甚多，有別號異名、筆名、名號等，可擇其最著的一二個，告訴學生。還有作者的生年、資歷、事功、思想、著作、在學術上或文壇上的地位，以及對後世的影響，應就與有關教材部分，擇要告訴學生。如講解韓愈的〈答李翊書〉，應將韓愈提倡古文的經過，作詳細的介紹。如講〈原道〉那一篇，則應將其排斥佛老的事跡，提出作詳盡的說明。高中學生可令其自行查考補充作成筆記，在說明時並應與文學史的材料互相印證。

國中學生則就作者本身的範圍，作有系統的講述，使其從作者的傳略裏獲得中國文學史之初步常識。至於作者之籍貫，應參以現在地名。生年有用帝王年號者，應換算公元或民國紀元前幾年。官制，應說明與現代相當者，無相當者說明其職掌。以加深學生的印象。

附：語體文教學有關事項舉例

按照國文教學目標所指示，國中以語體文的讀寫為主，而副以明易文言文的習誦；高中以語體文和明易文言文的讀寫為主，而間及稍深古的淺近古文的講讀。可見中學語體文的讀寫訓練，國中高中同居重要地位。但是當前的國文教學，少數教師多重視文言文的讀講，不太重視語體文的讀講。學生聽講也是對文言文的反應好，對語體文的反應淡。原因是：教文言文教師可以逐詞逐句加以解釋、翻譯，有話可說，在課堂上不會鬧冷場。至於教語體文，詞句不需要翻譯，有待解釋之處亦復較少，未免會弄得教師無事可做，常常感到空虛，難以應付時間。學生也覺得沒有什麼新奇，就打不起精神來聽，以致終於不愛聽，而亦要求教師多教文言文。這樣互為因果，造成對語體文不重視的現象。

其實，文言文與語體文是時代的不同，雖然詞句運用和組織的方式間有不同，但其為國文則一。在內容上說，現代人的生活經驗和感情，實比古人複雜。所以現代的語體文中所表達的內容，古今中外的思想材料，兼容並包，假使不善為教學，中學生多不易透徹理解。若就文辭形式方面說，語體文是用現代通行的詞語和組織方式作成的，它於敘事、說理、表達情意無不可勝任之處。現代人用現代的語體文應付現代的生活，應該是最切合應用，而亦是所最需要的技能。一個受過中學教育的國民，還不能用現代詞語，現代組織方式的語體文來敘事、說理、表情、達意，那不是成功的教學。所以作為語文基本訓練的中學國文教學，應該是語體文第一。教師應先把精神氣力，多放在語體文上，妥善講求教學的方法，積極提發學生學習的情緒，否則，語文訓練就不能算為達到切合生活上應用的境地。

那麼，語體文的教學究應如何去實施？綜言之，舉凡閱讀寫作的方法與技巧，詞句章法的體、用，作者意匠設計，文義的探究與鑑賞，都須作明切的指點與精詳的闡釋。同時還要啟導學生的思辨能力，以達成語文訓練與精神陶冶的目的。固然，語體文以現時代通行的國語為本，學生對它各方面所能理解的深廣度比文言文為大，但全篇的義旨理法，決不是學生所能摸索體會，所以仍有待教師去提指誘發。這要求，語體文與文言文是一樣的。否則，不但語體文無可教學，就是文言文學生也能自己解釋翻譯，或文言文附有解釋、翻譯的，何勞教師再去複述一遍呢？茲將語體文教學有關事項略述如次：

一、教學過程與方式

在教學過程上說，語體文教學恰恰與文言文相反。文言文應「由小而大」「由分而合」，由點的講解推而為面的深究；語體文則應「由大而小」「由合而分」，由全面的概述推而為點的分解。也就是從全篇的文義結構說到文句的欣賞，語句的剖析，詞句的闡釋，然後依課文的內容，酌視文辭的體用兩方面，舉引例證、比較、解釋，最後則仍綜合起來，於全文的經營法度、思想內容，作精詳的闡述。這只不過是大致如此，並非絕對。無論語體文，抑文言文，其難易深淺的程度，往往各篇不同。其間斟酌損益，要全憑教師自己看當前的實際情形了。

如果學生對語體文自己所能理解的深廣度確實很大，那麼就可以加重學生預習的分量。舉凡詞句及作者之經營法度，思想內容，都可指導學生自己去發掘一番，講解討論時，印象也會較深刻些。以一般的情況來說，語體文教學應以各種方式訓練學生概括、思維、邏輯的能力。茲舉例說明如次：

㈠為訓練學生概括的能力，在教學之先，應（使學生）作課文之概述。課文概述就是把課文的題旨、文體、大意、作者等項扼要的告訴學生，使學生對全文有一個很清晰概括的印象，這種概述，務要簡明扼要，所以教師應先把課文精練一番，然後再把精練過的東西授給學生。否則，如果把課文複述一遍，不但不會引起學生的注意，在教學的效果上說，也沒有多大作用。如果是叫學生先作預習，可以訓練學生編寫課文提綱。

所謂課文提綱，就是概括課文基本內容的綱要，也就是提示課文中所敘述描寫論述的主要事實和基本思想的綱要。比方說朱自清的〈春〉，按照原課文分八段，它的綱要是：

1. 開始便點明春天已經到來，是直起法。
2. 泛說春剛來時大自然的景象。
3. 從草的生長寫出春的美。
4. 從花的開放寫出春的美。
5. 從風的吹拂寫出春的美。
6. 從雨的飄落寫出春的美。

7.寫出春給人們的振奮。

8.寫出春是生長、美麗和健壯的，暗示人們要愛惜春光，奮發向上。

當然，這種的提綱還可以更精粹點，例如：把上面的第3.、4.、5.、6.各點綜合歸納起來，改成一個綱要，這要看學生的程度而作不同的要求。

編寫課文提綱，是國中語體文教學中最常用的一種方式，它的目的在幫助學生領會課文，訓練學生的概括能力，發展學生邏輯思維的能力。

為什麼說編寫課文提綱可以完成這樣的目的呢？這是由於編提綱既然只能用最少的語言來表達這課文的思想內容，那麼，這就需要高度概括，學生如果真正能用幾十字說出幾千字課文內容的各個主要部分，這就訓練了學生的概括能力。而這種高度概括的提綱，並不是憑空得來的，它是從多於自己幾十倍或上百倍字數的課文中歸納出來的，學生要想把這個工作做得正確，他不反覆閱讀課文，深入進行思維，是辦不到的。他只有在充分熟悉課文內容和理解其結構的基礎上，才能抓住課文中主要事實和基本思想，編寫出合乎要求的課文提綱。這樣來編提綱，就自然能幫助學生領會課文。而作品的基本內容和結構是具有一定的內在邏輯性的，編寫提綱，需要理解它，在整個標題中把它體現出來，因此，編提綱同時也能發展學生思維的能力。

現在國中高中課文後，多附有段落大意。過去叫做提要，排列在課文之前，名稱不同，但都具有與我們所說的課文綱要有同等作用。但這裏所說的課文提綱是要學生自己編寫，因此方式較多。可以就整篇課文來編寫，也可以就課文的一部分來編寫，還可以就課文的某種內容，例如風景、人物等來編寫。

根據教學的經驗，國中學生應該練習編寫下面所說的幾種課文提綱：

1.段落提綱：所謂段落提綱，就是概括課文段落大意的一種提綱，編寫段落提綱，就是要把課文劃成若干段落，然後把所劃分的每一段落的主要內容，用簡單的語句寫出來。

2.情節發展提綱：所謂情節發展提綱，是按課文裏的情節，也就是課文裏所寫的故事的發展過程而編寫的一種課文提綱。編寫這種提綱，就是要把故事發展的各個階段的主要內容用簡單的語句寫出來。

3.描寫提綱：所謂描寫提綱就是表現課文中描寫部分（如：對風景、物品或人物外貌等的描寫）的基本內容和結構的提綱。編寫這種提綱，就是要把課文裏被指定編提綱的描寫部分的內容用簡單的語句寫出來。

4.人物評介提綱：所謂人物評介提綱就是對人物的主要特徵及其具體表現用簡單的語句寫出來。

編寫課文提綱在量方面說又有簡單提綱和複雜提綱的區別。

一般來說，篇幅較小，內容和結構比較簡單的課文，可以編寫簡單的提綱，編寫簡單的提綱，只要把課文分成幾個主要部分，寫出各主要部分的標題就夠了，像上面所舉朱自清〈春〉的例子，就是把課文分成八個部分，然後給每個部分加上標題，這就是一種簡單提綱。從這個例子中我們也可看出來，簡單提綱只標示課文最基本的內容，它的主要特徵是概括性極大。它要求使用的文字（標題）盡可能的少，而包括意思盡可能的多。

但複雜提綱就不同了。複雜提綱要比較詳細的標示課文的基本內容，它的主要特徵是在形式上比簡單提綱複雜些、詳細些。它要求用精煉的語言把各主要部分（章、節、段）的基本內容概括出來，並在簡單提綱標示出的基本內容的基礎上，再標示出每一主要內容的從屬部分，也就是說，複雜提綱不但要寫出課文的各主要部分的標題，還要把每一主要部分再分成若干小的部分，寫出各小的部分的標題。因此，簡單提綱往往在經過補充、引申後便成為複雜提綱。

編提綱的目的是在幫助學生領會課文，訓練學生概括的能力，和發展學生邏輯思維的能力。那麼，在編提綱之前，教師就應該要求學生認真反覆的閱讀課文，深入的思維。可是，今天我們語體文教學未受一般普遍的重視。編寫提綱這一項工作沒有訓練學生嘗試去編寫。這是我們應該要注意的。

㈡ 依照國中國文教學目標規定，學生語言訓練亦為重要的項目之一，為使達到這個目標的要求，訓練學生敘述課文，也是一個重要的步驟。

所謂敘述，就是用自己重新組織過的語言來敘述課文，把課文中所描述的人物、事件、環境按時間和空間的發展順序及因果關係，依次作口頭的或書面的重述。其目的在使學生領會課文，豐富學生詞彙，發展學生說話和寫作的能力，同時也是培養學生概括的能力。

敘述可以分詳細敘述和簡要敘述。所謂詳細敘述，就是接近原文的敘述，目的在著重學生的語言。要學生作詳細敘述的時候，教師應指導他們恰當的使用課文裏的詞句。這裏有兩點應該注意，一點是要鼓勵學生多引用課文裏的詞句，不這樣便不能達到豐富學生語言的目的。另一點又要防止他們沒有選擇的引用，自己不加以組織，跟背誦沒有區別的敘述。教師設計這種練習，必須把每一次詳細敘述的要求說明白，讓學生根據要求的目的、有選擇的引用課文裏的詞句。要學生詳細敘述，可以要求學生在敘述中表達出各種不同的口吻。根據這個要求，學生敘述的時候，在對話方面就可以盡量引用課文裏的詞句。其他的部分就要用自己的話來敘述了。同時要求學生熟記課文裏描寫特別精彩的詞句（特別是形容詞），以訓練學生敘述和描寫的能力，並和敘述和描寫的常識結合。根據這個要求，學生在敘述時，就可以儘量引用有關的課文裏描寫部分的詞句，其他部分就要用自己的話來敘述了。

要學生作詳細敘述，一般宜在分析課文以後進行。因為只有在分析課文以後，學生對課文的思想內容和作者寫作的特點才能深刻理解，才能達到詳細敘述的要求。

所謂簡要敘述，就是概括原文的敘述，目的在培養學生概括的能力，要學生作簡要敘述的時候，教師要指導他們掌握敘述的層次和重點，防止他們輕重倒置，顧此失彼，也要防止他們三言兩語，敷衍了事。為了做到這一點，學生在敘述以前，最好要求他們編好提綱，然後根據提綱敘述。如果學生還沒有獨立編提綱的能力，教師就要用其他方法幫助學生分清層次，掌握重點，或提出問題來啟發學生。有時候由於課文內容比較複雜，或篇幅太長，學生又缺乏敘述的經驗，難以掌握敘述的重點。教師也可以把重點提出來，引起學生注意。以敘述「王冕」為例，可以在學生敘述前，提出以下的重點：

王冕的鄉居生活。

王冕答應翟買辦的請託。

危素對王冕的稱讚。

王冕向翟買辦謝絕時知縣的邀請。

王冕的母親拒絕時知縣的訪問。

時知縣的惱怒。

王冕的出走。

學生如能按照上述的重點和順序來組織自己口頭或書面的敘述就可以抓住要領而避免流於凌亂破碎。不過這只是一種過渡的辦法，等到學生知道如何來作簡要敘述時，教師就應該讓學生自己從課文中去找重點，獨立的編寫敘述提綱。

簡要敘述和編段落提綱一樣，如果把它作為掌握課文大意的手段或分析課文的輔助手段，一般在分析課文以前或分析課文的過程中進行，可以由教師敘述，也可以在教師指導下讓學生敘述。如果把它作為複習課文的手段，一般在分析課文以後進行，由學生敘述。

兩種敘述各有各的優點。詳細敘述的優點是能使學生透徹的閱讀課文的全部內容，訓練學生精密的思考和記憶能力，增加學生運用口頭語言和練習寫作的機會，完成豐富學生語言的目的。簡要敘述的優點是能使學生在全面深入理解課文的基礎上去概括課文，從而可以發展學生邏輯思維，培養其綜合、概括事物現象的能力。

(三)

為求貫徹語體文教學目標的要求，教師可以應用提問法來進行教學。提問是國中語體文教學最可採用的一種教學方式，不管是分析課文、複習課文、檢查預習等，都得用上。提問可以是口頭的，也可以是書面的。其目的在使學生通過積極思維領會課文，培養學生分析課文的能力，發展學生語言和寫作能力。

為了達到上述的目的，教師一方面要考慮到自己應如何提問和提出什麼問題，另一方面也要考慮對學生回答問題應如何要求。

先從教師應如何提問說起。

首先，教師所提出的問題，要求應該是明確的、具體的，不能含糊不清，模稜兩可，要使學生能一目了然，掌握問題中心之所在。例如問學生「這一課寫的是什麼？」這就是提問的中心不明確，如果改為「這一課寫的是什麼故事？把它簡單敘述一下。」這樣提問的中心就明確了，要求也具體了。

其次，教師所提的問題，應該富有啟發性而避免帶暗示性。所謂啟發性的問題，就是能引起學生思考的問題；學生經過思考才能作出答案。所謂暗示性的問題有兩種情況，一種是問題的本身已包含了答案，一種是提問的語氣暗示了學生回答的方向。這樣的問題，自然不能引起學生積極思維，達到提問的目的。例如，問學生「沒有公德心的行為是對的嗎？」這就是暗示性的問題。對於這樣的問題，學生不用考慮，隨口就能說出正確答案來。如果我們改成另一種提法：「缺乏公共道德，會帶來什麼影響？」對於這樣的問題，學生就要結合課文內容和日常生活加以思考，才能答出來。

其次，教師所提出的問題，既要避免過於簡單，也要避免過分複雜。問題過於簡單，不能引起學生積極思維，他們沒有回答的興趣；問題過於複雜，超越了學生能力所理解的，使他們瞠目不知所答，也不能達到提問的目的。如果問題太簡單了，學生舉手發言的就很少，有時甚至沒有人舉手，越到高年級越是這樣，學生有興趣回答的倒正是比較難的，但經過思考又能回答得上來的問題。因此，教師不僅要考慮到問題太難，學生回答不出會使課堂冷場，同時也要考慮問題太簡單，學生不屑回答，也會使課堂冷場，或使提問不起作用。

其次，教師所提的問題，應該根據教材提示的，圍繞教學目的提出的，有助於課文分析或檢查學生所獲得的知識的理解程度和鞏固程度，合於教學目標所規定的基本精神。為此，教師所提出的問題可以偏重的是複述記憶的，也可以偏重分析理解的，有時還可以二者兼有。目前，教師提出的問題，還是以複述記憶的居多，分析理解的較少，這顯然同前面所說的提問目的是不符合的。

最後要求一點，教師所提出的問題，應該是有系統的，前後連貫，特別是語體文運用談話法進行教學，全部教學過程，就是一個一系列提問的過程。後一個問題應該是前一個問題的結論所引起的，其答案又正好能引起下一個問題，以便引導學生逐步深入領會課文，通過自己的思考獲得結論。如果問題與問題之間，不能銜接得這樣緊湊，教師可用講述或輔助性問題來作過渡，以免生硬地轉到另一個問題，而使學生思考間斷。

以上幾點是教師在提問這方面所必須注意的。

教師同時也必須注意學生的回答。對於學生的回答，應該提出下列要求。

1. 學生回答問題，應針對問題回答，答非所問是不符合要求的。比方教師問的明明是這一課的主題思想，而學生回答卻是這一課的故事梗概，這就是答非所問。答非所問應予適當的糾正，不可以說好、對的。給他隨便稱讚，學生固然應當給予適當的鼓勵，但也不是盲目的鼓勵。正確的作法，是由教師指出其答非所問，並誘導學生回到正確的答案上去，對學生遷就是沒有什麼好處的。

2. 學生的回答應簡明扼要，全面系統，能說明問題的本質。這就是說，學生對於教師所提出的問題要周密的思考，不但要針對問題回答，而且要回答得好，回答得正確。如果學生的回答不合這個要求，應予適當的指導和糾正。如果是課堂上的臨時提問，即事前未曾設計的提問，這在語體文教學中是經常有的，學生當然沒有充分的時間來周密思考，一般是不記分的。

3.學生回答問題的語言要清楚，聲音要洪亮，使全班學生都能聽清楚。（如果是書面回答，應要求書法整潔）在回答中如有用詞不當，造句不合語法修辭要求以及發音不正確的地方，教師應該指出並加以糾正。因為提問的目的，不只是培養學生分析課文的能力，而且還要發展學生語言訓練和寫作能力。學生回答的聲音過小，聽不清楚，教師可以要學生大聲回答。因為學生在課堂上回答問題，其答案就是教學的有機組成部分，如果由於聲音過小，其他學生聽不清楚，那麼，在這一個問題上，其他學生就會模糊起來，教師再進行下一步的教學工作，就要受其影響。

4.學生回答問題的態度應該是老實的、嚴肅的，知之為知之，不知為不知，不允許有任何作弊的行為。如果教師曾允許看書（以便引用原文）或根據自己預先擬好的書面提綱來回答問題，當然不應以作弊論。其他學生要作補充發言，或糾正答問學生的錯誤，應在答問學生回答完畢後得到教師許可才能發言。這樣，也免造成教室秩序的混亂。

提問為語體文教學重要的一種方式，可以在分析課文以前或分析課文的過程裏進行，也可以在分析課文以後進行。教師可以把問題告訴學生，讓學生在課外作充分準備，然後在下次上課的時候，要他們口頭回答。有時也可以要他們口頭回答以後再作書面回答，教師也可以在課堂上臨時提問。如果是臨時提問，根據情況，需要作短時間默讀或片刻思考的，教師應讓學生默讀完畢，思考成熟後，再指定學生回答。

教師的提問，對象應該是全班學生。所以應該先提出問題，然後才指定學生回答。不要先指定學生，然後才提問題。因為這樣一來，提問的對象就只限於被指定的答問學生，其他學生就覺得自己沒有回答的機會，因而不加思考了。這顯然也是不合教學的要求。

提問的對象，應該事先加以考慮。重要的問題，應該評分的問題，提問那個學生，要在教案上注明學生姓名。提問的對象不要集中在幾個人上，要力求普遍。較大較深較難的問題，可以提問成績較好，理解能力、概括能力較強的學生。較小較易較淺的問題，可以提問成績較差，理解能力和概括能力較弱或中等成績的學生，以加強他們的信心，提高他們回答問題的積極性。但也不是老是這樣，以後隨著他們的成績和理解能力、概括能力的逐漸提高，提問也應該逐步加深，使之達到一般的或較高的水準。

提問應該從國中一年級開始，以後逐步加深，對於一年級學生提出的問題應該比較簡單。從二年級起，可以逐漸提出比較複雜的問題，還可以引導學生評述或比較課文裏的人物。這在教學目標中已有明文規定，教師應該結合實際，根據學生理解能力和概括能力的發展情況靈活運用。

二、文句的鑑賞

文句的鑑賞，語體文與文言文原則上是一樣的，應著重寫作的技巧與應用方面。課文中的文章固然篇篇都是好的，但各篇技巧不同。教師應該指引提示學生鑑賞它藝巧的所在，將每一體式寫作不同的藝巧，使學生多辨認、多體味，以至能融會貫通起來，以為習作之幫助。

在內容上說，文章是作者經驗與感想所織成的，景物的描寫，是作者外部的經驗；作者對景物的感想，是內部的經驗；外部的經驗，只要學生見過的，都很容易了解；惟內部的經驗，因學生平常不太留意，而且所感到的不及作者那麼複雜深刻，所以有許多是不容易理解的。教師應該就文辭上去訓練學生的思考力與想像力。使其達到水平的程度，習作的內容才不致空洞無物。

作者外部的經驗，又可說是直接的記述，是把作者感官接觸到的實景精密的記錄下來，使讀者去和它直接對面，作者不參加一點意見，例如：

一路秋山紅葉，老圃黃花。（《老殘遊記》）

花果掉入你的茶杯，小雀子到你的桌上來啄食。（徐志摩〈我所知道的康橋〉）

霎時火光熊熊，烈燄騰空。（章銳初〈辛亥革命逸聞〉）

這個海灘，潮退時露出水面，潮水來時，卻完全被海水淹沒。（許詩英〈我國大實業家張謇〉）

作者內部的經驗也就是間接的記述，這又可分兩方面來說：一種是作者藉一件東西，間接去領悟那被記述的景物。如：

禿的梧桐只有亭亭如青玉的幹。（蘇梅〈禿的梧桐〉）

葉子出水很高，像亭亭的舞女的裙。（朱自清〈荷塘月色〉）

低頭看去，誰知那大明湖業已澄淨如同鏡子一般。（《老殘遊記》）

霎時烘成一抹錦也似的朝霞。（劉大白〈自然的微笑〉）

另一種是寫出那被記述的東西，對於作者自己發生的效果。如：

這一片天地好像是我的，我也像超出了平常的自己，到了另一世界裏。（朱自清〈荷塘月色〉）

越朝前進，山景越佳，宛如登了仙界一般。（《鏡花緣》）

在星光與波光的默契中，不期然的淹入了你的性靈。（徐志摩〈我所知道的康橋〉）

五臟六腑裏，像熨斗熨過，無一處不伏貼。（《老殘遊記》）

這種純粹內部的經驗，就是作者自己，也很難解釋得出來，學生自不容易瞭解，教師應該耐心的去提示指引，讓學生從文字裏去取得經驗，學習經驗的方法。

在運用的技巧上說，記述常見的景物，作者大都用內部經驗，記述不常見的景物，則用外部的經驗為多。因為不常見的景物，如用純粹的內部經驗，讀者就不會有鮮明的印象。其他文句的欣賞，已在文言文教學章中說過，這裏不再重述了。

三、詞性的變化

詞是文章的基本單位，應當研究它是怎樣構成？可以怎樣變化或從怎樣變化而來，並隨時使學生多多練習，不特對語句文辭的閱讀會逐漸深入精微，就是寫作時遣辭造句，筆鋒也自然靈活起來。

詞性的變化在文言文中已經說過了，不過語體文詞性的變化有相當限制，不像文言文那樣自由活動。語體文中詞性的變化大都要加詞尾「兒」及「著」字，有時還有重疊後加「兒」字的，茲歸納分類舉例如次：

1. 動詞名詞化

我故意的一盌裏頭多抓了一把鹽，記了暗記兒。（《紅樓夢》一〇三回）

「暗記」本是動詞，這裏加「兒」變為名詞了。

這天算都有了「吃兒」了。（《兒女英雄傳》二十九回）

「吃」本是動詞，這裏加「兒」變為名詞了。如果加「的」字也可以就等於文言文動詞後加一「者」字一樣，不過加「的」字是「吃的東西」的省略，吃是修飾東西的，沒有加「兒」字來得純粹。

2.形容詞名詞化

我聽見寶二爺娶親，我要來看熱鬧兒。（《紅樓夢》九十七回）

萬一有個失閃，我店家推不上乾淨兒來。（《兒女英雄傳》五回）

3.副詞名詞化

沒的獻勤兒，這也當作一件事情去說。（《紅樓夢》七十一回）

這山裏什麼要緊人物用他老人家自己去幫忙兒呀！（《兒女英雄傳》二十一回）

4.動詞副詞化

大家偷偷兒的各處尋找。（《紅樓夢》九十四回）

那臉蛋子一走一哆嗦，活脫兒一塊涼粉兒。（《兒女英雄傳》二十一回）

5.名詞副詞化

各樣買賣，樣樣兒俱全。（《兒女英雄傳》）

（樣兒本是名詞，重疊後變副詞。）

6.形容詞動詞化

劉老老……便前仰後合的朦朧著兩眼，一歪身就睡熟在這床上了。

（朦朧本是形容詞，加詞尾「著」變為動詞。）

語體文裏詞性的通轉，雖然有這麼多，但終不如文言文來得普遍，教師應隨時提引舉例與文言文比較引證，使學生能觸類旁通，習知應用。

四、作法指導

作法指導可依作者的經營意匠、前後聯絡、材料安排、表達技巧各方面來說。每篇文章，大都有一個主旨，由一個主旨生出許多意思，而憑各部分的意思，來完成其主旨。各部分的意思，就是各段文章的要點，分別盡其表達主旨的任務。這點弄清楚了，便可認識作者寫作的目的和經營意匠的全貌。而這各部分意思之表出，用的甚麼材料？如何安排？上下如何聯絡？照應？終歸於全局統一，這都是學生學習課文所必先明瞭的。因此，教師教學生時，務宜將課文各段、各節的要義，提指明白，使學生能看清全文的構架。如朱自清的〈匆匆〉是作者在發抒光陰易逝之感，勉人愛惜時間，莫到世界上來白走一遭。他在材料的安排上，第一段說抽象的光陰用燕子去、楊柳枯、桃花謝，都有復來復開的一天，來說明惟有光陰一去不復返，令人倍覺光陰的寶貴。尤其說「光陰逃走了」，更有茫茫然之感。第二段把自己所度過的光陰，以「一滴水滴在大海裏」來比喻，可見光陰之無窮與自己之渺小。接著說「不禁涙潸潸而下」，這與「念天地之悠悠，獨愴然而涙下」，有異曲同工之妙。第三段說日子無時無刻不在過去，但作者卻能以日常生活瑣事來說明，使人深具同感。自洗手、吃飯、默坐、躺著，以至嘆息裏，時間無一不溜過去，一層深一層，扣人心絃。第四段說人雖然赤裸裸而來，但不能赤裸裸而去，必要留下一點事業在人間，為社會人群造福。作者用「但不能平的，為什麼偏要白白走這一遭呢？」來責問自己，含義深重，發人猛省。最後作者複述第一段所說的「你，聰明的，告訴我，我們的日子，為什麼一去不復返呢？」這幾句話，是照應前文，也是結束本文。

上述每段雖各有一個獨立的意思，但在全文的統一上，都是不可或缺的材料。而各段的次序，也都是為求全文的和諧，色彩的調和，最後複述第一段那幾句話，是結束文章寫法的一種。但也因為這樣安排，使全文顯得更有力量，令人回味無窮。

在表達技巧上說，作者全篇用了十餘個疊詞，而這許多疊詞，無論在聲調上、意境上，都有不可不疊的理由。尤其能把抽象帶哲理意味的觀念，用具體的景物，如「燕子」、「桃花」、「楊柳」、「洗手」、「吃飯」、「如輕煙被風吹散」、「如薄霧被初陽蒸融」……等來比喻，給讀者非常鮮明的印象。這許多，都須由教師詳切的指引，學生才能透切的領會。

語體文與文言文的教學最重要的還是在互相比較，因為文言文裏所用的詞有些與語體文一樣，但是用法不同。如「雖然」，語體文中用如「雖然……但是……」的句式，文言文則有「雖然如此」的意思。「而」字語體文中多用如「而且」，文言文裏用法可就多了。「呂后真而主矣」（《史記・高祖本紀》），有「你的」的意思；「死而有知」（韓愈〈祭十二郎文〉），有「如」的意思；「已而，已而」（《論語・微子》），作語末語氣詞用。又解作頰毛（《周禮》作其鱗之而）；又解作豈（孟子不賢而能之乎）等……

不勝列舉。又句子方面如「我富貴之」(《管子・牧民》),翻譯為語體文不能說成「我富貴了」,「寒於水」不能說「溶解在水裏」。類似這些,教師都應該隨時舉例比較,使學生能觸類旁通,才不至於食而不化,鬧出笑話來。

第四章　教法的準備

所謂教法的準備，就是把所準備的教材，也就是上面所說的詞語、語句、文義、文章作法風格欣賞、誦讀等等有關的項目，作一種有效的安排，一幕一幕的放映給學生，使學生能夠在這些活動中，得到有系統的知識，以達到國文教學的目標。這種活動，可以說是教學過程的安排，也可以說是教學的設計。這是一種比較理論性的活動，是要根據各方面的客觀因素，諸如學生的程度、學校的設備、教材的深淺、教學的要求、和教師自己的能力，作一種密切配合的活動。我們在第三章所說的各種教師應該準備的教材現象，只能說是材料，必須要再加以妥適的安排，所準備的教材，才能發生它的效果。所以，我們充分準備了教材的形式與內容，還必須有安排過程的技術與方法。這樣，教學才能產生實質的作用。教材所能發生陶冶感染的作用，全靠這些技術方法的指引呢。一般教師，往往勇於工作，而懶於設計，甚至輕視這些技術形式。這是一種錯誤的觀念。固然，熟練的教師，在形式上雖然沒有所謂教案，也就是教學設計的準備，但在心裏，也必有一個腹案。我們知道工程師要造一條鐵路，必須先勘察地形，那些地方應該架橋，那些地方可以鑿洞，那些地方應該轉變，角度如何？都應該先有全盤的計劃，工程的進行才能夠順利。同樣的道理，教師在教一篇教材之前，也應該把所準備的材料分配一下，那些是要自己講述的，那些是要提問學生的，那些是要討論的，那些地方是應該運用教具的，都應該事先準備完善，到時候才不至於慌忙淩亂。要讓學生討論的地方，自己給包辦了，要詳細闡發的地方又忽略過去了。而在講解討論之間，所占的時間各占多少也應預先分配妥當，才不至於時間控制不住，把準備一小時的材料，在半小時內就處理完了，或且是應該在半小時內處理完的項目，一小時還沒有討論完。這都是教師應該注意的地方。固然，這種過程安排與設計，並不是固定的，要視種種客觀的條件而改變。諸如注重學生的活動、適應個性的差異、幫助學生全面的發展等等。因為要注重學生的活動，就要改變教師注入式講演式的教學，採用啟發式的教學。因為要適應學生個性的差異，有所謂協同教學法(Team Teaching)。因為要幫助學生全面的發展，有所謂社會化教學法(Socialized Recitation Method)。其他，設計教學法(Project Method of Teaching)、自學輔導法(Supervised Study)以及最近引進推行的布倫氏(Bloom)行為目標教學法等等。這許多教法可以從普通教學法去了解。我這裏要說明的，只限於和國文教學有關的部分，以及稍為涉及部分的教學法應用在國文教學的可能性，和它的優缺點。不過，我首先要特別提起說明的，任何教學法，可能都有它的優點，但也有它的缺點。我們要吸收他人的優點，揚棄其缺點，以為改進國文教學的參考。而且更應該知道的任何國家的語文，都有它的特性。使用外國的教學方法，來改進本國語文教學，應該有條件的接受。換句話說，必使西洋的教學方法和本國語文的特性不相衝突。這樣，西洋的科學教學方法，才能發生一種新的意義。

其次我們要認識的，使用教學方法，還要配合本科教材的要求，以及教學目標的要求，不可以不顧到本科教學的性質以及本科教學目標的要求，運用一種模式概括它。我們就這個基礎來討論各種教學法運用在國文教學的可能性。先談啟發教學法。啟發教學法是以學生的經驗為基礎，由教師提出問題，讓學生思考、分析、推理、判斷而收到觸類旁通，舉一反三的效果。有時也因學生提出問題，教師利用回答問題的機會，進行啟發。我國大教育家孔子最先提倡，《論語．述而》說：

不憤不啟，不悱不發，舉一隅不以三隅反，則不復也。

以後德國教育學家海爾巴特(J. F. Herbart, 1776–1841)也提倡啟發式的教學法(Developmental Method)，後來德國萊比錫教授戚勒(T. Ziller, 1817–1883)以及戚勒的弟子萊因(W. Rein, 1847–1929)推闡其意，制定五段教學法，在歐美學校裏盛行有五十年之久。

五段教學法是經過多次修改而成的。海爾巴特最初提倡的只有四段，以後戚勒改變為五段。戚勒的弟子萊因把戚勒所用的名稱稍有更改。各位先看下面五段教學法的演進表就可以明瞭。

教學法	1	2	3	4	5
海爾巴特的啟發式教學法	1.明瞭 由教師提示新教材使學生明瞭所學的教材。	2.聯合 使學生把所提示的新教材，和以前所學過的聯合起來通過類化作用以造成新觀念。	3.系統 使學生了解新舊事實之間的關係之後，歸納而得一個原則或一個概念。	4.方法 使學生把求得的原則，應用在新的問題或新的事實上。	
戚勒的五段教學法	1.分析 分析新教材以明瞭各部分的特性。	2.綜合 把已經分析的各要素加以綜合，使之成一個整體。	3.聯合	4.系統	5.方法
萊因的五段教學法	1.預備 用問答方式，使學生回憶過去的經驗，為學習新教材的準備，並說明學習的目的，使學生知道這一課所要討論的問題。	2.提示 教師提出新教材或新事物，給學生觀察思考。	3.比較 用問答討論的方法，把提示的教材加以分析和說明，然後和舊經驗相比較，求出相同相異之點。	4.總括 由分析比較的結果，綜合成一結論或原則。	5.應用 供給習題使學生應用所學得的原則或智識來解決問題，以期他們對於新知識新原則更為了解。

海爾巴特的啟發式教學法，最初的四段，就是明瞭、聯合、系統、方法四個階段。1.明瞭的階段，是由教師提示新教材，使學生明瞭所學的教材。2.聯合的階段，就是使學生把所提示的教材和從前所知道的事實聯合起來，造成新觀念，這一項步驟是以海氏類化學說（或譯統覺學說，Theory of Apperception）為根據。海氏以為教師欲使學生明瞭新觀念的意義，必須喚起其舊觀念。學生若能用舊觀念來解釋新觀念，始能了解新觀念的意義。3.系統的階段，就是使學生了解新舊事實之間的關係以後，能歸納而得一個原則，或一個概念。4.方法的階段，就是使學生把求得的原則，應用在新的問題上面，或新的事實上面。以後萊比錫大學教授戚勒，把海氏的明瞭階段，分為分析和綜合兩個階段，其餘三個階段和海氏相同，而成為五段教學法，所謂分析是指分析新教材，以明瞭各部分的特性。所謂綜合，是指把已經分析的各要素，加以綜合，使之成為一個整體。以後戚勒的弟子萊因，認為戚勒所用的名稱不當，於是改五段的名稱為1.預備2.提示3.比較或聯合4.總括5.應用。預備，就是用問答說話的方式，使學生回憶過去的經驗，和有關的事實，為學習新教材的準備，並且說明功課的目的，使學生知道這一節課所要研討的問題。用現在的名詞來說，就是引起動機，和決定目的。提示就是教師提出新教材或新事物，給學生觀察思考。比較就是用問答討論的方法，把提示的教材加以分析和說明，然後與舊經驗相比較，求出相同相異之點。總括是由分析比較的結果，綜合成一結論或原則。應用是供給習題，使學生應用所學得的原則或知識來解決問題，以期他們對於新知識新原則更為了解。五段教學法在創始之初，曾經風行一時。今天我們看到的許多教學設計，或且是所謂教案都有它所影響的精神存在，在一般討論改進教學方法的時候，還會不時提到啟發這個名詞，可見啟發式教學法有它的價值和它的優點。那麼，如何來應用這啟發式的教學法呢？其過程姑且不談。我們先討論它的運用技術。根據我個人的觀察，其中心的課題是問答式。這可以孔子的啟發教學來說明，孔子常常運用答問的方式來啟發學生，改正自己的缺點，譬如《論語．公冶長》孔子與弟子言志章：

顏淵季路侍。子曰：「盍各言爾志？」子路曰：「願車馬衣裘與朋友共，敝之而無憾。」顏淵曰：「願無伐善，無施勞。」子路曰：「願聞子之志。」子曰：「老者安之，朋友信之，少者懷之。」

這一章是記述孔子實施啟發教學，促進學生改正自己缺點的很好的寫照。子路所說的「願車馬衣裘與朋友共，敝之而無憾」，是說自己要改變自己吝嗇的個性，今後願意把車馬衣裘與朋友共用共穿，即使穿破了也沒有遺憾。可見他以前是有不願的意思，因此才說今後願意這樣做。但是車馬衣裘都是外物，所以子路有意行仁，不能忘我。還是有缺點。顏淵所說的「願毋伐善，毋施勞」。是要改變自己驕傲的個性，是治一個驕字，但是有意要忘我，不能無跡，都還有缺點。剛好在這時候子路問孔子的志向，說：「願聞子之志」，於是孔子乘這個機會，說出自己的志向，「老者安之，朋友信之，少者懷之」。一面是回答子路的問題，另一面當然是針對他們的缺點而提出來的。說老者就安之，朋友就信之，少者就懷之。沒有吝，也沒有驕，沒有我，也沒有跡，在政治的理想來說，是一個老有所終壯有所用幼有所長的大同社會。在人生修養的境界說，是儒家同物付物的境界。孔子雖然沒有正面明顯的說出來，但這正是啟發教學中一種示範的教育作用，使學生們在潛移默化中改正自己的缺點。孔子常常就是從教師提問、學生回答，或學生提出問題、老師回答的過程中，進行啟發的教學。這比五段教學法，諸凡準備教材、提出問題、引起動機、決定目的、比較和綜合、提示習題，都是以教師為主體，學生仍然處於被動的地位，要來得切合教學上的需要。孔子是要培養學生自動的學習獨立研究的精神，所以處處都要鼓勵學生自動的提出問題。所以孔子的啟發教學，具備了五段教學法的優點，而沒有五段教學法的缺點。譬如說，五段教學法據後人研究有以下的缺點（見孫邦正《普通教學法》第四章），仍舊以教師為活動中心，學生處於被動的地位。而孔子的啟發教學，是以教師和學生共同合作的活動，甚至以學生為活動的中心。五段教學法是以教材為中心，不是以學生的興趣和需要為出發點。而孔子的啟發教學是提問學生的志向，完全以學生的興趣為依歸。《論語》中很多處都是孔子鼓勵學生發問的記錄。譬如說，《論語・先進》記載，有一次子路曾晳冉有公西華侍坐，孔子就說：「以吾一日長乎爾，毋吾以也。」意思是說不要以為孔子年紀大些，不敢把心裏要說的話爽爽快快的說，可以儘量的發表出來。所以孔子回答門弟子的問題，也是提示一個原則，不直接的說出來，讓學生再問的時候，然後再進行啟發他。譬如〈陽貨〉記載孔子說：「予欲無言。」子貢聽了，不很了解，於是就問說：「予如不言，則小子何述焉？」然後孔子再回答說：「天何言哉？四時行焉，百物生焉。天何言哉？」這都可以說明孔子進行啟發教學，是以師生共同活動為出發，不是以教師的活動為中心的教學。而其教學的內容，往往又是配合學生的興趣與需要，和五段教學法以教材為中心，不以學生的興趣和需要為出發點，也不相同。譬如上面所說的問學生的志向，鼓勵學生自由發表意見，都是根據學生的興趣而設計的。有時孔子也配合學生的需要而提問。《論語・衛靈公》記載孔子恐怕弟子們徒務博學多識，不知道應用一貫的道理去推求各種的物理。所以又假設問題提問子貢說：「賜也，汝以予為多學而識之者與。」子貢以為孔子的賢聖多能，就是「多學而識之」的。現在聽了孔子的話，又像不是「多學而識之」的。所以就回答說：「然，非歟？」我以為是這樣的，難道不是嗎？孔子才告訴子貢說：「非也，予一以貫之。」說不是的，我是以一貫的道理，去推求宇宙間眾物的事理。這都可以說明孔子的啟發教學，是根據學生的活動，配合學生的興趣和需要。不單是以教材為中心，而兼顧學生的需要和興趣。

或許有人問說，如果學生不提問，那豈不是仍舊是教師一個人在活動嗎？是的，我們常常會覺得困擾的，教師在安排啟發教學過程的時候，學生不能配合，於是仍舊是以教師為主體，學生還是處於被動的地位。關於這一點，孔子的運用方法是，一方面鼓勵學生發言，有時回答問題，只提示原則，不詳細的說明，讓學生不得不再提問。譬如《論語．顏淵》記載：

> 樊遲問仁，子曰：「愛人。」問知，子曰：「知人。」

這樣簡單的答案，樊遲當然是不會了解的。所以孔子又告訴他說：「舉直錯諸枉，能使枉者直。」樊遲思考之後，還是不了解。以後又再去問子夏，才了解這兩句話的含意。這可以說明孔子的啟發教學是經過安排設計過的。必定要使學生自己花一番工夫去思考，不是注入式的教學。即使學生不敢再問，孔子也會用間接的方法，讓學生明白。《論語．為政》記載孟懿子問孝，孔子只告訴他「無違」兩個字。孔子的意思，要讓孟懿子思考之後，再告訴他「無違」的含意。不料孟懿子不再問就走了。孔子只好採用間接的方法，把經過情形告訴樊遲，讓樊遲去轉告他。所以接著又記載說：

樊遲御，子告之曰：「孟孫問孝於我，我對曰無違。」樊遲曰：「何謂也？」子曰：「生，事之以禮。死，葬之以禮，祭之以禮。」

或許有人要問，是孟懿子問孝，而孔子卻告訴樊遲，那孟懿子始終還是不明白無違的意思。而且孟懿子的才能，不如樊遲，所以《論語》中很少記載他的言行。樊遲都不明白的事，孟懿子怎麼能夠知道呢？我們知道，孔子不告訴孟懿子，正是要他經過一番思考的過程，所謂「不憤不啟，不悱不發」就是這個意思。但也恐怕孟懿子始終不能了悟，所以要樊遲轉告他。我們怎麼知道呢？朱子說：

夫子以懿子未達而不能問，恐其失指，而以從親之令為孝，故語樊遲以發之。

何晏的《論語集解》也說：

恐孟孫不曉無違之意，將問於樊遲，故告之也。

這都可以看出孔子教學設計的周密。後人不明瞭這是孔子啟發教學特地安排的過程，往往有許多懷疑。像東漢的王充，就是一個例子，他曾經說：

孔子之言毋違，毋違者，禮也。孝子亦當先意承志，不當違親之欲。孔子言毋違禮。懿子聽孔子之言，獨不為嫌於毋違志乎？樊遲問何謂？孔子乃言，生，事之以禮，死，葬之以禮，祭之以禮。使樊遲不問毋違之說，遂不可知也。

王充這種懷疑，是多餘的。根據上面朱子、何晏的意見，孔子是特地轉告樊遲，以啟發孟懿子。這是實施啟發教學必需的過程，否則孔子直接告訴孟懿子，豈不直接了當，何必要多費周折呢？我們知道，王充是一個科學家，不是一個教育家。科學家重懷疑，教育家重改造。因為重懷疑，所以處處必求其明確真實。因為重改造，所以不但傳授學生知識，還要傳授學生懂得求知的方法。孔子不直接告訴孟懿子和樊遲「毋違」的含義，正是要他們了解探索思考，是求知的重要途徑。也惟有經過思考後所得到的知識，才能永久保持它。這也是孔子運用思考方法實施啟發教學的具體說明。近世教育學家所提倡的知識思考教學法，與孔子的教學原則非常吻合。說它是孔子教學思想的發展，也沒有什麼不可以的。而且這種教學的設計，非常活潑。與五段教學法，固定的教學步驟，缺乏彈性，只注意教師怎樣教，而忽視學生的教學過程，有其不同的特點。當然啟發教學法也有它客觀的條件。假使我們只知道啟發教學法的功能，而不知運用啟發教學法的主客觀條件，就貿然實施，其結果也必將徒勞而無功。實施啟發教學法的先決條件，是要求學生有求知的願望，所謂不憤不啟，不悱不發。換句話說，學生必先具備了憤、悱的條件，然後，教師才可以啟發他。什麼叫做憤、悱？

朱子說：

憤者，心求通而未得之意。悱者，口欲言而未能之貌。

也就是要學生自己先求索解問題，到心裏略略流通的地步，口裏想說而還沒有通達。教師在這個時候去啟發他，才能收到教學的效果。因此說「不憤不啟，不悱不發」。程子也說：

「憤悱，誠意之見於色辭者也。待其誠意而後告之。既告之，又必待其自得，乃復告爾。」又曰：「不待憤悱而發，則知之不能堅固。待其憤悱而後發，則沛然矣。」

這也可以說，學生必須先有學習的誠意，然後才可以啟發他。學生如果沒有學習的誠意而去啟發他，知之不能堅固。也就是說教學沒有效果，必須等待學生有了學習的誠意，然後去啟發他，教學才會產生良好的效果。因此，孔子的啟發教學法，雖然有它的優點，但是也有它條件的限制。那就是要實施啟發教學法，必先培養學生求知的動機和求知的願望。否則，即使想盡方法去啟之發之，也不能發揮啟發教學的效果。學生只是「苦其難而不知其益也，雖終其業，其去之必速」。(見《禮記・學記》) 這是教師首先要知道的。所以《論語・雍也》記載孔子的話說：

中人以上，可以語上也。中人以下，不可以語上也。

朱子說這一章的意思，是說：

言教人者，當隨其高下而語之，則其言易入而無躐等之弊也。

朱子又引張敬夫的話說：

聖人之道，精粗雖無二致，但其施教，則必因其材而篤焉。蓋中人以下之質，驟而語之太高，非惟不能以入，且將妄意躐等，而有不切於身之弊，亦終於下而已矣。故就其所及而語之。是乃所以供其切問近思，而漸進於高遠也。

這都是孔子對於啟發教學的實施，必先考慮其基本條件的充分說明。因此，有的學生可以實施啟發教學，有的學生，則不可以實施啟發教學。這都要教師事先去考慮的。《論語・子罕》記載說：

有鄙夫問於我，空空如也。我扣其兩端而竭焉。

孔子對於智者來問，則是運用啟發教學，舉一隅不以三隅反者，則不復也。鄙夫來問，必扣其兩端。凡事的終始，物的本末，事的精粗，源源本本很詳細的告訴他。《論語集說》引物茂卿的話說：

蓋孔子平日答門弟子問，不憤不啟，不悱不發，舉一隅不以三隅反，則不復也。門弟子或以為隱，故孔子又有此言。鄙夫問於我，則竭兩端。門人則否。教誨之道也。

這正說明孔子教學，不是固定應用一個方法。啟發教學法，是孔子常用而且是主要的一個教學方法，但不是絕對的方法，還要看學生程度及個性的差異而決定。近世教育家認為：「許多人有一種錯誤的觀念，認為良好的教學，歸功於一種特殊的教學法。其實是不對的。任何一種教學法，在某些情況之下，可以產生良好的效果。但在另一些情況之下，則會產生不良的效果。決定應用那一種教學方法，要看課程的性質，學生的水準，學校的環境，教學的設備，以及教師自己的能力個性，才能決定那一種教法是最適宜的。」這些原則，孔子在兩千多年之前，已經在提倡實施了。教學方法因應無窮，「不屑之教誨也者，是亦教誨之而已矣」。任何一種教學法，有它的優點，也有它的缺點。能夠不斷的研究，擷取優點，揚棄缺點，這是本章要討論的主要課題。

近來除了提倡啟發教學法之外，還有人提倡討論教學法，其實討論教學法，只能說是革新教學法的一種手段。因為在討論的過程中，可以訓練學生思考，可以訓練學生說話的能力，可以深入的了解問題的真象。討論的優點，可以說是盡人皆知的事實。問題是如何的去討論，怎麼樣來討論？說到如何去討論，那就先要討論。討論的方法如左：

討論有1.分組討論(Group Discussion)、2.陪席討論會(Panel Discussion)、3.論壇式討論會(Symposium)、4.圓桌會及研究會(Round Table and Seminars)、5.辯論式討論會(Debating Discussion)、6.對話式討論會(Group Dialog)也稱為公共會談(Public Conversation)、7.表現式討論會(Role-Playing)等等。

這許多討論的方法，我們要選擇那一種方法比較合適。當然要實施討論，還有它的主客觀的環境和條件。學生有沒有時間去準備討論的材料，願意不願意發言討論，有沒有討論的興趣和習慣。還有學校圖書館的設備，有沒有那麼多的資料讓學生去參考。這些都是應該先考慮的問題。然後實施討論教學法才不至於落空。

最近報紙上還有人提倡過協同教學法(Team Teaching)所謂協同教學法是由教師、實習教師、視聽教育人員、圖書館人員，組成教學小組(Teaching Team)然後共同研擬教學計劃，然後分工合作共同完成教學計劃。不過這種教學法，實施起來，過程相當複雜，而且協同的條件很多，雖然有許多優點，但是還沒有正式實施過。報紙上曾經說過一次，但響應的人很少，沒有看過實施的正式報告。另外還有所謂自學輔導法(Supervised Study)，許多學校常說起運用自學輔導法。其實採用自學輔導法，要安排自學的時間，布置自學的教室，指定學習的作業，指示學習的方法，查考自學的成績等。自學的時間，有在課內實施的，有在自習的時間實施的。但無論在課內實施，或是另定自習時間實施，都需要教師指導正確的學習方法，並解答學生疑難的問題。採用自學輔導法，教室內的布置要成為閱覽室的形式。教室內必須有工具書和參考書等，像字典、辭書，各種教具，如地圖、照片、幻燈片等，以為學生參考之用。關於指定學習的作業，要注意幾件事，首先應該要引起學生做作業的興趣，指示作業的範圍，指示學習的方法，考查學生是否明瞭作業的範圍和學習的方法。當然要實施自學輔導，達到完善的境地，教師首先應該有妥善的安排和設計。而且自學輔導法有它的優點，也有它的缺點。自學輔導教學法最大的優點，在於注重學生自學能力的培養，比較講述法和啟發教學法都有許多的優點。因為教學的目的，還是要學生能自學。不過這種教學法，仍舊有許多缺點：

1.自學輔導法，仍然是以教科書為中心，注重書本的學習，並不是讓學生從實際活動中去求得知識和解決問題。因而學生所學的，仍不免為書本上的死知識。2.自學輔導法，只適合較高年級和程度比較高的學生，對於低年級和程度比較低的學生仍然不適用。3.自學輔導法雖然注重學生自學，但是學習的教材，仍然由教師指定，因而學生學習的動機是外爍的，而非出於自動自發。

所以各種教學法都有它的優點，也有它的缺點。我們要運用它的優點，拋棄它的缺點，尤其是要與本科的性質相配合，教學方法才能產生它的效果。在國文教學來說，任何教學法要不違反本國語文的特性，然後教學法才能有效的為國文教學來服務。所以個人主張，國文教學的過程，要看教材的性質、學生的程度、學校的設備，還有教師本身的能力個性，可能所採用的不是單純的一種教學法。在一篇文章之中，可能有時可用啟發教學法，有時則不能。有時甚至只好由教師講述了。假使死抱著一種教學法，不配合實際的情形需要，那終必流於形式。表面說的是採用最新的教學法，編的教學設計也是運用最新的教學法，而事實是傳統的教學法。這是和改進教學的原則違背的。茲將一般應注意的事項分述如次：

第一節　預習指導

預習指導就是叫學生嘗試處理課文。學生先作課文預習的工作，即使本身不會懂得多少，但在聽講時，會了解得特別透徹，收穫也特別大。孔子說：「不憤不啟，不悱不發，舉一隅不以三隅反，則不復也。」〈學記〉云：「記問之學，不足以為人師，必也其聽語乎！力不能問，然後語之，語之而不知，雖舍之可也。」可見先聖教人，都注重預習的工夫。學生預習能做得完滿，那就可進一步應用自學輔導的教法了。所以預習指導是精讀教學中很重要的一部分，同時讓學生自己去動手，總比教師灌注式的教學效果為大。上面我們說過：「嚼飯與人，不如使人自嚐之甘。」所以教師應該重視這一個項目，讓學生能慢慢走上自學輔導之路。教學最終的目的，也是要學生能自己閱讀、自己寫作的呀！一般教師有一種錯誤的觀念，認為在開學上課之前，訂了一張進度表，這一週教這一課，下一週教那一課，每週能按預定進度教完，就算責任已盡。其實這種教學進度表，只能算是形式的進度，學生能否了解這些課文，還是疑問，何況教學的目的和範圍也不只是教幾課文章而已。所以我主張教師應該另訂一種實質的進度表。計劃這一週要讓學生學到些什麼？下一週使學生了解些什麼？這樣逐週進行，使學生得到真正的益處，這才是實際的教學進度表。教學的意義，本是教師的教與學生的學，不是教師單方面的活動。

預習指導應該做些什麼？很難一概而論。總而言之，要配合學生家庭的環境及本身的能力。假使學生能力強，教材中所有的各項，都可讓學生去試做；對能力低的學生，不能期望太多，操之過急，須考察其原因，慢慢的督促糾正。大凡初步的要求，只能叫學生做到粗解文義而已，然後視其行有餘力，進而再叫他們做些分析內容的工作。其實施的方式，可分為經常的工作與超進的工作兩方面：經常的工作指一般的詞語解析，以及略作一點分析、綜合、比較、體味的工夫，或審辨各段各節的意義，尋求全文中心主旨，以及認明前後層次聯絡諸端，這些工作較為簡單而學生或有成法可循，學生經過相當訓練以後，就會熟習了解。但是了解以後並不是就此停止，教學是求進步的，所以教師還須酌視情形，隨帶幾項稍為深難的超進工作，以求學生自學能力不斷的發展。超進的工作是比經常工作更進一層的，教師應該計劃於一學期或一學年之內，讓學生了解些什麼？把詞義、語句、作法等項，依深淺難易程度逐週提出幾項，讓學生都有輪流預習到的機會，這也可以說是上面所說的實質進度表了。另一方面是要使學生起類化作用，就是運用學生所曾學習過的舊經驗，而為新課文所同具或類似的提出數點，令學生類化，使之積久而感覺敏銳，觸類旁通。以上我們所舉的，無論是經常的，或是超進的工作，都應該按淺易難深順次進行。如果淺易的問題還未弄清，就叫他們做艱深的工作，捨本逐末，以致弄得一無所得，那就非徒無益，反而害之了。如果學生程度參差，教師可試行分組辦理，或讓同學間自己討論，使程度高的學生能日漸進步，程度低的學生知所努力。總之，誘導獎掖，全賴教師細心的研究與計劃。指導學生預習，宜於前課結束時留二十分鐘至二十五分鐘的時間行之，其指導方式可分四點，茲分述如次：

一、啟引學生學習意識

啟引學生學習意識，即是使學生對新課文建立一種新觀念。這種方法很多，可以說千變萬化，只要能引起學生正確的學習的意識，原則上都可應用。在一般方式上可分提供新材料與啟引舊經驗兩種：提供新材料是提示學生所沒有的經驗。如遊記的文章、名人的演講錄、學術性的論文等教材。遊記的文章如果是學生未曾到過的地方，可提示有關的參考書令其參閱，或令其回去訪問父兄及有關的史地老師。名人演講錄有時可利用錄音器材，以增加學生的印象。學術性論文如屬於現代性的，可利用幻燈片。至於課文偏於比較純粹抒情的，那只好從學生的舊經驗中，啟引其記憶與類化。如〈落花生〉教案中從問花生的偉大不偉大，使學生悟出做人應該做一個實事求是的人（見章先生所編教案，大意如此）。啟引學生學習的意識，一方面還有一種結束與開始準備學習的心理作用，使學生把過去所學的作一結束，對新課文起一種新的學習觀念，不會漠不關心。這在國中低年級學生尤具功用，至運用的技術，在國中一、二年級的學生，應該配合學生的經驗。如〈落花生〉教案所示：「由花生的用途，引起學生的經驗——（吃）。」高中的學生，則可以直接提出新的問題，使學生自己去比較觸發。如預習〈蘇武傳〉，可直令學生比較〈指南錄後序〉，一個是出使不辱君命，一個是慷慨為國犧牲。以這兩個問題，叫學生討論那一個對國家貢獻大。以引發對新課文的認識。但還須視實際情形為轉移，學生程度低，國中的方法也可適用於高中，學生程度高，則高中的方法也不妨拿來國中應用。有時還須常常更換方法，如參觀、郊遊等，避免作呆板的敘述，以提高學生學習的興趣。

二、必要事項的講解

學生在預習之前，為避免其對課文無從著手起見，故教師須為之作必要的講解。以免學生因困難而減低學習之興趣。這種必要的講解，可分為：

㈠**題文**：須防學生有不理解之處，應予照字面解釋一遍。有些題文很抽象，如〈迎上前去〉、〈孝經六章〉。學生看了茫無頭緒，無從預習起；教師應先予解釋，以通過文義為度，其詳則讓學生自己去索解，待討論講解時訂正之。例如：〈自立說〉告訴學生「自立」就是自己勤苦建立事業之意；說是論說，文體的一種。其他詳細事項，可叫學生自行查考。又如〈落花生〉，只叫學生讀音已足。其收穫季節產地，可讓學生自己請問博物老師，或同學間家庭有種植花生經驗者，可以互相討論之。

㈡**課文大意**：課文大意可按內容層次作極簡單的概述，使學生知道新課文內是記狀些什麼人事景物，或是論說些什麼事理？並附帶及於寫作主旨及學習目的之所在。如〈落花生〉那一課，可告訴學生：「作者以在屋後隙地種花生為開端，再則敘述花生成熟舉行收穫節為接應，其間穿插兄弟姊妹們對花生的看法，最後殿以父親對花生的批評，點出全文的主旨『人祇要做有用的人，不必要求體面』為結束。」這樣讓學生有一個極簡單的印象即可。至於其中穿插文句的含義以及作法的技巧，可略作提示，讓學生自己先去索解。

㈢**體裁**：如〈自立說〉，已經點明是論說文，學生當可明瞭。如〈落花生〉，則為夾雜敘事說理的文體，應先給予一些大概的說明，或指示查考的途徑。如為已經學習過的文體，則應提示學生自己去類化融會。

㈣**作者生平**：作者生平課文後面已有附錄的，可令學生自行查閱。太簡略的，除令學生自行查考補充外，在講解時並應作必要之補正。倘係初習而課文後又未有附錄者，則應給予有系統之指示，以增進對課文的了解。如係以前讀過的作者，可令學生回憶複習。

㈤課文背景本事：課文中有背景本事可尋者，教師可酌為指示。課文前後有關聯的，如以前高中課本〈四維〉與〈四維的意義〉，以及〈廉恥〉，可令學生互相參證。又〈廉恥〉一文與〈四維〉一文，題文相近；管仲之述〈四維〉在乎教民以謀富國強兵，顧炎武的〈廉恥〉，則在傷亡國之痛，慨歎末世風俗之衰。此均為作者著述之背景。凡此均可略為提示，以免妨害預習之進行。

其他課文中有不易解釋之難句，如〈廉恥〉中之「無所不至」，則出於《論語・陽貨》：「鄙夫可與事君也與」章。「異哉！此人之教子也！」則係表態句之倒裝，可酌予提示令學生自行查考索解。有人認為既為預習，應全讓學生自己用心查考，教師除作若干必要的明提暗示外，不必先為何種講解。其實不盡然。須知學生預習，不是考驗學生。我們希望學生預習成功，便該注意打開學生預習的門徑，所以上述幾點的講解是有必要的。

以上各項已見於前章者，請各位自行參閱。不過前者較詳，此處較略，前者可用於討論講解時之補充，此處則只是預習時之指導而已。

三、預習範圍之指定

預習範圍在原則上，凡是教材所常要處理的一切事項，都可以讓學生在預習時試一試。不過學生時間精力有限，或受環境條件限制，不一定都能充分便利於他們的預習。因此不得不為之規定一個範圍，茲分三方面來說：

㈠初步的預習：初步的預習以粗解文義為基本的要求，如詞語音義、句讀、與新難詞彙等。詞彙的意義，可令學生自行查考。文後附有注解者，先行翻閱注解。其為注解所無，或注解中亦有生難詞語，仍應一併查考。在句的方面，有聯合許多詞語而成義者，可令學生自行索解。但詞語或句子有不易索解的，如人名、地名、制度、職官、典故、史實，或文義有喻代、飾借，學生不能發現其為問題，教師應酌視情形，另作指示指導，使學生能在字面上通過為度，進行自行尋求整體的文義。另一方面令學生把全文可以讀斷之處，一一加點。待體會全文義，認明真正的句讀後，再改用正式標點符號。如課文已有新式標點符號，則可逕令學生分別辨認。這也可說是第一階段的預習。

㈡深入的預習：學生明瞭詞語組織，及課文表面粗略的文義以後，再則可令學生從作法方面去探究，看本文可以分成幾段？各段大意如何？中心主旨何在？逐段逐節的寫作體式作何狀態？這樣逐層先後的辨認。然後又把教師所曾講釋過的題文意義和全文大意、文體、作者生平等，自行更進一步的體會。末了，則誦讀幾遍。自認為義旨精闢、情味深厚、文辭優美的佳句，用鉛筆打上符號，以備教師討論講解時的參證。這又可說是第二階段的預習了。

㈢預習筆記的指定：凡各項預習活動，學生都應該備稿記錄；先列課題，後分各項。大致首為全文大意，次文體，次作者生平，次生難詞語，次新異句法，次分段大意，次作法及風格特點，次讀後意見或感想。此種項目及順序，可由教師自行就課文情形酌定，指示學生照做。如各項中有疑難不得正解之處，則待教師講解時再為補正。一俟教學完畢，應即謄繕於學習筆記簿中。

總之，預習之範圍甚為廣泛，教師不必拘於一體，而學生實際上也不能一一遵照做到，故應作靈活之運用。如學生程度有所不及，或教材太難，則應減輕其分量，以查考生難詞語為度。如學生程度較高，或教材明易者，則可逕令學生自行查考索解。教師只作必要的補充訂正即可。再則預習的各項工作，不一定限期一次做完，有時可酌情分次進行。如初步可著學生先做查考生難詞語之預習。俟討論講解教師處理生難詞句以後，再進一步指導其為索解文義之預習。復經教師讀講文義了解之後，再進一步指導其為深究作法鑑賞藝巧的預習。這樣逐步進行，學生易於致力，而預習效果亦較佳，對未有自學經驗的學生，行之尤為適宜。

四、查考方法之指示

指示學生查考方法，可說是預習中至關重要的一項，因學生預習的進行，除請問教師及同學間互相研討以外，多半都是賴查考而得。家庭中有父兄指導者，固然可以幫助預習，家庭中沒有父兄的，則只有靠教師的指導了。所以教師應事先調查學生對工具書運用的程度，學校圖書設備的情形，可供學生需用的數量，針對客觀的需要，作有效的配合運用。這種查考的指示，可分查考的圖書與查考的技術兩方面，茲分別述之：

㈠查考圖書的指示：查考圖書可分為參考書及工具書兩種。參考書多為閱讀的，要視學生的程度，學校藏書的情形而定。假使學校圖書館無此類圖書，或坊間不易購到，價目太貴的圖書，都不應叫學生去查考。工具書如辭典、辭書、地圖、年表之類都是。大概學生都可備有一種，也可以買一本《學生小辭彙》。應用上雖有不同，但許多普通習用的詞語總可以查到了。而且有關史地部分的，也可以從史地課本，或史地老師處獲得。不過辭書的性質不一，必須告訴學生按類以求，才不致浪費時間。茲將查考圖書分類列舉如次，藉供參考：

1.字典：字典是告訴我們字的形、音、義方面的書，我國最早的字典可以說是許慎的《說文解字》。但是，嚴格的說，《說文解字》只能算是研究字學的一部書，不能說是字典，而且所收的字只有九千三百五十三字，內容也不適合學生應用。最完備的字典當推《康熙字典》，共有字四萬二千一百七十九字，但內容比較深，只能使高中學生去應用。字數最多有《中華大字典》，共四萬四千九百零八字，也有詞的收集，解釋的字義比《康熙字典》簡明，可以讓國中學生使用。王雲五小字典共收字一萬五千四百三十一字，字的次序是用角號排列，其他有《國音常用字彙》、《標準學生字典》、《少年字典》、《國音字典》等很多。

2.辭典：最早的有《辭源》，但因成書在民國初年，以後的新詞無從查到。《辭海》成書較晚，新的詞語比較多，各詞語以下注明出處較《辭源》為詳細，現在多為學者所稱用，但有一些所謂「死詞」無從查到，還得乞求於《辭源》(如「謙沖」，《辭源》收《辭海》未收)。《國語辭典》，專收國語詞彙，注音很詳細正確，解釋淺明，中學生都可應用。(《國音字典》即由此辭典縮編而成）其他小辭典如《廣辭林》、《辭林》、《辭淵》、《辭匯》、《國音辭典》等甚多，但注音間有錯誤，有的部首也不合六書要求，應該告訴學生，不要以訛傳訛。日本方面編纂的辭書也很多，值得提出來的有《字源》(名為「字源」，其實是辭書）對於字的解釋很詳細，並附列有同訓異字，可為辨別字義的幫助。最近出版的有《漢和大辭典》，共收字四萬八千九百零二字，詞彙五十餘萬條，附插圖二千多幅，可稱辭書中的巨擘。但編的人手太雜，體例不太一致，重複錯誤拉雜之處仍難免。其他還有《辭通》、《聯緜字典》等。

3.類別辭典：辭典中以性質分的，如《醫學辭典》、《數學辭典》、《動植物辭典》等。其與國文教學有關的有《史地辭典》、《新文化辭典》、《中國人名大辭典》、《中國古今地名大辭典》、《中外人名辭典》、《中外地名辭典》、《哲學辭典》、《佛學大辭典》、《詩詞曲語辭典》及《歷代地理誌韻編今釋》等。

4.類書：如《十通》、《藝文類聚》、《太平御覽》、《淵鑑類函》、《古今圖書集成》，這些類書大多是看的性質多，查的性質少，且多為考據家所引用，對於學生無甚用處。惟最近出版的《少年百科全書》，也可以說是類書的一種，則可供學生參考。

5.韻書：如《廣韻》、《集韻》、《佩文韻府》、《中原音韻》、《詩韻集成》、《詩韻合璧》、《中華新韻》等。這類韻書，學生不會用到，但可斟酌的介紹給高中學生，以增廣識見。

6.虛字字典：如《虛字集釋》、《文言虛字》、《經傳釋詞》、《詞詮》、《虛字使用法》等。

7.字義書籍：如《古書疑義舉例》、《方言》、《釋名》、《爾雅》、《新方言》、《方言譯》、《經籍纂詁》等。

8.辨字書籍：如《字體明辨》、《辨字辭典》、《字辨》等。

9.書目年表：如《四庫全書總目提要》、《書目答問補正》、《世界大事年表》、《中國大事年表》、《歷代帝王年表》等。

以上所舉的工具書，有些學生未必能了解，也不必去了解，但圖書館都應該購置。以備必要時參考。

㈡查考技術的指示：一般的說，參考書的查考方法較為簡單，只須指示學生參考某書某章某節或某頁某行就可以了。但使用時卻比工具書為難，而且學生需要較長的時間去閱讀。有時某一些詞語必須輾轉參證，才可以查考出來，甚至無從查考。因此教師指令學生查閱應有限度。必須是單純的，簡易的。如果是複雜的詞語，教師可直接給予解釋，使學生字面文義能夠理解得過去，不應強學生所難。至工具書的查考方法較參考書為複雜，如部首的認識，反切讀法，多種讀音釋義例證按斷的選定法……等，旁涉的範圍很廣，其用處也不是某一課文單獨的事，同時也不是一時可以學習到的。教師只好就學生的程度，設想其查考方法有特別困難，或特別須注意的地方，予以指導。茲將各項分別列述如次：

1.工具書部首指導：工具書除類書及一部分特殊的以外，大多採用筆劃及部首的查考。筆劃查考的如《人名辭典》、《地名辭典》。但要注意筆劃的正確，如查「廚川白村」，《中外人名辭典》檢字表廚字列在十五劃裏，如果照俗字作「厨」，只有十二劃，那就找不到了。部首的使用很廣。自《說文》以後，差不多都採用部首。《說文》的部首共五百四十部。《康熙字典》共有二百十四部。這兩種部首都有利弊。《說文》的部首太雜，如魚部下有「𩺰」部，只單收一個𤄏字，即漁之重文。按理說，應該都入魚部，不必另列「𩺰」部，這是《說文》太雜的地方。但其字的歸屬則比《康熙字典》較為合理，如漁字《說文》在魚部，《康熙字典》在水部，漁的本意為捕魚的人，當在魚部為是。又默字《說文》在犬部，《康熙字典》在黑部，默的本意是狗突然逐人的意思，當在犬部為是。這又是《說文》比較合理的地方。又許多不易判斷應該屬什麼部的字，如「樂」字所構成的「幺」「白」「木」三部分都是部首，而卻歸於木部，這是應該告訴學生注意的。至於部首的讀法也很重要，並應指導學生使他們儘速熟習，才能便於稱呼，茲舉例學生不易辨識的部首注釋如次：

丨　ㄍㄨㄣˇ　古本切　《說文》：「上下通也。」中字、串字屬之。

丶　ㄓㄨˇ　知庾切　《說文》：「有所絕止，以識之。」丸字、主字屬之。

丿　ㄆㄧㄝˇ　普蔑切　《說文》：「右戾也，象左引之形。」乃、久、乎、之、乘等字屬之。

亅　ㄐㄩㄝˊ　其月切　《說文》：「鉤逆者謂之。」予字、事字屬之。

亠　ㄊㄡˊ　徒鉤切　人之首。亡、亦、享、京、亭、亮等字屬之。

儿　ㄖㄣˊ　而仁切　《說文》：「人也。」允、元、先、兄、兆、兢等字屬之。

冂　ㄐㄩㄥ　涓熒切　《說文》：「邑外謂之郊，郊外謂之野，野外謂之林，林外謂之冂，象遠界也。」
冉、再、冒等字屬之。

冖　ㄇㄧˋ　莫狄切　《說文》：「覆也。」冗、冠、冢等字屬之。

凵　ㄑㄩˋ　丘范切　《說文》：「張口也。」凹、凸、出、函等字屬之。

勹　ㄅㄠ　布交切　《說文》：「裹也。」勿、包、匈等字屬之。

匚　ㄈㄤ　府良切　《說文》：「受物之器。」匠、匡、匯等字屬之。

匸　ㄒㄧˋ　胡禮切　《說文》：「衺徯有所挾藏也。」匹、區、匿等字屬之。

卩　ㄐㄧㄝˊ　古文節字　「瑞信也。」印、危、卯、卷、卿等字屬之。

厂　ㄏㄢˇ　呼旰切　《說文》：「山石之厓巖，人可居。」厚、原、厭等字屬之。

厶　ㄙ　息夷切　《說文》：「姦衺也。」韓非曰：「自營為厶。」去、參等字屬之。

夊　ㄓˇ　陟移切　《說文》：「從後至也。象人兩脛後有推致之者。」夆、夅字屬之。

夊　ㄙㄨㄟ　息移切《說文》：「行遲曳夊夊也。象人兩脛有所躧也。」夏字屬之。

尢　ㄨㄤ　烏光切《說文》：「跛也，曲脛人也。」尤、就、尬、尷等字屬之。

屮　ㄔㄜˋ　丑列切《說文》：「草木初生也。」屯字屬之。

巛　ㄔㄨㄢ　川本字《說文》：「貫穿通流水也。」巡、巢字屬之。

幺　ㄧㄠ　於堯切《說文》：「幺，小也。」幻、幼、幽、幾等字屬之。

广　ㄧㄢˇ　魚檢切《說文》：「因厂為屋，象對刺高屋之形。」序、底、度等字屬之。

廴　ㄧㄣˇ　余忍切《說文》：「廴，長行也。」延、廷、建等字屬之。

廾　ㄍㄨㄥˇ　居悚切《說文》：「竦手也。」弄、弈、弊等字屬之。

彐　ㄐㄧˋ　居例切《說文》：「彐本作彑，豕之頭，象其銳而上見也。」彖、彗、彙等字屬之。

彡　ㄕㄢ　所銜切《說文》：「彡，毛飾畫文也。」彪、彩、彭等字屬之。

彳　ㄔˋ　丑亦切《說文》：「小步也，象人脛三屬相連也。」往、微、徹等字屬之。

歹　ㄜˋ　五割切《說文》：「列骨之殘也。」死、殖、殤等字屬之。

攴　ㄆㄨˋ　普木切《說文》：「小擊也。」收、改、整等字屬之。

2. 工具書使用指導：學生在預習進行中，還有困難的問題，往往不知道找那一本書參考，因而浪費時間，甚至感到厭煩，終而掩卷而歎。比方說，詞語的意義，學生或能自行查考到。如果碰到年代、官名、破音字等，就束手無策了。西俗云：「通人者，即遇有難題知就何書翻檢之也。」所以指導學生什麼問題應翻檢什麼書，也是預習指導中重要的工作。一般的說，《辭海》成書較後，所以遇有新名詞，應該查考《辭海》。又釋義方面那一種書較合理，或需要兩種書都參考的，也應指導學生明白。如「錦繡」「淺陋」兩詞，《辭海》、《辭源》都收載者，「錦繡」一詞的釋義《辭海》、《辭源》都可以參考，「淺陋」一詞的釋義則《辭海》較勝。又詞語的釋義有多種的，應該指導學生如何去選擇。如洞字，《辭海》有六義，《辭源》有三義，解釋都不一樣，這就需要判斷的能力了。又年代方面，課本中往往只記載帝王年號，或帝王年號有相同的，這又需要指導學生去查考識別。如歷史上帝王年號稱太元的有三個，〈桃花源記〉中所說的太元，是那一個帝王？在西元幾年？或民國前幾年？又年代有時需輾轉或推算才可查出來，也應指導學生推算的方法，以免他們沒有頭緒。如〈登西臺慟哭記〉：「自阮步兵死，山中無哭聲，已千年矣。」要查考這裏千年的來源。應該推算阮籍死的那一年，然後查作者寫本文的年代，其間相距幾年，這樣千年才有著落，這樣，學生所得的印象當然也會深刻些。官名的辭典，現在還未見有專書。辭書裏未收載的官名，只有去查《十通》的〈職官志〉。但是《十通》也是看的參考書，學生或無從下手。教師令學生查考，只能以辭書中收載的為限。辭書中所未收載的官名，教師應該在講解時詳予說明。至於破音的查考，又應指導學生查考《國語辭典》及《破音字讀法》等參考書（《國語辭典》按注音符號次序排列，也應同時指導）。其他帝王諱字應查《歷代諱字譜》。諱字在國文教學中用處雖不大，但教師自己應該知道。

3.反切的指導：上面所說的許多辭書，大多是用反切注音，學生往往要查的生字查到了，音還是讀不出來。所以簡單的反切，也應該指導學生知道。教學生反切，當然不是教學生學聲韻學，只是指導學生一些反切的常識罷了。什麼叫做反切？簡單的說，反切就是古代的注音方法。用兩個字去切一字的音，以上字為發聲，以下字為收韻，就是上字只取發聲，去其收韻；下字只取收韻，去其發聲。如「東」字「德紅切」，德字取其聲，紅字取其韻，急讀之就是東音了。所以反切的上字必與所切的字為雙聲，下字必與所切的字為疊韻。所謂雙聲，就是聲紐相同的字。疊韻就是收韻相同的字。如德與東即為雙聲字，紅與東即為疊韻字。反切既以上字定聲，聲有清濁，因此反切以上字定清濁。如「洪」字「戶公切」，如不知戶字為濁音，那戶公將切為「烘」字了。又如「封」字，「府容切」，如不知府字為清音，那府容將切為「逢」字了。反切既以下字定韻，韻有四聲與開齊合撮的分別，所以反切下字決定四聲與開齊合撮。如「中」字，「豬邕切」，邕字是平聲，所以中也讀平聲（古代四聲與國語又有不同，所以有例外的）。先字蘇前切，前字是齊齒，所以先字也必讀齊齒。四聲的區別很難說明，古人也只是作譬喻的說法。史書記載梁武帝曾問周捨說：什麼叫做四聲？周捨答以天子聖哲，而武帝終不遵用。以後又問中領軍朱異，什麼叫四聲？朱異對說：天子萬福就是四聲。武帝說：天子壽考就不是四聲嗎？當時的人都以朱異會說話，而歎息武帝不能領悟。這種譬喻都不能使聰明的梁武帝領悟，可見四聲的區別是很難說明的了。後人又有用各種比喻形容來表示，如《玉篇》：「平聲哀而安，上聲厲而舉，去聲清而遠，入聲直而促。」又有說《康熙字典》：「平聲平道莫低昂，上聲高呼猛烈強，去聲分明哀遠道，入聲短促急收藏。」顧炎武《音論》說：「平聲最長，上去次之，入則絀然而止，無餘音矣。其重其疾，則為上為去為入，其輕其遲，則為平。」各種說法，雖然都有獨得之處，但還是含糊。近人用音節音勢音長三項來說明四聲，比較具體而合乎科學的方法。音節是音的高低，指音振動次數的多寡而言。音勢是音的強弱，指振動幅的廣狹而言。音長是音的長短，指振動時間的久暫而言。大概平聲的音必定低弱而長，上去入的音高強而短促。依這種方法來區別，當不會錯誤。開齊合撮，聲韻學家叫做四等呼，其實本來只有開合二等，從開合又再分為洪細二等，所以變為四等。開口洪音叫開口呼，因為它收音時是開口而呼的，開口細音叫齊齒呼，因為收音時是作齊齒而呼的；合口洪音叫合口呼，因為它收音時是作合口而呼的；合口細音叫撮口呼，因為它收音時是作撮口而呼的。分別很容易。潘耒說：「初出于喉，平舌舒脣，謂之開口；舉舌對齒，聲在舌腭之間，謂之齊齒，斂脣而蓄之，聲滿頤輔之間，謂之合口，蹙脣而成聲，謂之撮口。」假使我們用注音符號來分別，那就是沒有任何介音，或主要元音不是ㄧㄨㄩ的叫開口音，如真字、恩字。有介音「ㄧ」，或主要元音是「ㄧ」的叫齊齒音，如林字、因字。有介音「ㄨ」，或主要元音是「ㄨ」的叫合口音，如公字、翁字。有介音「ㄩ」或主要元音是「ㄩ」的叫撮口音，如兄字、用字。有些字假使照反切字音讀起來，仍不能拼出正確的音來。如「靡」字「文被切」，照現在的讀法，「文被」切不出「靡」音來。原來「文」字古音在「明」紐，屬「ㄇ」母，聲韻學家稱這種情形叫類隔。其實這是古今音變的關係。錢大昕在《十駕齋養新錄》上說：古無輕脣音，凡是輕脣音字都讀重脣音，舌上音字都讀舌頭音。並不是古人另外有類隔作切的方法，這些都應該預先指導學生明白。

人類從茹毛飲血，發展到今天的豐衣美食；從剖木為舟，發展到今天的飛機輪船；從巢居穴處，發展到今天的高樓大廈。從前那些騰雲駕霧，翻一個筋斗可以到十萬八千里的傳說，今天都可一一實現。這都是人類發明工具，利用工具的輝煌成果。假使我們現在祇羨慕小說上所說的日行八百里的飛毛腿，而不知利用火車和飛機，那我們的日常生活將一無是處了。我們知道利用工具，可以登陸月球，可以環遊太空，利用工具已是人類文明進步的必然現象了。學習語文也應如此，必須利用工具書，才能使我們理解得更多，懂得更透徹。過去工具書不很普遍，小孩入學，必先教以六書，就是講求字的形、音、義之學，嚴格的說，就是字典之學。早年兒童入學，所讀的看圖識字，也無非是字典的初階。由此可見熟練工具書是學習語文的基礎。現在工具書發達，我們假使擁有一部《十三經索引》，不必窮年累月去死背經文的出處了。就是寫作閱讀，手頭如果有一部比較好的字典、辭書，遇到困難，自可迎刃而解，學習語文必會有事半功倍的效果。如果有人想有效的學習語文，卻不肯利用工具書，無異是捨棄乘坐交通工具，而想日行八百里，那是必不可能的事啊！

工具書對學習語文的重要性既如上述，那我們應該如何的去應用它呢？一般的工具書以字典、辭典最為普遍，查考字典、辭典，首先接觸到的是部首。最先使用部首的《說文解字》，共分五百四十部，現在普遍使用的《康熙字典》的歸屬不合六書的要求，如「漁」字本義是「捕魚」，和「魚」有關，《說文》在「魚部」是合理的，《康熙字典》印列在「水部」。又如「默」字，本義是「犬暫（突）逐人」，《說文》在「犬部」，《康熙字典》在「黑部」，可以說完全和本義無關。不過，部首的編列，是為了給查考人的方便，《康熙字典》的編排，是以通俗化為目的，而且它也是根據明朝的《字彙》而來，並不是自行杜撰的。《康熙字典》固然有許多缺點，這是編輯大部頭字書不可避免的現象。而且編《康熙字典》的人，並非不懂六書，他們沿襲《字彙》的部首排列法，可以說是據有革新的精神。只是我們查考的時候，要知道其所以然罷了，以後的辭書，也有按韻目的次序來編列的，但因為一般人對音韻的認識不夠，所以使用的比較少。最近《國語辭典》用注音符號來編列，當然也有其積極的意義。不過，一般的工具書，還是以部首的排列為主體。但是，同樣的以兩百四十部部首編列的辭書，也有不同的排列。如「龐」字，

《康熙字典》排列在龍部，《辭海》則排列在「广」部。《辭源》沿襲《康熙字典》，也在「龍」部。這些排列意見分歧的字雖然不多，但是如果不知內情，就會覺得奇怪。甚至對於考察工具書失去信心，所以最好的方法，應該作多次的翻查，先查「广」部沒有，應該再查龍部，其他如「相」字，「目」與「木」都是部首，它卻排列在「目」部。「樂」字的「白」、「幺」、「木」也都是部首，而卻歸於「木」部，這些都非經過多次翻查不為功。還有許多字的部首不明顯，不容易判斷它是屬於那一部，例如「慶」（心部）字，「承」（手部）字，「肅」（聿部）字等，部首含混，不易判明，則可以利用辭書所附的筆畫檢字表去查考。所以，在要運用某一種工具書的時候，還得先了解它的性能及使用法，然後它才能夠良好的替我們服務。

所要查的字查到了，其次就是這個字的讀音和意義的問題。傳統的注音法，都是用反切。反切的問題也很複雜，本文沒辦法談到。幸好許多工具書都用國音符號注音，一般人都可以看得懂。比較困難的是一詞多義的問題，如「區區」這一詞，《辭海》有三種解釋：⑴小也，⑵得志貌，⑶愛也。到底那一種解釋是所要求解答的正確意義，這就需要判斷力了。尤其在一詞多義中，往往是兩種都可以，於是錯誤就產生了。如「給」字，《辭海》有「足也」，「供也」，「賜與」，「言辭捷給」等義。其中「供」和「賜與」的意義很相近。而「賜與」的意義也是從「供」這一個意義發展出來的。所以有時應該作「供」解釋的詞語解釋做「給與」也可以講得通。如《戰國策・馮諼客孟嘗君》「孟嘗君使人給其食用」的「給」字，新陸書店出版的《古文觀止》就解釋為「給與」，三民書局出版的《古文觀止》解釋為「供應」。兩種意思都可以通。當然解釋做「供應」是正確的，解釋為「給與」是不正確的。所以能夠講得通，只是適逢其會而已。因為在先秦時代，「給」字只解釋做「供應」。「給」字做「給與」講，是後起的意義。這也可以從《辭海》中所舉的例子看出一些消息。《辭海》在解釋為「供給」條下所舉的例子是《左傳・僖公四年》的「敢不供給」句。而在解釋為「賜與」條下所引的例子是《晉書》的「特給之」句。可見加以適當的選擇，這種選擇，也還有些不是很確定的規則可尋。

根據上面所說，選擇正確的詞義，可以憑詞義發展的規律，就是先秦的意義還諸先秦。「給」字在先秦時代既應解釋為「供應」，那麼凡是先秦文章中的「給」字，都應該在「供應」這一意義上考慮，不能選以「賜與」作解釋。從前人認為可以從上下文義去判斷應該作什麼解釋。那是很危險的一件事。當然，字書上常常也有張冠李戴的事情。如「便」字。《說文》：「便、安也。」引申有「方便」的意思，如《史記》「人人自便」。又引申為「有利」的意思，如《戰國策》「或謂救之便」。至於解釋為「就」的意思，那是後起的意思，但《辭海》卻在解釋「即也、輒也」條下引《莊子・達生》「則未嘗見舟而便操之也」句。《莊子・達生》中的「便」字，根據成玄英的意見，「便」有「方便」的意思。所以說「津人操舟，甚有方便，其便辟機巧，妙若鬼神」。無疑的，這個意見是符合詞義發展的規則，《辭海》則是張冠李戴了。因此，考查詞義，應該顧到歷史發展的因素。

其次，應該從詞源方面去判斷。如歸有光〈項脊軒志〉中「余區區處敗屋中」的「區區」，「區區」《辭海》中有三種解釋。（已見上引）但應該解釋為「自得貌」。為什麼呢？因為「區區」的詞源是出於《呂氏春秋》「母子相哺，區區焉相樂也」句（《史記》引作姁姁），高誘注曰：「區區，得志貌。」歸有光〈項脊軒志〉「余區區處敗屋中，謂有奇景」句，即脫化於此，所以歸文的「區區」，也應作「得志」、

「自得」講。後人有解釋為「小也」，那是錯誤的選擇。

再其次可以從文法的詞性上去判斷，例如「疾」和「病」是同義詞，古代一般的病叫「疾」，重病叫「病」。後世「疾」和「病」沒有什麼分別，都可以作名詞用，但當「疾」字作形容詞用時，其意義與「病」字大有區別。我們只能說「病人」，不能說「疾人」；天下只有病院，斷沒有疾院。因為「疾」字作形容詞用時，只作「快速」講。所以「他病了」，不能說成「他疾了」。但作動詞用時，兩個字的意義都變了。「病」字作「擔心」、「怕」講，如「君子病無能焉」。「疾」字則作「恨」、「痛恨」講，如「疾惡如仇」。先辨別是什麼詞性，然後去選擇適當的解釋意義，便不至於誤入歧義了。

字典、辭書，是我們閱讀、研究語文時不可或缺的良伴，但是還需要先了解它的性能和使用法，然後它才能替我們作最佳的服務。以上所舉的，並不是固定的原則，但如果能夠按圖索驥，也就可以減少錯誤了。

國文教學不單是知識的傳授，最重要的是要訓練學生求得知識的方法，養成自動學習的習慣與獨立研究的能力。所以教師應從預習指導方面致力，使學生走上自學輔導的途徑。能夠這樣，那預習就可說很成功了。

第二節　討論講解

預習是學生在教師指導之下，自己處理課文的活動。討論講解則是由教師主持正式處理課文的活動，為精讀教學實施重要的過程。在時間上說，討論講解是緊接著預習指導後實行的。我們在上面說過了新課文預習指導是在前課文結束後留二三十分鐘時間行之。那麼討論講解就是在預習後的第一節開始時行之。茲將討論講解進行之前及進行中注意的事情及其步驟，分別敘述如次：

一、討論講解前的工作

當每一新課文預習之後，學生前課文的學習筆記都須於當日繳交教師批閱。教師應於新課文講解之前，發還給學生。所以，教師在討論講解開始的時候，應先有幾種活動。

㈠**發還學生筆記本**：發還學生筆記本，有時也可以在課外時間行之。發還後，教師應予指導批評。這種工作一方面可以督促學生改正錯誤，一方面也可以鼓勵學生努力。但講評的時候，應該多鼓勵少指責。可就共同的缺點或多數人所常犯的錯誤提出指正，不必單獨指出是那一個學生。筆記內容特別充實，抄寫特別工整的學生，則可指名嘉勉他，並可將其筆記讓大家觀摩。這個項目，時間不可占得太多，三五分鐘已經很夠了。

㈡**查考學生前課文的學習情形**：學生前課文的學習情形，可逐次在新課文討論講解之前考查，使學生「溫故而知新」，否則，讀新的，忘舊的，所學的效果還是等於零。而且這種考查還有與新課文類化的作用。其方式可分口頭與書面作答兩種：口頭的考查如令學生簡述分段大意、背誦、還講……等項；書面的作答如默寫、測驗、詮釋詞語、翻譯……等項。可由教師酌情施行之。時間約十至十五分鐘就可以了。

㈢考查學生預習的結果：前課文考查之後，接著應該是考查學生預習的結果，並讓學生將預習所未能解決的疑難事項分別提出詢問。但是這項活動費時太多，雖然在自學輔導的教學方法中，它是一個正式而且重要的過程。但是在討論講解的教學裏，也照著做，便會控制不住時間，影響教學進度。因此，教師只能化二三分鐘時間約略的抽查幾個人，看他們是否預習過了就算了。至於內容是否正確，姑且不去管它。好在討論講解，還是要讓學生活動在前，教師可於討論進行中一路順便考查，並藉以作為啟發補充、闡發整理的根據。

二、討論講解進行中注意之事項

討論講解進行中是教師與學生配合進行的一種活動，有時間性的，不像處理精讀教材可以有充裕的時間。因此教師在進行這個活動，預先要有精密的計劃，才能完滿達成目的。茲將進行中注意的事項分述如次：

㈠讓學生自己去討論，教師不可包辦：在討論講解進行時，在形式上教師只是處於主持的地位，好像開會的主席一樣，決不可包辦一切，要盡量讓學生活動，只從旁作些必要的啟發性的指導就可以了。但活動的節目及進行的步驟，應由教師安排、把握、控制，以免弄得枝節橫生。有時學生興之所至，難免討論到題外去，或變為餘興晚會的節目似的，教師應該及時糾正。假使學生都無話可說，又要鼓起他們討論的興趣，同時還要分析它的原因，是預習不充分，或是學生程度太低，或是學生不願發言。然後針對各種不同的情況，作必要的改進。

㈡教師應針對預習項目發問：在討論講解進行時，教師必須記住他所曾指導學生預習的節目。針對這些節目，分別指問學生，叫他們把預習的結果報告出來，經共同討論訂正和補充整理以後，再令學生各自核對預習記錄，如有修正的地方，應即修改補正。這樣，不但可以附帶考查學生預習的勤惰，還可以培養學生筆記的能力。假使教師不能把握住叫學生預習的項目來發問討論，那預習與討論講解就脫節了，其結果必弄得紛亂無緒，學生對課文的中心旨意也必不能把握，所得到的，僅是支離破碎、片段的詞語釋義而已。

㈢應該注意語言訓練：語言訓練對於發表能力的關係很大，在討論講解進行中，教師應該有計劃的逐步給予指導。尤其是國中學生，要鼓勵他們大膽的用完整的語句，有系統、有條理的發言。還講時，要叫他們離開課本，用自己的語言作演講式的講述。在訂正補充時，並應指導他們語言的用詞、造句、結構、音調、姿態等等。而教師自己的語言，也就是學生語言訓練的模範，應特別注意，不特要有以增進學生聽講的能力，還須讓學生可以取法，從耳濡目染中獲得進益，而達到語言準確合體，流利暢達的地步。

㈣講解應與習作配合：學生習作在下章習作教學中有詳細的討論，但是我們知道國文教學是整體的。範文教學不過是國文教學的一部分，國文教學的各部分工作，都應該切取連繫，這樣才是完滿的國文教學。因此，教師在討論講解進行中，應該緊密的配合學生的習作，指導學生的習作，使學生能從課文裡學習一些東西，要他們在課堂上學到的寫作知識，運用到自己的習作中去，糾正自己習作的錯誤，提高自己的寫作能力。有些教師，還缺乏對這方面應有的重視，課文的講解跟學生的實際寫作往往脫節，講解課文與習作教學的中間，沒有什麼聯繫，因此學生很難通過學習課文，使得寫作能力迅速提高。這是教師在講解進行中應該特別注意的問題。

三、討論講解的步驟

討論講解可分兩個步驟，即初習階段與深入階段。初習是要學生曉其義，深入是要學生明其法；初習是要學生識其體，深入是使學生通其用；初習是要使學生了解其規矩，深入是要使學生體會其藝巧。茲分別述之：

㈠初習階段：初習階段又可分為課文概覽、分段讀講兩部分：

1. 課文概覽：是在討論講解的時候，先來集中學生學習意志的作用。它可以喚起學生對於新課文整體的概念，以及引進學生置身於討論講解情境之中。這時教師即分別指定學生輪流講述自己在預習時查考所得的各項材料；如題文意義、作者生平、全文大意、體裁、段落等等。共同討論，訂正錯誤，經教師確認補充後，學生各自對照預習時的記錄稿修正，這項活動才告結束。時間約占二、三十分鐘。其次是叫學生閱覽課文一次，其方式有三種：

⑴令學生各自閱覽，限令若干分鐘內閱畢：這種辦法可施行於較易的教材。惟能力比較低的學生效果差。

⑵由教師宣讀，令學生循聲閱覽：這種辦法可施行於較深的教材，及學生程度比較低的班級。

⑶分段指名國語優良的學生一名輪流宣讀，餘人循聲閱覽：這種辦法最為可行，惟如遇艱深的文言

文，還是教師自己宣讀為宜。

每段閱覽之後，教師即令學生提出該段預習不能解決的生難詞句，依次書寫在黑板上，等全課文都閱覽過後，再用討論方式逐詞處理。處理時教師應注意幾件事情：

(1)處理詞語時，應將詞語有關連的部分同時板書，因為中國文字的意義變化很大，同樣一個詞，在這個句子裏是一種解釋，在別個句子裏又是另一種解釋了。如果單獨處理，恐學生容易誤會。如「師者所以傳道授業解惑也。」的「所以」有「用他來」的意思。「愚之所以為愚」的「所以」就變為「……的緣故」的意思了。假如不整句寫出處理，學生很容意就誤解了。另方面也可避免學生只注意詞語瑣碎的意義，忽略了整句的文義。

(2)處理詞語方式：教師板書學生提問的詞語後，可依次指問學生，或問書法，或問讀音，或問意義，令學生能答者答之，仍付共同討論，教師作最後的訂正或確認，然後書法應指示的重作指示，讀音應注明的用國音符號注出，意義應詮註的用白話詮註清楚，讓學生各自對照預習記錄表補正。最後，再問學生還有其他未能讀講的詞語沒有，有則同樣處理。

(3)向學生發問：如果學生沒有再提問題，教師可假設學生還有那些不理解的地方，有計劃的提出若干問題來，指問學生。因為可能有時學生提不出問題，或是一知半解的含糊過去。經過教師提出，可以加深他們對課文的印象與了解。但是教師所提的問題，必須事先計劃，正是學生想問而不知道要怎樣問的問題。這樣，才能引起學生的注意。

總之，課文概覽必使學生在全文中，沒有一個不能讀解的詞語，使其完全能逐句索解，而明字面的意義，以為次一步分段讀講的前奏。

2.分段讀講：是在學生課文概覽之後進行之。這時，學生的學習意志已經集中，而且對課文中生難詞語也都大致了解，便可開始分段讀講了。這項活動，可分三個步驟進行之：

(1)教師讀講：教師講的時候應緩慢，讀畢隨即不看課文將大意講述一遍。這樣，在使學生對課文中各辭義有綜合貫通的印象，另方面可啟發學生對下一項目討論的依據。

(2)學生讀講：教師讀講後，即可輪流指名學生，一人讀一段，逐句先讀後講。讀完一句，講解一句。段太短的可將前後段合併，太長可分開。也可指名二人，一名誦讀，一名講解。每讀完一段，即令全體共同討論，相互訂正。

(3)教師指導事項：在學生讀講進行中，教師宜注意他們句讀、字音的正確、詞義句義的正確和語言的合體。並應隨時以問語提示啟發。間或遇有專名、典實、成語、引句等類，可作簡單的說明。如學生有困難不能解決的地方，教師可指定其他學生幫助解決，或教師自己直接給予指導，使不浪費時間。各段處理完後，教師再作有系統的整理與補充，也可說是教師正式的讀講(正式讀講的各項目可參閱上章)。還有教師逐句講解課文，在原則上應用整（把文句作字面逕直的解釋）零（闡釋文句中的成語、典實、引用義或假借義等）整（把全句作綜合的說明）三步工夫。

這樣，學生大致已能自己誦讀全文，粗辨文義，可令其在課外時間閱讀，或作深究的預習，以為進行下一活動的準備。

㈡深入階段：深入階段可說是指導學生對課文作進一步的分析、體會、欣賞、評鑑的工夫。學生經過初習階段之後，對課文大致已能了解，於是教師便應指導他們深一層的認識了。使他們能在讀寫時發生作用。這項活動也可先叫學生試做。（就是把原預習指導中的深究鑑賞項目，移在課文初習後行之）不過，課文深入的工作，學生做得總不如理想，實際上還要教師自己多為闡發。這又可分內容深究、形式深究和鑑賞、誦讀四方面來說：

1. 內容深究：可以說是指導學生體會作者的構思、立意、設計、經營的法度，啟引學生揣摩文義的興趣。所謂精神陶冶的及教學的實質目的，也多半在這時發揮。這個活動又分三個步驟：

(1) 指名學生若干人輪流分段講述課文大意，及總述全文大意。均經共同討論訂正後，由教師補述，並把握教學實質目的，詳盡闡發。然後各段綱要書於黑板（較長的分節標列細目），作成簡表，叫學生抄錄。

(2) 教師依據綱要，分令學生指出本文的中心意旨，及各段文義對中心意旨或相互間的作用逐一弄清，而以反究題旨及酌量為提示本文背景本事作結，仍以共同討論訂正，教師補充講解的次序進行之。

(3) 由教師指名作者思想發展的型態和材料剪裁安排的手段，多用舉例比較的方法提示學生，引致其想像、體味，而啟導他們對於全文內容作法方面敏銳的感覺。最後則就已讀過的課文可作類比的，再提出若干類比，以資融會。

2. 形式深究：這是依據形式方面的教學目的，對課文文辭作更進一步的處理，它的作用在使學生對作者遣詞、造句、謀篇、布局等技巧為深切的體認，藉以引起對文辭研習的興趣，而能運用在自己讀寫上，其活動項目可分辨認作法和體式與比較三個步驟：

(1)辨認作法：這項工作最重要的是指導學生辨認作者表達的手法，與前後聯絡照應的方式，和遣詞造句的技巧，以及若干句型句法與詞語運用的變化方式的揣摩，這樣可以使學生從實際的體認中去提高自己寫作的能力。

(2)辨認體式：教師在指導辨認作法之先，可指令學生按內容綱要分段指出寫作的體式。看這一段是記敘或是論說，那一段是直陳或是曲飾。進而指導其在文筆經營的體認，結構關鍵的審辨，以至文章組織的分析，詞語的類比，虛詞的使用，均擇要提出，或付予討論，或直接為之講解，教師可參照實際需要進行之。

(3)比較：最後則在本文前後可以相為比較的，及讀過的課文有可以比較的地方，多舉例比較，使學生能徹底消化，以為讀寫的應用。

以上所說的，大抵都屬於作法、文法、修辭方面的事。教師也可以某次專詳於某幾部分，作有計劃的逐步漸進，使學生可以積久而觸類旁通。

3.鑑賞：鑑賞是課文深究最後的一步工夫，學生經作過內容與形式深究以後，對於課文的義、法，應該有了透徹的理解。由理解而加上體會想像，由此引發審美的感情，那就是鑑賞了。大凡好的文章，必定是情意高尚，內容動人的。若不下一番鑑賞的工夫，對作品的好處，便無從領略。那麼，怎樣來指導學生去鑑賞呢？這可分兩方面來說：

(1)由作者寫作的功力方面去鑑賞：這個活動，教師可先令學生把全文細細默讀一遍，然後提指課文中的若干事理景物，啟引他們的想像力和體會力。使他們以觀賞圖畫、風景、戲劇的態度，去體味作者的情致、眼力、手法。然後將作者經營意匠獨到之處，加以吟詠，使他們心靈上與作者發生共鳴的作用。這也可說是一種藝術的鑑賞了。

(2)由作者的風格方面去鑑賞：風格是指文章的氣象，表達的繁簡，態度的嚴謹與疏放各方面來說的，比較抽象一點。教師應該從具體的地方去啟引。如就文章的氣象方面去辨認它是剛健的或是柔婉的；就辭藻方面去看它是質實的，或是絢爛的；就檢點的工夫去分析它，是嚴謹的，或是疏放的；就內容材料去比較它，是繁複的，或是簡約的。當然，這種辨認、分析、比較的步驟，還得要用討論的方式去進行。不過，學生對文章的優美，即使有感於心，也未必能言之於口，教師應該從旁作必要說明，使他們恍然有悟於心。

鑑賞也可與深究合併舉行，這要教師考慮實際的情形，作適當的處理。

4.誦讀：誦讀可說是由鑑賞而進入實地欣賞的橋樑。課文經上面各種步驟處理過後，學生對於課文的誦讀，當會更熟悉流利些。教師只要逐段範讀，先指導論理的讀法，糾正學生若干聲調的錯誤；次改用表情的讀法，使學生靜聽。然後叫國語優良的學生輪流試讀，仍可共同討論訂正。下課後讓學生自己用心細讀，使他們能夠積久成習，而至純熟和諧為止。

討論講解的過程，雖然分兩個階段，實在只是一個活動。教師仍要把握住兩者活動的中心，使其聯貫一致。其步驟過程，可以在分段讀講完畢之後，就作各該段內容與形式的深究，也可以在全課文讀講以後，再作整體性的內容與形式的深究。這要教師視學生的程度與課文篇幅的長短與難易，作適當的選擇了。

第三節　應用練習

範文教學的目的，不但使學生對課文文辭能夠了解，而且也要使他們能夠運用。如果學生對課文文辭能夠運用，那麼，他對課文文義也必有透徹的理解。所以，教師於處理課文之後，還要教學生作應用練習。應用練習的方式很多，可以用口頭練習，也可以用書面練習。不過，口頭練習或為時間所不許可，多數還是採用書面練習。至於練習的內容材料，要針對學生在讀寫方面所缺乏的，作有計劃的安排，最好是多作文辭的運用方面。現在舉幾項以供參考。

不過教師要注意的，無論是口頭的練習還是書面的練習，都應該著重於和學生作文的聯繫。我們一再提出的要求，是國文教學是一整體性的活動，其經過的過程不管是如何複雜瑣碎，但各項目都應該切取聯繫，不可各自獨立，應用練習也不例外，如果我們把應用練習，只是認為是一種例行事項，或是目標僅是停留在使學生加深對課文的了解上，那還是不夠的。也可以說是有缺點的。所以練習的內容，要針對學生在寫作上所缺乏的，作有計劃的安排，使學生在寫作方面有所幫助。一般練習因為限於時間，要求達到學生普遍有練習的機會，多數還是採用書面的，其實口頭的練習和寫作的訓練也有密切的關係。不過學生口頭練習的機會比較多，像討論問題以及平時的發言，教師的提問，都有語言訓練的作用，所以在應用練習的時候，一般都用書面的比較多。至於練習的方式，口頭的練習，除了背誦，還講回答問題，說明段落大意等項目之外，有時還可以用聽寫的方式，聽寫是口頭和書面配合的一種練習，對語文寫作的練習，有很好的效果。實施的方式，可以分為兩種，一是問答式的聽寫練習。教師說出一個詞語，讓學生回答這一個詞語的意義，一種是作文式的聽寫練習，那就是由教師說出一段課文，讓學生根據內容大意寫出一段文字來，這當然還要看課文的性質，以及學生的程度去配合，不是固定的方式。至於書面的練習，大概可以分為改作、仿造文句、分析、比較等方式，現在分別提出說明：

1. 文句的改作，文句的改作，有改繁為簡，演簡為繁。也可以改變句子的次序，也可以改變和原句意義相反的文句。這種的改變，目的在使學生知道文句的構造和語句先後的次序有多種的方式。但運用那一種方式，必有它的原因和需要。讓學生從練習中體會各種不同的語句結構和位次，有它不同的情味。從而熟練語句的變化，以改進他在寫作的缺點。

2. 文句的仿作，文句仿作是讓學生練習和課文文句形式相同的文句，或且是內容相同，而形式不同的句子。古人常用別人的文句，造出與原句意境不相同的文句。蘇東坡對這方面非常特長。以前高中國文有一篇張志和的〈漁歌子〉：

西塞山前白鷺飛，桃花流水鱖魚肥，青箬笠，綠蓑衣，斜風細雨不須歸。

以後蘇東坡就仿作，借用這些文句，寫出一首〈浣溪沙〉：

西塞山邊白鷺飛，散花洲外片帆微，桃花流水鱖魚肥。自庇一身青箬笠，相隨到處綠蓑衣，斜風細雨不須歸。

文句大都相同，但是意境卻不一樣。古人往往刻意仿作，雖然是通人，也不以為病。王勃〈滕王閣序〉：「落霞與孤鶩齊飛，秋水共長天一色。」當時稱為名句，相當膾炙人口。但其實是模仿庾信〈華林園馬射賦〉「落花與芝蓋齊飛，楊柳共青旗一色」而來。梁簡文帝的「酒闌耳熱，言志賦詩」，是仿自魏文帝的「酒酣耳熱，仰而賦詩」。梁武帝的「窮則獨善，達則兼濟」，是仿自孟子的「窮則獨善其身，達則兼善天下」而來。這是各位都知道的事實。但是起碼的模仿，學生是可以做到。由淺易而進於難艱，由有意的模仿，到無意的流露，也是訓練學生寫作的方法之一。教師應該有計劃的設計安排讓學生跬步而日進。

3.文句的互譯，文言翻譯為語體，語體翻譯為文言。語文教學的目的，是要訓練學生作為一個二言人。使他們看到文言的語句，就會知道語體的意義。看到語體的語句，就會了解在文言中是什麼。這也是目標所要求的趨向。

4.詞語的運用，有時教師可以提供學生所熟悉的詞彙或是成語叫他們練習寫出各種不同詞性的文句，譬如說，教師提出利害這一個詞，讓學生以利害這個詞造出不同品位的文句：

這場雨真是大得利害。（利害是副詞）

你利害我比你更利害。（利害是形容詞）

不殺得你片甲不回，你不曉得我槍法的利害。（利害是名詞）

或且是提出學生讀過的單詞，讓他們說明在文句中的作用。譬如：文言中的汝字，不能用為第二身稱所有格，就是白話「你的」；而字不能用為第二身稱目的格。乃字僅用於第二身稱所有格。或且可以形式相同含義不相同的詞語來比較；像韓愈〈師說〉：「師者所以傳道授業解惑也」的「所以」和「聖之所以為聖」的「所以」，比較這兩個詞語含義有什麼不同。使學生熟悉詞語的含意，以為讀寫的幫助。

5. 改正錯誤，改正錯誤可以分為兩種情形。一種是改正錯別字，如指高氣揚，指字是誤字，應改作趾。一股作氣，股字誤，應改做鼓。一種是改正詞語的錯誤，如名譽是第二生命，故生命不可不重視。生命錯誤，應改做名譽是第二生命，故名譽不可不重視。

我們在暑假裏辦了一個民眾補習班，算是為社會盡了一點職務。

職務錯誤，應改正為：

我們在暑假裏辦了一個民眾補習班，算是為社會盡了一點責任。

當然學生應用練習的方式很多，像問答、比較、縮寫、延長、文法的練習、文句的填充等等，都具有練習的作用，這裏不過是舉例而已。教師可以依據課文的情形、學生的程度、教學的需要，儘量設想，方式愈多愈好，而且要時常變換練習的方式。總之，以能提起學生練習的興趣為原則。不過教師要注意的，練習並非考試。在進行時，教師應該作必要的指導和啟引。

至於練習的批改，教師可就錯誤或缺漏之處，用紅筆打上符號，發還學生，自行改正。或於次一節課公開指正，令學生對照改正。有時也可以指定學生到黑板上去做，讓全體學生共同討論訂正之。

第四節　評量工作

評量的工作，可以說是督促學生努力，以及測驗學生對課文了解的程度。測驗學生對課文了解的程度，固然是評量學生成績的優劣，以作為獎懲的標準，但另一方面也是測驗教師自己教學的效果，檢討教學方法得失的依據。以作為改進教學方法的參考。不過教師要注意的，評量學生的成績，應該注意到全面性和整體性。所謂全面性是說評量的範圍，不應該只限於課本，還應該包括學生全部的學習過程，最重要的還是學習的態度。學生學習態度不認真，或且是學習方法不正確，是阻礙學習進步的絆腳石。即使學生程度很好，假使不肯認真學習，那還是有失教學的意義。所以教師除了注意評量內容的難易，以促進學生的努力之外，更應該注意學生學習的態度以為評量的根據。所謂整體性，就是評量工作應該與全部教學的過程密切聯繫。按照教學的層次說，決定目標、實施教學、督導學習、實施評量。也是說教學的內容要根據既定的目標，應用的練習要配合教學的內容，評量的項目要連繫練習的內容。使構成一個整體，不可脫節。這樣才能發揮評量的效果。也惟有這樣的評量，才能發生真實的意義。至於評量的項目大概可以分為三方面來說明。

一是平時的評量工作。平時的評量工作是沒有時間性的，範圍也很廣。凡是學生範文教學的筆記，預習的筆記，平時課堂的口頭答問，書面查考等都包括在內。

二是定期的評量工作。定期的評量工作，是有時間性的，有指定的範圍。像期中考、月考等，由學校事先公佈時間，以及評量的範圍，讓學生預先有所準備，考查的時間比平時的評量為長。

三是綜合的評量。綜合的評量，其方式大致分為兩類，一是整理性的，一是測驗性的。測驗性的評量和定期的評量，其性質大致相同。不過定期的評量內容比較淺，綜合的考查評量的內容比較深，其時間也比較長。像學期考試和學年考試、畢業考試等。整理性的評量也可以說是假期作業，或是教師指定學生製作的圖表教具等。

至於評量的形式，最近各校都依據布倫氏的教育目標認知領域的分類層次來命題，分知識、理解、應用、分析、綜合、評鑑六個層次。

1. 知識方面是強調記憶的行為，包括觀念、現象的回憶或再現，可以分為特殊的知識、方法的知識、普通的知識三項。特殊知識的測驗題應具有具體顯明的對象，評量學生記憶的行為與現象之回憶或再現。像測驗學生詞語以及單字的意義以及共同使用的符號。方法的知識，是測驗學生組織、研究、判斷、批評的各種觀念。像文法的規則、標點符號、文章的體式、文學作品的形式等。普通的知識是測驗一般的原則，理論與結構等。

2. 理解方面是測驗學生對於教材之意義是否完全明白，或且是完全把握。其測驗方式有翻譯、解釋及推論等。

3. 應用方面其測驗之目的在使學生利用所提示的材料去解決問題，以及閱讀測驗一類的題目。

4. 分析方面是著重於材料各成分的關係，譬如課文各段相互的關係，以及辨別文學、藝術作品的形式等。

5.綜合方面是屬於創造的歷程，譬如自述讀書的經驗以及心得報告等，測驗題應以多重選擇為原則，以評量學生綜合的能力。

6.評鑑方面為教育目標最高層次。除包括上面所說的知識理解、應用、分析、綜合各層次的內容外，還應增加價值的判斷。像指出文句在邏輯的謬誤，批評文章的優劣，區別詞語的使用是否正確，測驗的範圍比較廣。

以上所舉的評量的測驗方式，都是就理論方面的說明。至於具體測驗題的形式附在後面，各位可以參看，我們這裏不再舉例了。

附：國文科教育目標分類試題舉例

說明：

一、本測驗題依據布倫氏(Bloom)教育目標，認知領域之分類層次，配合國文科測驗題之性質擬定之。

二、其中有與國文科測驗題性質無關之項目則從略或合併之。

三、每類測驗題有一題者，有兩題者，係依其範圍之內容而定，並無特殊之意義。

四、國文含義有甚具彈性者，其中題目或有具有多種性質者，如可屬於理解類，又可屬於應用類，均依私意歸屬之。

五、每題之答案以紅字附在測驗題目之後。

一、知識

知識目標強調記憶之行為，包括觀念，現象的回憶或再現。分為特殊的知識，方法的知識，普通的知識三項：

㈠特殊的知識

此類測驗題應具有具體顯明的對象，評量學生記憶之行為與現象之回憶，或再現，又可分術語及獨立事實兩項：

⑴術語：說明術語之性質或特質及解釋單字的意義之測驗題。

①研究文字意義的學術，稱為：

〔甲〕訓詁學

〔乙〕文字學

〔丙〕聲韻學

〔丁〕文法學

②叩之寺僧，則史公可法也，「叩」字的意義是：

〔甲〕敲門

〔乙〕追查

〔丙〕問

〔丁〕詢查

(2)獨立事實：包括人名、地名、時間、事件等，但與上述術語不同。述語是用於詞語的定義；獨立事實則用於共同使用的符號。

③〈遊褒禪山記〉之作者是：

〔甲〕李白

〔乙〕柳宗元

〔丙〕王安石

〔丁〕蘇軾

㈡方法的知識

此類測驗題應具有組織、研究、判斷、批評各種觀念，或其所發生的現象的獨特方式，包括慣例、趨勢與順序、分類與類別、基準、方法等五項。

(3)慣例：指慣用的方式或規則，如標點符號，論文格式等。

④同胞們（　）我們國家的命運不操在聯合國，而操在我們自己手中。

〔甲〕（　）中的標點符號應該是，

〔乙〕（　）中的標點符號應該是！

〔丙〕（　）中的標點符號應該是：

〔丁〕（　）中的標點符號應該是。

(4)趨勢與順序：指出不同時間的特殊事件之因果關係或呈現之歷程。

⑤以文學源流分，我國韻文演變的次序應該是：

(甲)詩經→楚辭→漢賦→唐古文。

(乙)楚辭→漢賦→樂府→明文。

(丙)漢賦→五言古詩→七言古詩→唐宋八大家文。

(丁)詩經→古詩→近體詩→宋詞→元曲。

(5)分類與類別：認識各種文學作品的形式。

⑥蘇軾〈赤壁賦〉，就賦體的演變過程說應該屬於：

(甲)律賦

(乙)古賦

(丙)文賦

(丁)駢賦

(6)基準：判斷資料之來源是否可靠之準則，以及評鑑藝術作品之基本要素。

⑦陶潛的〈桃花源記〉是：

(甲)寓言，陶淵明自闢的理想境地。

(乙)記敘文，是改寫古代小說。

(丙)神話，記傳說中的一個勝境。

〔丁〕桃花源詩的前序，記陶淵明夢中的所遇。

⑧綠柳煙外曉寒輕，紅杏枝頭春意（　）。括號中應填那一個字，意境較佳？

〔甲〕濃

〔乙〕深

〔丙〕鬧

〔丁〕老

(7)方法：方法的記憶，非方法的實際應用。

⑨詞文學中的詞牌，如〈虞美人〉、〈蝶戀花〉等，相當於現在的

〔甲〕詞的題目

〔乙〕現在歌詞

〔丙〕現在的歌譜

〔丁〕詞的意境

㈢普通的知識

此類測驗題，包括一般的原則，理論與結構兩類。

(8)一般原則：即抽象的法則。

⑩一日，使史公更敝衣草屨，背筐，手長鑱。句中的「手」字是：

〔甲〕名詞

(乙)動詞

(丙)形容詞

(丁)副詞

(9)理論與結構：敘述某一特殊事件之主要理論。

⑪王守仁弟子徧天下，後人稱其學派為：

(甲)浙江學派

(丁)姚江學派

(丙)餘姚學派

(丁)陽明學派

二、理解

所謂理解，是測驗學生對於教材之意義是否完全明白，或是完全把握，其測驗方式有翻譯、解釋及推論等。

(一)翻譯

指將提供之教材轉換為其他語言。如文言翻譯成白話。但亦可將抽象觀念翻譯成具體觀念，或將具體觀念翻譯成抽象觀念，但應避免成為簡單的記憶知識。

(10)由抽象翻譯成具體，或由具體翻譯成抽象：包括術語，片語，陳述或解釋等方式。

⑫「釃酒臨江，橫槊賦詩」的內容大意是：

(甲)贊譽曹氏父子，才思敏捷。

(乙)贊嘆曹操允文允武，豪氣干雲。

(丙)喻曹氏父子嗜酒能文。

(丁)形容曹操風流倜儻。

⑬《左傳》稱「宮之奇少長於君」，「少長於君」的意思是指宮之奇：

(甲)年齡比虞君稍長

(乙)比虞君身材高大

(丙)自幼與虞君一起長大

(丁)少子長子均居虞君之側

⑭「歌聲與刁斗笳吹相應」句中「刁斗」是指：

(甲)軍隊中打更的用具，此處應指打更的聲音。

(乙)家庭的炊事用具，此處應指敲打所發出的聲音。

(丙)軍隊中的武器，此處指武器相擊所發的聲音。

(丁)掛在窗前的鐵馬，風吹所發出的聲音。

(二)推論

按已有的資料提出合理的假設。

⑮王陽明〈教條示龍場諸生〉文中所說的「直不至於犯，而婉不至於隱」，其含意是指：

㈠修身之道

㈡接物之道

㈢諫父之道

㈣諫師之道

⑯「郢書燕說」一語意義的引申，是指：

㈠文字脫落

㈡穿鑿附會

㈢李代桃僵

㈣掠人之美

三、應用

應用在使學生利用所提示的資料去解決問題，以及適用於閱讀測驗一類之題目。

⑰「這個小孩是很聰明很活潑」這個句子的錯誤在於：

㈠多了一個「是」。

㈡聰明與活潑重複。

㈢「很」字不對，應該改為「非常」。

(丁)「這個」應改為「他們」。

⑱下列各文句都有錯誤，指出那一句是動詞用法的錯誤。

(甲)這次考試很壞，有全軍覆沒的希望。

(乙)他專啃書本，像一個書奴。

(丙)黃花岡七十二烈士的血，覺悟了許多人。

(丁)第二天考算術，我的更壞成績。

四、分析

應用著重於一般原理或原則的運用，分析著重材料之各成分之關係。如論文之各段相互之關係，辨別文學、藝術作品之形式等。

⑲「那是一匹好馬」，「那馬飛也似的奔去了」，這兩句中的「那」字，用法各不相同，其區別係在於：

(甲)前句「那」字代替所指的實體，後一句「那」字指示實體詞馬。

(乙)前句「那」字指示實體詞馬，後句「那」字代替所指的實體。

(丙)前句「那」字是主語，後句「那」字是代名詞。

(丁)前句「那」字是代名詞，後句「那」字是主語。

⑳「舉案齊眉」的故事比喻：

〔甲〕梁山伯和祝英台夫婦相敬如賓。
〔乙〕梁鴻和孟光夫婦相敬如賓。
〔丙〕梁山伯和祝英台兄弟相親相愛。
〔丁〕梁鴻和孟光兄弟相親相愛。

㉑歐陽修〈瀧岡阡表〉中說的「夫養不必豐，要於孝」，「要」字和下列那一句中的「要」字意義相同：

〔甲〕便要還家
〔乙〕先王有至德要道
〔丙〕修其天爵，以要人爵
〔丁〕此要之皓首

五、綜合

綜合是屬於創造的歷程，在國文科中應包括自述經驗，讀書心得報告之類，於測驗題應以多重選擇為原則，以評量學生綜合之能力，如：

㉒孔子為中國道統的繼承人物，是因為他的學說具有

〔甲〕尊王攘夷的大義。
〔乙〕重視民生。

㈢博愛的精神。
㈣排斥戰國異殊的思想。

㉓蔣總統在〈革命哲學〉中說：「革命之學，就是大學；革命之道，就是大學之道。」這兩句話的意思是：
㈠說明革命事業的偉大。
㈡革命黨人應有高深的學問，每人都應入大學。
㈢說明革命的學問和方法。
㈣革命黨人應該勇敢犧牲，義無反顧。

㉔以〈木蘭辭〉中「將軍百戰死，壯士十年歸」這兩句話的含意寫出一篇記事文。

六、評鑑

評鑑為教育目標最高層次，除包括知識、理解、應用、分析、綜合之歷程外，還應增加價值之判斷，如指出某種議論邏輯的謬誤，批評作品之優劣，區別詞類使用的正確與否，如上述分析類測驗題亦具有同等作用，但分析範圍較狹，評鑑範圍較廣。

㉕「一陣厲害的狂風直上我臉上撲來，我禁不住震慄地顫抖著。」這兩句話
㈠「厲害」與「狂」重複應該刪掉一處。
㈡第二個「我」字是多餘的。

(丙)「震慄地」與「顫抖」重複，應該刪掉一處。
(丁)沒有錯誤，可以不要刪。

㉖今年新來的手工先生最討厭，講話的聲音像一隻貓，有時喜歡用老鼠似的眼睛看人，那樣子是怪可怕的。
(甲)聲音像一隻貓，犯邏輯上的錯誤。
(乙)用老鼠似的眼睛看人，普通不這麼說。
(丙)都很好，可以說形容得體。
(丁)錯誤的句子在「新來的那個工人」。

㉗「我們所處的時代是科學向著太空發展的時代。」批評這句話錯誤之所在。
答案：這樣說，好像科學時代已經結束，開始走向太空時代了。
應該改為：我們所處的時代是向著太空發展的科學時代。

第五章　習作教學

所謂習作教學就是給予學生國文寫作或作文練習的一種指導工作。我們上面說過，精讀教學的目的，是要使學生能自由表達出自己的情意寫成一篇通順的文章。如則，習作教學實在是國文教學中重要的一圜。但事實上，目前中學裏，一部分學生認為寫作練習是範文教學的附庸工作，遇到作文隨便寫幾百字交卷了事。一部分要用心寫的學生，卻也寫不出什麼東西，而且顯得非常吃力。我們看許多高中畢業生，寫幾句簡單的話，都感到困難，或者寫出來也不通順。不信，舉個例看罷，當四十九學年度聯考時，作文題目是「邀請海外學者回國服務書」，有一個考生說：

「今日世界的文明歸於，（標點照原文）學問增進。唯有高尚的學問，文明更換新，達致世界新潮流，人類的生活亦更促進，共同奮鬥，達到人類最高理想境界。

近代學習的風氣日盛，學者高深學問為好學者所仰望，希求之心理尤甚。子曰『有朋自遠方來，不亦樂乎』。況且於今日公理與強權的戰爭，國家正需要高深人才來共同努力與創造。

近幾世紀以來，謂馬克斯之思想，以唯物史觀，邪說暴行有作，為人類所共棄，唯行仁道之說，才能人類所共存。在今日自由中國，人人自由，使民各得其所，男有分，女有歸。學風氣盛，大家一心一德，瞻望學者來共同嚮往大同世界。

中華民族文化，得由我們所共保守，並加以發揚，唯有聯合海外兄弟共向努力達到成功。」

這一篇文章，姑不說是不是符合題旨，文句的錯誤情形已相當嚴重。當然，這並不能代表全部中學生習作的情況。但是，類似這樣的錯誤，並不止是一個人。這就具體的說明了：當前的中學生們普遍的缺乏語言組織的基本常識，和語文的基本表達能力。

其實範文教學不過是一種手段，習作才是目的。學生寫作能力的高低，是範文教學效果好或者不好的反映。同時，如果學生光是學到空空洞洞的語文知識，卻寫不成一篇短文，甚至連句子也造不通，那也不能說他讀好了課文，也決不能說教師教好了課文。所以學生在學校讀了多少課文，都可以說是習作的準備。使學生從前人的表達形式中，來發揮自己生活的經驗與心中的積蘊。不過，作文是一種藝術，有所謂藝巧存在。高明的教師，雖能從精讀教學中，給予學生一些習作的指導，但對於習作的本身，還是不能有直接的作用。所以我們要特別來談習作教學。

指導學生習作的方式很多，諸如聽寫、改作、翻譯文言文為語體文，與範文教學中的應用練習，都具有習作的作用。但那些範圍太狹，或太瑣碎，不能同時收到審題、立意、運材、布局、措辭各項的效果。因此必須有特定的範圍，特定的時間來練習。但習作是表達自己情意的練習，不是矯揉造作，標新立異的去求新奇。所以教師應教育學生使他們認為習作是生活上一種不可缺少的工具，使他們實實在在的練習，有什麼就說什麼，怎樣說就怎樣寫。如我們寫信，想說什麼，就寫什麼。要做到說要說得清楚，寫要寫得通順。假使是剽竊或是抄襲而來，雖然文句豔麗高古，還是要不得的。因為寫作是生活上的一種項目，原在表達內心的積蘊，與他人相感通。如果將無作用，又何必去學呢！以前中國青年寫作協會徵文，題目是「慰問前方將士書」，優秀作品有十二人，其中第一名是林慧珠小姐，她在信中有誓願以身相許英雄的感人語句。但當記者按址去訪問時，竟發現這位林小姐原來是一位姓何的先生。在遊戲文章的觀點上來看，原未可厚非。但在習作的態度上，我認為是不對的。

當然，指導學生作文，是一件很困難的事。怎樣去指導？用甚麼方式去指導？才能使他們進步得更快，這就是值得教師好好的研究了。現在把習作教學分為命題指引批改三方面來討論。

第一節　命　題

作文本來是一種積蓄。運用文字表達自己內心的積蓄，使其恰到好處，讓自己有如意傾吐的快感，人家有情感心通的妙處。內心有了積蘊，才能執筆為文，很自然的表達出來。但是，假使令學生心有積蘊才來習作，有時反會令學生有不知何去何從之感。而且偷懶的學生，難免把作文範本抄上一篇，或是藉口內心沒有積蓄，一學期交不出一篇作文來。這樣，仍然收不到習作的效果。所以只好採用命題習作的辦法。因此，教師在命題的時候必須注意，排除自己的成見與偏好，平時多觀察學生興趣的所在，測知他們胸中積蓄些甚麼，而在這範圍內來擬定題目。學生見到這種題目，正觸著他們胸中的積蓄，引起他們發表的慾望與興趣。這樣不自然命題，也將會與自然的表達無二。縱使他們還不十分希望寫作，還沒有達到不吐不快的境地。但依題作去，總會把積蓄拿出來，決不會將無作有，強不知以為知。勉強的成分既少，自有工夫去研究寫作的技術問題。如再經教師批改、點化，使學生有一種自得的愉快，學生就會認為習作是一種享受了。

習作既然要命題，題目的內容又須引發他們胸中的積蘊。那麼，教師就應該指導他們寫最熟悉的東西。學生們往往好奇，富於幻想，喜歡追求新鮮，愛講大道理。在寫作上也喜歡寫大文章，海闊天空的談大事情，因而就常常憑想像出發，寫自己所不熟悉的東西。我們常常看到學生寫一些不著邊際的話。如「國內農業、工業、教育都一直上升」「亦是中華民族的光榮」「一輪明月，萬點繁星」……其實農業、工業、教育如何的進步，恐怕他們還是一無所知。這個毛病就出在，他們不寫自己體驗過的，最熟悉的題材。他們不管用得著用不著，也不管與現實景象相符不相符，就硬套上去。一個人無論說話或寫文章，總要充分熟悉所說的所寫的材料。如果拋開了自己熟悉的生活，勉強憑想像去寫自己不知道的東西，這就像古人所謂的「緣木求魚」，是絕不可能成功的。《冷齋夜話》云：

> 黃州潘大臨，工詩，有佳句，然貧甚。東坡、山谷尤喜之。臨川謝無逸以書問：「近作新詩否？」潘答書曰：「秋來景物，件件是佳句，恨為俗氣所蔽翳。昨日清臥，聞攪林風雨聲，遂起題壁曰：『滿城風雨近重陽。』忽催稅人至，遂敗意。止此一句奉寄。」聞者莫不笑其迂闊。

其實，這種態度，可以說是忠於寫作的了，不勉強去寫心裏不知道的東西。假使將無作有，那真與「揉沙入目以激淚」無異了。非僅得不到讀者的同情，反會招來譏刺。因此國文教師，一定要指導學生寫自己最熟悉的東西。不可標新立異，好奇務怪。同時還要糾正他們認為最熟悉的東西平淡無奇，沒有什麼可寫，或不值得去寫的一些錯誤看法。教他們從日常最熟悉的學校或社會生活中，從旁人漠然放過的生活現象中，觀察出新事物並寫出新東西來。啟發他們體察事物的能力，去攝取宇宙間無限的寫作材料。

要學生寫熟悉的材料，教師命題，就應該精心構擬，不可鹵莽滅裂，要做到切實具體。假使題目出得太抽象，空洞籠統，或牽涉太廣，或越出學生生活經驗的範圍，那就會使學生無從著手。有些教師，喜歡在作文時現抓。拿著粉筆，搔了搔頭皮，在黑板上隨便寫出個題目來。從前我在貴州教書，碰到一個教師在初二上作文課，因為有事待辦沒有考慮好題目，臨時出個海洋就走了。到下課時學生還寫不出一個字來。原來貴州地方的小孩大部分還沒有看過海洋是什麼東西呢！這樣，不要說寫好文章辦不到，就是勉強成篇，也是一件難事，對學生毫無幫助。因此教師命題，一定要切實具體。題目一出來，要叫學生感覺有材料可寫，寫出來的是他們自己的東西。那麼，怎樣才能做到切實具體呢？最要緊的是要考量學生的生活經驗、學力需要與興趣，了解學生家庭的生活、學校的生活與社會的生活的情況。切合學生年齡發展的心理特徵，從多方面去考慮題目。指導他們記錄自己的見聞，追求所做過的事情，描寫他們周圍的事情。這樣他們必樂意發表內在的蘊積，寫起來就容易做到真實生動。所差的唯在各人的深廣度，正確度有所不同罷了。

其次，也可以聯繫課文的講授來命題。就是講完某篇課文以後，根據課本的內容和寫作的技巧，考慮適當的題目，指導學生去寫自己的見解、心得和感想，從而培養他們綜合概括和欣賞的能力。例如講過〈荊軻列傳〉可以讓他們寫讀後感，以增加他們對課文的了解與培養欣賞課文的能力。或是用課文中的語句演述為記敘文，以啟發他們類化的能力。或是指定一篇短文章，要他們進行分析，培養他們思考和分析的能力。這許多方面，當然教師應該作些必要的啟發。另外，詩歌或散文也可以指導他們翻譯。較長的作品，可以指導他們縮寫。不過，聯繫課文命題，到底有一定的局限性，做得不好，容易限制學生的創造力和束縛學生的想像力。所以這類題目不宜多出。特別要注意的是：考慮這類題目的時候，不可把它的作用僅僅停留在幫助學生加深對課文的理解。因為這樣對學生的創造力限制和束縛是更大的。

另方面命題的目標應該清晰新穎，不要太囉嗦、太複雜；或者老是一套。如果題目中夾有他義，則文章不易統一。題語陳腐，則引不起學生的興趣。有些教師命題，幾乎年年相同。開學時出個「開學印象記」，學期結束時來個「期終感言」，青年節來一個「迎接青年節」……。老是這種的題目，學生摸熟了，不是東抄西襲，就是敷衍了事，甚至弟弟可以從哥哥的舊作文本上抄下來去交卷。這也是不合適的。因此教師應懂得學生心理，善於引導他們思想感情的發展。在不同時期，根據不同年級的學生本身的和生活的不同特點，提出他們感覺新鮮有趣的具體的題目，作各種不同的指導。

至於命題的範圍，應該要適度。假如太寬，則學生不知從何說起。範圍太狹，學生也容易受窘。為使學生的智慧、靈機不會壅阻和肯自己用心努力，講求寫作的技術，則一般命題範圍，初時宜寧寬勿狹，宜多寬少狹。以後隨著他們的寫作能力進步而漸漸緊縮。這裏所講的範圍寬是指內容的方面多與幅度大而言。讓學生在這範圍內，有多少迴環的餘地，無論抓得住這方面也可以，抓得住那方面也可以。例如以「寫一個最熟悉的人」為題，寫他們的父母姊妹也可以，寫前線的將士也可以，寫學校的師友也可以。

這樣雖由教師命題，總會切合學生的生活經驗，可以給予學生自由發揮的機會，以提高學生寫作的興趣。

以上所說的，是命題的根本精神。我們另一方面要討論的，是命題的具體活動，也就是根據上述的根本精神，來決定文章的體裁與題目的材料。就作文的體裁說，記敘和描寫，在羅陳外在的人事和景物；說明和議論，在發揮內在的意見。外在的人事和景物，可實地觀察，認識較易明確，取作寫作材料，較易選擇把握安排。內在的思考意見比較不容易控制安排。因此寫記敘文描寫文比較容易，寫說明文議論文比較困難。而描寫須細膩，又較記敘為難。議論須提出正確的主張，又較說明為難。至於抒情則一方面有外來的人事物理之感，一方面有內發的喜怒哀樂之應，其難易與描寫說明相伯仲。所以章先生主張多讓學生練習作記敘文。令學生從記敘文入手：1.由粗放的記敘中練習其部分細膩的描寫，以至漸進於描寫文。2.由人事景物的記敘中，對某點某項作較詳細的說明或附帶發表其意見感想，以至漸進於說明文議論文。3.感情為文章的靈魂，任何體裁的文章，都需要豐富的感情。而抒情又必有所寄寓，或寄寓人事景物的記敘描寫，或寄寓於人事景物的說明議論，則可先鼓勵學生在任何文體中多所發抒以至於漸漸能作專以發抒感情為目的的抒情文。因之我們可以說描寫無非深刻的記敘，抒情只憑真實的情感（無病呻吟大可不必）。而理境情趣格律聲調要求最高的，實在要推論說文（議論的論據論證全賴說明二者，在實際寫作上不可分割）。論說文是學力功力的表現，不能只靠聰明技巧。寫作時得進行分析、綜合，運用判斷和推理的方法，去求得合乎邏輯的結論，並指出解決問題的途徑，使讀者信從。不但需要有一定的語言文字的修養，還需要掌握有關的材料。不僅需要正確的立場觀點，更需要擁有很豐富的知識，諸如文學知識、歷史知識，和有關的科學知識。否則，他就無法進行精密的分析、綜合和判斷的工作，更談不到什麼正確的結論。中學生的學識經驗都很有限，對於事理的認識和判斷的能力也很差。他們很難拿出什麼道理和主張去論。即使這個題目都很熟悉，也未必就有深刻的理解和明確的主見。即使有了體會和理解，也未必論得出。倘使硬要他們論，迫不得已，只好把荒誕不稽的比喻搬上作文簿。這樣對他們的寫作練習又有什麼好處呢？因此習作教學，應該讓他們多寫記敘文，作引易入難的嘗試，以進至於論說文。同時也應注意多樣的變化，散文、隨感、遊記、日記、書信、生活故事等等……隨時調劑，不要老限於一種形式。題目只要體類相同的，可以多出幾個，讓學生選擇。還可以提示一定範圍，給學生一兩次自由命題的機會，盡可能迎合具有不同經驗的學生不同的寫作興趣和寫作願望。使他們更有迴環活動的餘地。另外可以鼓勵具有寫作天才的學生，加速其發展寫作的能力。

總之，教師命題，一定要以學生的生活經驗和能力、需要為依據，要充分的準備和周密的計劃。只有這樣，才能減少學生習作的困難，才可提高他們寫作的能力和興趣，才可以培養他們正確的寫作態度。

至於題目的材料，在我們日常生活飲食居處交遊中，以至社會上的形形色色、宇宙間的事事物物，都可以選用，只要不違反上述命題的精神都可以。這裏不再討論。

學校生活的回憶

述國中（小學）生活

自述求學的經驗

日記一則

我的母校

我的國文教師
兒時的回憶
記兒時的趣事
我的家庭
我的父親（或母親、姊姊、妹妹、哥哥、弟弟。）
夏日讀書的經驗
描寫你一生最可紀念的一段生活
描寫你認識最深刻的一個人
故鄉的名勝
故鄉景物素描
鄉土記勝一則
我鄉之民俗
農家的生活
夏天的農夫
夏天的昆蟲
秋夜
遊歷山水印象記

我的志願
青年的責任
我看了一部電影
教育和生活的關係
社會與個人
利己與利他
學問與經驗
學校與家庭
讀書與救國
一幅圖畫
論大專聯考之利弊
儉以養廉說
學不厭教不倦說
勤能補拙說
學貴有恒說
與友人論文書
邀友人賞菊書

別校內同學書

勸國人用國貨書

慰問前方將士書

以上所舉的當然只是一個例子，選用時可以自由變化，如「描寫你一生最可紀念的一段生活」也可以換為「最快樂的一段生活」，「秋夜」也可以變化為「夏夜」，這全要靠教師的運用了。還有，偶發或特殊的事件，往往也是題目的好材料，如旅行，可以讓學生寫遊記、參觀報告等，校慶可以讓學生寫慶祝紀念的文辭，如遇到開運動會，並可讓學生辦個小小油印刊物，由學生自己去採訪記述編排，不但可以藉此練習，更可迎合學生的興趣。

不過，題目雖是層出不窮，若教師事前毫無一點準備，到臨時急促憑空從腦子裏挖出個題目來也不很容易，而且更難得妥善。所以教師命題，必需預先計劃，在學期開始選配精讀教材的時候，即應連帶為習作題目的預備，考慮學生的生活經驗，需要與興趣。並與教材的內容、體裁聯繫，預擬數十題，於每次習作時選取應用。

最後我們要談到學生能力太低，既不能運思，又不能簡擇安排材料，應該怎麼辦？從前有一個不會作文的學生，他家裏養了很多白兔，教師就叫他每天記載兔子的起居活動。兔子每天的活動不同，他記載的文字當然也得變化，漸漸的居然會寫出很通順的文章了。所以，寫作能力太低的學生，教師也可就一題分為若干小題，令分別寫作極簡單的零篇（其實只是一個小段）。以後再漸漸教之聯絡而成整篇。譬如原擬「我的母校」為題的，可分為母校的歷史、環境、設備，值得自己懷念的人物、地方，與畢業後的感想……等等若干小題目令其分別寫出，然後再進一步教之構成「我的母校」全文。這樣教師命題，既絲毫不苟，結果，必可更適合學生生活經驗與能力，更富有積極的啟誘力，則學生自能日進而不自知，終臻於充實美善的境地。

第二節　指　引

很多國文教師，常常是認為命題以後就以為完事了。對於命題後的啟發和指引工作，素來是不重視的。這樣更給學生增加了寫作的困難。本來全部範文教學關於課文的構思、取材、遣詞、造句、成段、謀篇以及聯絡照應這許多技巧的提點，都可說是同時在對學生寫作方法的指引，而且是一種經常的指引。學生獲得寫作方法的知識，多半是靠這種經常指引的。不過，在範文教學中所獲得的寫作方法的知識，五花八門，零星片斷，學生的聯想能力和組織能力，往往很難獨立發揮作用。他們面對一個題目，常常不能很快的把它和自己的生活體驗聯繫起來，感到不知從何下手。或者有了東西，而又組織不攏來，感到難於下筆。因此教師還要啟發學生去思考，一面引導他們去發現自己生活中可寫的東西；一面引導學生去整理所曾經從範文教學中獲得的寫作方法和知識。使其能積久熟而生巧，有左右逢源的益處。現在分審題、立意、運材、布局、措辭，五部分來說明。

一、審題

審題就是審辨題目的意義、範圍和文體，並附帶及於作者自身的立場。題目的意義，要注意字面的和內含的兩方面。字面的意義，是組成題文的詞語，應先指導學生辨審清楚。如果學生連題目字面的意義都不了解，那對內容的意義更不會明白了。如四十六學年度大專聯考的作文題是「讀書的甘苦」，大多數的考生都認為「甘苦」是「苦」的意思。因此就單寫讀書的「苦」，沒有寫讀書的「樂」。又四十九學年度大專聯考的作文題為「邀請海外學者回國服務書」，有的考生以為是論說文，大談其海外學者應該回國的理由，沒有注意到「邀請書」三個字。前幾年還聽說有的考生把「良師興國說」認為是「良師與國語」呢！這些情形，都是沒有認清題目字面的含義。換句話說，也就是沒有受過寫作審題的指導的緣故。題文內含的意義，就是指導學生從多種觀點作不同的看法，在本題應從何種觀點去看。比方說，如果以「一幅圖畫」為題，這個題目可以談得很廣，也可以談得很窄。可以從圖畫的藝術上來說，也可以從畫面的著色來說，也可以從畫中的景物來說，……。不過，單是這樣提示，可能對一部分理解力較強的學生起了些啟發作用，對另一部分學生則根本不起作用。所以還應該提示幾個具體的問題。例如，你看過什麼圖畫沒有？在你所看過的圖畫中最喜歡那一幅？這幅畫有什麼動人的地方？這幅畫的景物是什麼？你有什麼感覺和意見？……這樣來幫助他們思索，引起他們的興趣，然後叫他們來寫看過「這幅圖畫」的感想。

另外，教師應該向學生提示題目的要求與範圍，作一些必要的說明與啟發。譬如「知恥近乎勇」這個題目，單獨言「知恥」，可說的方面很多，而應取其針對「近勇」的方面為範圍；言「近勇」可說的方面也很多，而應取其根源於「知恥」的為範圍；而「知恥」只是「近勇」，並不等於勇，所以要守住這個範圍，不可弄到結果變成知恥就是勇。同時並應指導學生考慮本題應用什麼材料來寫作，自己將以什麼立場，作為什麼目的來寫作。如「邀請海外學者回國服務書」這個題目，該以邀請的書信為主，而可依據國家之需要人才，青年之需要導師闡發議論。作者即可取現在學生的身分為立場，以邀請學者回國服務為寫作目的。這樣指導學生徹底認清題目有關的各方面，寫作起來，便不會犯不切題不合體的毛病了。至於對寫作能力較差的學生，還要給他個別的幫助，使他們也很快的了解題目的含義，找到寫作的頭緒。

二、立意

立意就是依據題意建立文章內容的意思。文章內容的意思正像樹木一樣，有幹身，有分枝，有細條。幹身是全文中心所在的主旨；分枝是表達主旨、完成主旨的意思；細條則是完成各部分意思的節目。整篇看去，幹身統分枝，分枝統細條，無論怎樣繁茂蓊鬱，總是整齊不紊。學生題目審辨清楚以後，教師便應指引他們運用思考，去分析事理，體察物情，確定這篇文章的主旨，以建立全篇文章的中心思想。然後指導學生從自己生活經驗中，去搜尋符合這個主旨的材料，再加以簡別控制，組織成本文粗放的意識型態，造成一副骨骼，以免「雜亂無章」。這也是作文構思的過程。

建立文章的主旨雖然必須切合題意，但有時主旨和題意也不完全相同。許多說明議論的文章，往往內容和主旨是一致的。而文藝性的文章則不然，像小說、詩歌題目與主旨往往不是一回事。這是因為小說、詩歌的含意多是間接的，而說明、議論文章的含意則是直接的緣故。因此文章有意在題面的，如荀子〈性惡篇〉、梁啟超〈學問的趣味〉；也有意在題外的，如列子的〈愚公移山〉，柳宗元的〈種樹郭橐駝傳〉。指導學生了解這二者的關係，在寫作時不管它倆是一致也好，不一致也好，反正迎合主旨去寫，兼顧到標題的貼切是不會錯的。如歸有光的〈項脊軒志〉，在題目看來是記敘項脊軒的文章，而內容卻是懷念家人的。但其所懷念的家人，卻都是與項脊軒發生了密切的關係。

一篇好文章，它所以能起強烈的教育作用，最重要的就是立意。學習作文，不是為作文字遊戲，為的是傳播生活的真理。這是習作的目的。要達到這目的，首先必須提高自己的思想，及充實自己的生活。這樣才能從實際生活中，感受和理解生活的真理，才能提出生活中較重大的問題。這種文章才有意義，才會產生良好的教育效果。例如：看了一幅哀鴻遍野的飢民圖，雖然可說的方面很多，但不能說這幅圖場面非常偉大、壯觀、美麗極了。這就與看人家喪葬的鼓吹拍手叫好，犯了同樣觀點不正確的毛病。即使文字還通順，也不能感動讀者。在教育的意義上，甚至起了反作用。但是也不好把教育作用理解得太狹隘，太簡單。不要認為只表現當前時局最重要的問題，才是有教育意義。一定要叫學生寫「改造社會論」、「修己平天下說」，才是積極的思想。所謂教育意義是廣泛的，如指導學生辨別是非，擁護真理，同情心的發揮，……等等都具有教育的作用。

三、運材

運材就是選擇寫作的材料，去配合自己所建立的文章主旨，已入寫作實際活動的階段，是文章充實與否關鍵的所在，乃是至費經營的一個過程。因為學生在立意時所建立的主旨，原只是一些單純的觀念，僅具若干綱要而已。意思能否表達得恰如其分，全靠材料選擇與運用的手法如何而定？如果材料選擇得好，運用手法很高妙，文章自然寫得有聲有色。如果材料選擇得不好，或是運用的方式不對，那就有辭不達意或張冠李戴的毛病了。它可視為立意的具體化。文章的立意像是一條線，材料則是錢，有了很好的材料沒有主旨，就好像集萬錢於膝下，貫串不起來，用盡氣力，也提絜不起來。即使有說到處，一轉卻又不是了。但有了主旨而沒有材料則像空有一條繩子而沒有錢也是沒有用。所以兩者應該密切的配合。因此教師對於運材，也應當指導學生與立意同樣的用心去搜尋、簡別、控制、組織。

主旨與材料的關係既是如此的密切，所以材料的選擇必要配合文章的中心意旨。如《通鑑》的〈昆陽之戰〉、〈鉅鹿之戰〉，好像只是項羽及光武帝一個人在那裏打來打去，彷彿唱獨腳戲一般。但仔細想來，方知這兩場戰事，確都是一個人主動，其餘的人不過搖旗吶喊而已。而且二人一生的功業都發跡於此，所以記述戰況不得不詳。因此選材也應當以一人為主。又如〈赤壁之戰〉則是以吳蜀聯兵為主體，雙方君臣，如劉備、孫權、諸葛亮、周瑜、魯肅等五個人同樣的重要，並且還要寫出協同動作的精神。(至於敵方曹操如何動作？不便特敘，只由孔明、周瑜的口中講出，以分明賓主）所以選材也應當普遍才對。

有時文章的材料搜集較為困難，則須用間接的材料去襯托出來。像歸有光的〈祭外姑文〉，處處寫妻子，謂「昔吾亡妻能孝吾父母，友吾女兄弟，粗食之養未嘗不甘，婢僕之御，未嘗不和顏悅色。」但卻是間接在說夫人（即其外姑）之教，夫人之儉，夫人之仁。這可以說是間接的材料。假如題目較狹，學生取材困難，教師也可以提供一些材料，加以討論評判讓學生參考。對經驗較差的學生，可以先指導他們零星寫出來，然後加以整理安排。總之，以能引出學生的生活經驗去配合文章的主旨為目的，用任何的方式去啟引都可以。

四、布局

布局就是安排那所已經選定，控制著的意思材料，使成為有系統有秩序的文章。也就是文章組織或結構的問題。文章的安排，沒有一定的規矩，要看作者的藝巧。不過學生初學作文，只要求其順適就可以了。因為藝巧還是規矩熟悉以後的事。在安排的方式上說，記敘文可依著時間的先後為順序，如「晉公子重耳出亡始末」。也可依事情的因果關係為序，如「句踐復仇」（由因而果）；「楊修之死」（由果而因）。描寫文則多依觀察的先後為序，如柳宗元的〈永州八記〉。議論文的安排普通多是先說出重點，使人一目了然。如荀子〈性惡篇〉即是。但假如主張過於平凡，則必須先說明其他，然後提出重點，如〈過秦論〉。假如在開始說秦之過失由於「仁義不施，攻守之勢異也」文氣必卑弱。所以作者直到最後才結出主旨，這樣文章就顯得有力量。

上面所說的也不是固定的法則。假使材料太複雜，或是前後經過的事情繁簡不一樣，那也可以把以前的材料移在後面來敘述。這樣可以使前文不沓拖，亦使後文不寂寞，不但使前事無遺漏，而又使後事增絢爛。如〈項脊軒志〉：「先是，庭中通南北為一。迨諸父異爨，內外多置小門牆，往往而是。」這些事的發生，本在作者修葺項脊軒之前，卻在以後追述之。有時文章太長，連敘下去則懼其累贅，故必先敘別的事情以間斷之，而後文勢才能錯綜盡變。如《紅樓夢》說賈府喜事，正在看戲熱鬧，中間插進

「忽見薛家的人滿頭大汗闖進來，二爺快回去，並裏頭也回明太太快回去，家中有要緊的事。……」一段，令人有一醒耳目之感。

最後我們再談到文章頭尾的安排，這也是學生最缺乏的一種技巧。我們常看學生作文開始不管與題旨符合與否，先寫兩句什麼「光陰似箭，日月如梭」，或是「一年之計在於春，一日之計在於晨」……等等一類的老套，這是很普通的毛病。頭尾的安排，關係整篇文章非常重要。如蘇軾〈韓文公廟碑〉，開始兩句「匹夫而為百世師，一言而為天下法」，道出韓文公的一生。駱賓王〈為徐敬業討武曌檄〉結束兩句：「請看今日之域中，竟是誰家之天下」，包含有無限的力量。結束與開頭有時用同樣的一式，往往也會使讀者發生一種快感。好像登山涉水之後，又回到原來的地方一樣，坐下來再回味剛才的經歷。極端的例子，是開頭用什麼話，結束也用什麼話，如朱自清的〈匆匆〉，開始的時候寫「燕子去了有再來的時候，楊柳枯了有再青的時候，桃花謝了有再開的時候，但是，聰明的，你告訴我，我們的日子為什麼一去不返呢？」結尾說：「你，聰明的，告訴我！我們的日子為什麼一去不復返呢？」教師應該重視這種安排的技巧，在講解課文時提示學生注意。

五、措辭

措辭就是將選定的材料用適當辭句表達出來以成文，亦即遣詞造句的問題。遣詞要準確，造句要穩貼。先求其通暢，再慢慢的求其進入雅潔。這項工夫不是臨時的指導可能為力，完全要靠平時在範文教學中著意施行。舉凡平時精讀教學中詞彙語句的分解、文法的剖析、修辭的技巧，以及應用練習，語言練習等等，都應該詳細闡發舉例類比。中學生平時說話往往還有許多不準確的地方。而習作時既需叫學生以寫語體文為主，故措辭必須使其直接從日常語言中下思考。要訓練學生作語體文只是記錄我所要說的話，莫使離開日常語言而另去思考文章的語句。學生往往希望寫好文章，認為照自己所想說的話寫下來的文章太過平凡，不會感動人。於是就抄些報章雜誌習用的詞彙，如「完成神聖的……任務」，「實踐……的號召」等等。其實這種想法是錯誤的，惟有寫自己所想表達的語言，才會給人真實感。我們看朱自清〈匆匆〉這篇文章裏，都是些日常口頭習用的語言，如「你告訴我」「偷了」「逃去了」「到了那裏呢」「溜去」「儘管」「去來」「輕輕悄悄的」……這些口頭用語，都能表達作者真實的情感。所以指導學生吸收運用生活上習用的語彙，也是豐富文章詞彙的途徑之一。但是，指導學生用自己的話來寫文章，啟發學生如何去練習吸收語言豐富詞彙，同時還應該注意，要他們運用語言，也必須多下工夫，要選擇最確切的字句表達。方苞嘗說：「文章恰到好處，一字不可移易。」因此古人有「嘔心肝乃已」「吟妥一個字，撚斷數根鬚」等，描寫詩人推敲字句的苦心。這種斟酌字句的技巧，最好能在範文教學中提示學生類化。對於寫作的幫助，效果當會更大些。此外文章語氣語態的決定，虛詞的使用，均應指導學生就寫作情景，詳細考慮斟酌。標點符號，更應同時促其標明。學生在課堂上習作，教師總應始終在場指導。舉凡學生寫不出的字，用不妥的詞句，組織不成的句法，以及寫作進行中所遇到的疑難，都要鼓勵他們提問，幫助他們解決。因為習作不是考試，學生思考不能解決的問題，得到指導以後，印象格外深刻，將來或可永久不忘。這是教師應該做到的。

以上五項，是習作的基本方法，是啟引學生進行寫作練習的步驟。教師應該詳細指引使學生能有得於心。在指導時更應參酌題目的難易及學生的年級程度，寫作的經驗等情形自為伸縮。如某次對某項應該詳細，某次對某項可以省略，或是全部詳細，或是全部省略，總在教師視實際情形而定。

最後教師應該指導學生在寫作之前先打草稿，並精心修改繕正。學生對於習作，往往有一種通病，不肯深思熟慮，甚至題目也看不清楚，就胡亂動筆。有的即使把題目看清楚了，也不愛打草稿，想一句寫一句，想不出來也就不寫了。至於修改的工夫，那更不用說了。寫完後，有的甚至連第二遍也不看就交卷了。其實古代許多大作家完成的大著作都是經過多次的修改。袁枚曾說：「愛好由來落筆難，一詩千改心始安。阿婆還是初笄女，頭未梳成不許看。」經過修改，不僅能使語言文字與自己所表達的情意更加切合，使文章簡煉而有力，同時也能使內容結構更緊密起來。而學生在精讀教學中所得的零星片斷的寫作方法與知識，也可以在這時作有系統的整理與運用。另一方面也可以培養學生良好的寫作習慣與態度，增進寫作的能力。

學生習作在平時或打草稿為求簡便迅速，不妨使用鋼筆。但學生習作繕正，務應使用毛筆。我國是象形的文字，筆勢也是構成文字的因素之一，唯有用毛筆才能充分表現。而中學生書法的教學，歸於國文科中。習作令學生用毛筆正楷繕正，無異是兼使學生習字。學生字的好壞，要靠自己平時不斷的練習，不能過分去要求。但習作的字，總要求其正楷清楚，不能絲毫模糊。這不僅是求美觀，同時也可以辨別學生字形的錯誤及時加以指正。否則，學生筆劃潦草模糊，其中或有缺筆漏筆之處，教師不能斷定其究竟是否錯誤。若要為之一一改正，將不可勝改。若不為之改正，則學生積久成習，將永遠錯誤下去。這也是學生習作時附帶要注意的事項。

附：範文教學中指導學生寫作舉例

課文：〈孔子與弟子言志章〉

顏淵季路侍

子曰：「盍各言爾志。」

子路曰：「願車、馬、衣、裘，與朋友共，敝之而無憾。」

顏淵曰：「願無伐善，無施勞。」

子路曰：「願聞子之志。」

子曰：「老者安之，朋友信之，少者懷之。」

這一篇是記言體的說明文，並含有抒發情懷之意。抒情文在任何文章中都應該有，但情感的發抒，必須寓於事理。所以情處處可抒，要表現得自然，才不致弄出無病呻吟的文字來。這篇文章可以說是抒發情懷的軌範。茲將其作法分析如次：

一、審題指導

題目我們要注意的有三點：一是題目的意義，一是題目的範圍和文體，一是作者的立場。題目的意義，又可分為字面的意義和內含的意義兩方面。這篇題目是「孔子與弟子言志」，在字面的意義來講，有「言」、「志」、「孔子」、「弟子」、「與」各詞。「言」就是說話的「說」，直接說出來叫做「言」，辯論叫做「語」。「言」是動詞。「志」是「心所趨向，意所擬度」叫做「志」，「言志」就是說出心中的意向。孔子是春秋魯國人，名丘，字仲尼，子是對男人的尊稱，他對於中國的文化貢獻很大，所以後代人稱他為「至聖」。「弟子」就是學生，「與」是連接用的詞語，相當白話的「和」。「孔子與弟子言志」，是孔子和他的學生各說自己心中的志向。這可說是字面的意義。其內含的意義，可分為兩部分：一是孔子的志向，一是弟子的志向。在寫作的時候應該包括這兩部分，缺一部分就與題旨不合。在題目的範圍與文體來說：範圍包括三個人的志向，孔子的志向、季路的志向、顏淵的志向。這三個人的志向又必須和這三個人的個性身分配合，文體應該是記言的說明文，但是志是心的趨向，又是抒發情懷的，在寫作的時候，應該注意到。在立場來說，這個題目是「孔子與弟子言志」，不是作者本身自述志向，所以立場應該客觀，不能參加任何主觀的意見，不要說到最後變成自己在述志。又孔子與弟子言志，僅僅只是「言」而已，出於自然的態度，不能硬生生用命令式或請求式的語氣，而作者也不能加以評論，弄得畫蛇添足，枝節橫生。這些都是審題必須告訴學生知道的，題目認清以後，才能開始寫作。

二、立意指導

立意就是建立這篇文章的中心思想。上面我們說這篇文章的範圍有三部分，一是孔子的志向，一是季路的志向，一是顏淵的志向。但是文章的中心思想只容許有一個，我們看作者建立這篇文章的中心思想是什麼呢？大家都知道孔子常說仁，《論語》裏說「有殺身以成仁，毋求生以害仁」。「仁」可以說是孔子要履行的目標，季路顏淵都是孔門的高足，當然也受孔子的影響，所以作者提出「仁」字為本篇的中心思想。季路豪爽慷慨，願車馬衣裘，與朋友共，是為求「仁」。顏淵謙謹自修，只欲埋頭苦幹，願無伐善，無施勞，是不違「仁」。孔子修己以安百姓，人倫明於上，小民親於下，謂老者安之，朋友信之，少者懷之。是安於「仁」。枝幹雖分於三，主幹還是一個。主旨建立了，然後才能依著這個主旨去選擇材料。

三、運材指導

我們在前面說過，運材可說是立意的具體化。文章的中心思想決定了。怎麼來表達這既定的中心思想呢？這是運材的問題，其實立意與運材也可說是一體的兩面。不過為著說明方便起見，分開來講罷了。這篇文章的中心思想既然是仁，下面又分三個枝幹，即求仁，不違仁，安於仁，因此選擇的材料也要配合這三個觀念。《史記・仲尼弟子列傳》寫「子路少孔子九歲，性鄙好勇力，志伉直、冠雄雞、佩豭豚。」寫出子路是一個急公好義，像個江湖上的好漢，所以這篇說子路「求仁」，用「車馬衣裘與朋友共，敝之而無憾」來說明季路「求仁」的行為。一個人能夠盡己所有幫助他人，這不是仁愛心的表現麼？《論語》說顏淵「居陋巷，一簞食，一瓢飲，人不堪其苦，回不改其樂。」可見顏淵是個刻苦自修的人，所以本文用「願無伐善，無施勞」來表示顏淵「不違仁」的態度。一個人能夠不自誇自己的好處，不張大自己的功勞。這不是仁道的行為麼？所以孔子也說顏淵「三月不違仁」。孔子希望恩禮老者，教育青年，人與人之間無嫌無猜，和平相處，是安於仁。聖人的志向，雖然都是大公而無私，但子路治個吝字，有意援助別人，不能忘掉自己，所以仍說「敝之而無憾」。顏淵治個驕字，有意忘掉自己，不能沒有形跡，所以仍說「無伐善，無施勞」，都是將己對物來說，孔子則沒有不吝不驕的形跡，是因物付物，自然而然，不去較量物我的分別。這是孔子偉大的地方。綜上所說，這篇文章取材不但配合主旨，並且描述個人的身分個性，恰如其分。這是作者剪裁的工夫。

四、布局指導

這篇文章的安排可分二引三案。開始用「顏淵季路侍」一句為全文的開端，次用「子曰：盍各言爾志」為一引。次季路言志，次顏淵言志為二案，又以子路之「願聞子之志」為承轉的關鍵，最後以孔子言志來結束本文。這種次序的安排與本文的立場及各人的個性有關。「顏淵季路侍」，這是形容在一個極偶然的機會裏，絕無事先的計劃。「盍各言爾志」，也是孔子隨口而說，全出於無心，與本文客觀而自然的立場符合。季路先說，顏淵後說，一方面固然是季路大顏淵二十一歲，一方面可見出季路好勇遇事搶先的個性。接下「子路曰：願聞子之志」，引出孔子言志，其間了無痕跡，益可見結構之緊密。最後孔子言志，有戛然而止之概。全文雖短，並無不足之處。或說：在開始時應該安排一句，孔子坐，然後顏淵季路侍，像《孝經》中，「仲尼居，曾子侍」一樣才完全。是的，這一句在文章的作法上是可有可無。《孝經》用「仲尼居曾子侍」，因為是全書的第一句，這裏是記言的小品文，後面有「子曰」可以照應，不寫「孔子居」三字還更顯得簡潔有致。又第一句用「顏淵季路侍」，顏淵在前，季路在後，言志時又季路在先，顏淵在後，這是因第一句是作者所述，與兩人的個性無關，同時也是文字錯綜排比的一個手法。

五、措辭指導

措辭就是遣詞造句的技巧。本文開始用「顏淵季路侍」，那個「侍」字，可以說是「侍立」，也可以說是「侍坐」。《論語》及《孝經》中這兩種用法都有，但用了「侍」字，把兩者的身分說明了。不必再說誰是老師，誰是學生了。「盍各言爾志」的「盍」，是「何不」的合音，疑問限制詞。整句的意思是為什麼不說說你們各人的志向呢？這句話含有悠閒、閒聊的情味。子路說「願車、馬、衣、裘與朋友共」，這裏的「車馬衣裘」當然不是專指車馬衣裘，而是泛指一切的東西，作者選用「車馬衣裘」為代表，正可說明子路之率直與好義，連自己日常生活的必需品都可與朋友共，其他的東西更不必談了。孔子所說的「安之」「信之」「懷之」是「使之安」「使之信」「使之懷」的意思，這是文言文中特有的句法，可使文句簡潔而生動。文中兩個「願」字，意思一樣，情味卻不相同。也可令學生詳細去體味。

上面所說的，是一課很簡單的課文，複雜的課文是沒有時間作這樣指導的，教師可就課文的性質有計劃的選擇某一項作詳盡的指導。同時指導的方式雖分這五項，在技術上千變萬化，可視課文及學生寫作所缺乏的項目而斟酌，這不過是例子罷了。

第三節　批　改

習作批改，是習作教學中最重要的工作之一。是學生自己從教師那裏學到的東西，付諸實踐，教師從他們這種實踐中，進行指導和督促。也就是說，這正是教師的「教」與學生的「學」發生關係最密切的接觸。在效果上說，學生對一篇經教師認真批改的習作，如能透徹理解所以這樣批改之故，而加以體會熟讀，對於練習寫作方面的獲益，也許會比熟讀一篇課文更大。同時教師的批改，可以幫助指導他們提高寫作的能力，教示他們朝正確的方向努力，鼓舞他們學習寫作的熱情。如則，教師批改學生的習作，目的是非常明顯了。

茲將教師批改學生習作注意的事項，分述於次：

一、保留學生習作的原意

一篇文章的作成，包含有內容、形式兩方面。內容方面是思想材料，形式方面是文辭章句。內容有關於學養，形式則重於技巧。學養須靠自己努力，技巧則教師還可替其修正。如果學生的習作在內容上有什麼錯誤，修改起來，無異要為之代作一篇。教師既無這樣空閒工夫，學生也不會感激。那只有指出錯誤的所在，糾正他們的思想，提示他們寫作的正當路向。即使是字句方面的問題，只要學生話講得通，也應盡量保留原意。講不通的，也只要把句子修改通順，或者修正一下錯別字就可以，不必大加刪改。假我們知道，批改不是代學生重作，是要在保留原作的本來面目的原則下，作一些必要的修正與刪改。假使教師根據自己主觀的看法，認為學生的習作這句用得不對，那句也不通，大刪大改，像重作一樣，自己以為很認真很負責，其實是吃力不討好。學生對於教師這種近乎重作的批改，也不一定能完全體會，或者是根本不能體會。這樣，那批改就沒有什麼作用了。最嚴重的是，學生看自己的文章被教師改得體無完膚，變成了教師的作品，會因此失去學習寫作的信心。進而對習作冷淡，甚至對作文課產生一種厭惡的情緒。尤其是寫作能力較差的學生，文章中常有不妥當的句子，或是發生一些重大的錯誤，教師毫無原則，毫無計劃的全部都改過來，他們可能喪失再寫的勇氣，漸漸的對習作只有望之生畏。這樣，就失去習作教學的目的了。因此，教師對學生習作的修改，應就學生原來的意思作必要的修正，不要大事刪裁，更不應依著自己的立場觀點來刪改學生的習作。前人說「不代古人說話，不強人從我。」可以做為教師修改學生習作的座右銘。

二、多作積極的鼓勵，少作消極的批評

要使學生徹底體會到習作批改的益處，教師除了必要的修改外，還應多用批指來幫助。所以批指，也是批改過程中一件很重要的事。所謂批指，就意義言，有批評和指正兩方面。批評是對學生習作的形式或內容，全部或局部提點其優劣、巧拙。指正是對學生習作的形式或內容，全部或局部，有錯誤失當，不妥不善，以至腐敗惡劣之處，予以指正、糾正。就作用言，有消極作用和積極作用兩種，對學生習作本身的拙劣或見解態度不當，分別予以指摘批評，是消極的批指，對學生習作本身的優良或努力進步的表現加以贊賞獎勉，是積極的批指。教師批指學生習作應該多從積極方面去著手。因為青年人的自尊心都很強，一般的說，他們都喜歡人家鼓勵。事實上，要是這樣鼓勵適當的話，往往使他們信心百倍，為一個崇高的目標，作永久不懈的努力。因此，教師在批改學生習作的時候，也應該把握住學生的心理特

徵，鼓舞他們虛心學習，啟導他們排除習作進行過程中的許多障礙，不應給予過多的指責。固然，學生的習作，常常有很多的謬誤。但是，教師不應任意勾掉，當在删改的時候，應該把握既定的原則，不能求成過急，也不能一味挑剔，更不能冷嘲熱諷。我們知道學生的習作，不可能沒有錯誤。即使幼稚得很，也並不是什麼奇怪的事。教師應該冷靜、耐心，以高度的責任心去指導他們如何改進錯誤的地方。或說，現在學生寫作的程度太差，找不到什麼值得鼓勵的地方。其實這是不正確的，一篇文章，不管怎樣糟糕，決不至於一無可取，總還有若干好的地方。即使這些好的是極其微細，教師也應該重現它，鼓勵學生去發揚它。比方說：有的學生連基本造句的能力都沒有，但他書寫認真、字體工整，教師也可以鼓勵他們用這種認真的態度，去克服寫作上的某些困難。或且是全篇都是抄些標語式的文句，只有一兩句話卻是出於學生自己的口中，表現了他們自己的思想感情，教師也可以鼓勵他們用真實的情感，寫出自己心中所要說的話。總而言之，要學生寫作逐漸進步，應該多從鼓勵這方面著手，少作消極的批評。當然所謂少作消極的批評，不是不批評，對於學生的錯誤缺點，含含糊糊的不予指摘。相反的，應該嚴格的要求。但是要從鼓勵學生習作的優點中使學生自己覺察自己習作的錯誤，進而指導他們走向正確的途徑。鼓舞他們寫作的信心，啟引他們自覺的努力。這樣，學生對寫作才能發生興趣，也惟有這樣才能收到習作教學的效果。

三、批改之先應把全文看一遍

教師批改作文，一般的習慣，都是隨看隨改，其實，這樣很不合適的。因為，如果不先把作文看一遍，就不能通盤了解這篇文章的精神，那自然就無法把握全文的意旨。開頭是這樣，中間結尾說些什麼呢？開頭這幾句是否與中間結尾的意思有連接，應該保留或是刪掉都沒有把握，這樣就很容易刪改錯誤了。而且只看前頭，沒有了解後面，眉批也會下錯了。有時把不應該刪掉的句子給刪掉了。最後沒有辦法，只有讓學生正確的文句去遷就他錯誤的刪改。這種的批改，是一種不負責的表現。所以，教師在批改習作之先，就應該把全文看一遍，看它有幾層意思，切題否？文句妥善否？表達透徹否？層次清楚否？前後聯絡統一否？然後再下筆修改。當然，教師本身也應當要具有深刻敏銳的觀察力，才能作有計劃的修改。這一點也是非常重要的。

四、批語要具體切實

教師的批語，也是對學生習作指導的重要方式之一。有些教師，卻不認真考慮學生習作的實際情形，就隨便批上幾條毫無意義的批語。如「尚可」，「頗佳」，「詞句通順」，「文從字順，佳作也」等等。這些批語，好的作用固然沒有，壞的作用倒很大，它使學生不切切實實的練習，卻飄飄然自命不凡，狂妄自大。有的教師則預先擬好一套批語，總是什麼「通順」、「不通」等一類空洞的浮泛語，循環的往學生作文本上套。像這樣下批語的教師，是不乏其人的。這不是教師能力的問題，而是缺乏教師的責任感。教師下評語，必須根據習作教學的目的。慎重負責，下筆要中肯實在，確切具體，要對症下藥，避免空泛籠統，一般化和公式化。應該深入正確的分析學生習作的優缺點，在批改進行中，詳細考慮批語的重點，以便在改完一篇文章的時候，能夠給這篇文章提出切實中肯的辭語。

至於批評的種類，就處所來說，有總批與眉批兩種。總批是寫在文章後面，對全篇文章寫作功力、態度、主題思想、選材剪裁、組織結構用詞造句的表達能力，優點如何發揚，缺點如何克服等等的批指。眉批是寫作文用紙的眉端，（即作文紙頂端留空處）對各節段詞語分別批指，如一字一詞的辨正，某些句子或一個段落的修辭邏輯上的問題，某一個地方所表現的優點或缺點，以及段與段之間的聯絡呼應等問題，寫下一些意見。眉批較總批為麻煩，但是，我們曾經說過對於內容有問題的文章，很難作主觀直接的修改，假如能利用眉批分別指出那句思想感情不健全，那句語氣不合，這樣比對學生習作的改進，效果要來的大。所以，那怕是字裏行間流露出來的一些小問題，教師也不應該放過。

以上所說的四點，不過是一個原則。教師在批改的時候，還應視當前實際的情形，循序漸進。對於學生的文章，不能提出脫離實際的過高要求。不能好高騖遠，急躁冒進，在一個班級裏，不宜以一個標準來衡量所有的學生，要顧到個別的情況。對不同程度的學生和不同程度的文章，作不同重點的修改。要考慮用不同的步驟來指導他們。比方說，有些學生寫作的程度很低，文字的組織很差，連句子也不通順，那麼教師應該首先要求他們把意思說明白。批改他們的文章，除了要求內容正確外，就應當多注意字句方面的問題。而另一些學生，在字句通順方面已不成問題，那就應當要求高一點，對他們不但要求內容正確，而且要求條理清楚，再高一點，還應進一步要求內容豐富深刻，語言簡潔生動，形式和諧優美。現在且就修改工作中應行注意的事項，擇要分述如左：

㈠文字書寫的錯誤：就是字形的錯誤，亦即所謂別字及錯字，別字和錯字不同，所謂別字，顧炎武《日知錄》上說：「別字者，本當為此字，而誤為彼字也。今人謂之白字，乃別音之轉。」別字又可分為幾種原因：

1.簡體俗字的誤用：如「歡」字簡作「欢」，誤以「雚」可作「又」，那麼，「驢」可作「驭」了。又「雞」字簡作「鸡」，「鷄」字又可作「雞」。依上理「雞」字簡可作「难」，那麼與難字互混。又「難」字簡作「难」，於是「雚」「莫」「奚」都沒有分別了。所以我們對於簡字要特別注意糾正，以防學生誤用。

2.字形相近而誤：如「枵腹從公」誤為「楞腹從公」，（枵為「楞杖」之「楞」）「膾炙人口」誤為「膾炙人口」，「鍼灸」誤作「鍼炙」。其他如「荼毒」誤為「茶毒」，「肥瘦」誤為「肥痩」，「和藹」誤為「和靄」，「安詳」誤為「安祥」，「破釜沈舟」誤為「破斧沉舟」等都是。

3.字音相近而誤：如「飢餓」誤為「饑餓」，（饑為收成不好之意）「言辭」誤為「言詞」，「唾手可得」誤為「垂手可得」，「收穫」誤為「收獲」，「獲得」又誤為「穫得」。「一般」（特殊之對，普通之意）、「一班」（指一部分或一類）、「一斑」（指一點，如管中窺豹，只見一斑）不分等都是。

4.因字義相近而誤：如「工整」誤為「工正」，「能屈能伸」誤為「能曲能伸」，「喪心病狂」誤為「傷心病狂」，「倚老賣老」誤為「依老賣老」，「因噎廢食」誤為「因咽廢食」，「顧慮」（有所顧忌須加考慮）誤為「過慮」（考慮的太仔細），「固然」（本來如此）誤為「果然」（果真如此）等都是。

5.因字形相通而誤用：如雞可作鷄，鴉不可作雅，鳴不可作唯，嘆可作歎，听不可作欣，訾可通呰（訾，毀也），詍可通呭（多言也），訶可通呵（呵斥也），但調與啁，諧（和諧）與喈（鳥鳴聲），談與啖（吃也），誰與唯卻不可通。

6.因字形移易而誤：如裙可作裠，羣可作群，畧可作略，詞可作詈，桃可作垚，裏可作裡，期可作朞，棋可作棊，然而唯不可作售，怠不可作怡，忠不可作忡，栗不可作栖，君不可作咿，帕不可作帛，裏不可作裸，杲不可作杳。

以上各類或因學生不詳細考查，或則仿他字移易，以至發生錯誤，教師都應該切實糾正，以免積久成習，或竟一輩子都改不過來。另於錯字，那是筆劃寫錯的字，也有幾種，茲舉例如次：

1.加多筆劃而誤：如喪字寫成喪，展字寫成展，步字寫成步，染字寫成染，慄字寫成慄，盡字寫成盡，錫字寫成錫，迎字寫成迎，恭字寫成恭，膝字寫成膝，等都是。

2.減少筆劃而誤：如羨字寫成羡，盜字寫成盗，祭字寫成祭，栢誤作栢，初誤為初等都是。

3.字形相似而誤：如苗誤為苗，歲誤為歲（歲字是從步戌二字會意），要誤為要，假誤為假，切誤為切，券誤為券，別誤為別（別字從另從刀），適誤作適，商誤作商等都是。

4.位置移易而誤：如匯誤作滙，默誤作黙（默字《說文》從犬部，《康熙字典》在黑部，都不是從火），穫誤作穫（獲字從之），等是。

學生錯別字的發生情形，已經很為嚴重，在最近幾年聯考的國文試卷中，要發現沒有錯別字的，可以說是鳳毛麟角了。我認為老師如單在錯別字旁邊打一個「×」符號，或是替他們改正，效果都不很大，應該有計劃的去糾正，使他們得到正確的認識，以後不致重犯，這也是修改習作中，一件重要的工作。

首先要學生從形體上去辨別正錯字，通常都是叫學生自己改正在作文紙眉端，或是叫學生在作文簿後面寫上數行，我認為還可以叫他們辨別錯誤的地方在那裏，從形的辨別到義的辨認。如學生段字誤寫作段，可叫學生分別查字典，把段與叚兩字的形與義都寫出來，這樣通過他們手腦的工作，印象自會深刻，不僅是字形上的辨別，而且也能了解字的不同意義。最後再叫他們分別造句，練習運用，這樣，以後就不致再犯同樣的錯誤了，至少重犯的可能性會少些。另一方面教師可統計學生共同的錯誤，公開的予以指導，但要注意的，這種指導不是單提某一人的錯誤，而是一般性的普通性的錯誤。同時，進步的學生也可給予必要的贊揚與鼓勵。

㈡**詞語使用的失當**：學生作文除了字形的誤用外，還有就是詞語使用的錯誤。字形的誤用或形似音似或筆劃的錯誤多屬於字形方面，意義的誤用則多屬於使用的錯誤。這種原因，多是因意義相似，沒有辨別清楚，或竟不去辨別隨意使用。這種使用錯誤的情形，大概可分為三大類，第一類是詞語意義或作用的錯誤，有些詞語字面似是相同而含義卻不一樣的。如觀念與概念，造就與成就，技術與技倆等。詞語的作用錯誤多屬於虛詞方面，也是學生常犯的錯誤。如「呢」和「嗎」同是語末語氣詞，但作用各不相同。如「我說話這麼清楚，他還不懂嗎？」（只表示怪他不懂）「我說話這麼清楚，他怎麼還不懂呢？」（怪他不懂之外，更詰責他為什麼不懂）有時同用一字，讀音較重標點不同意義也變了。如「好嗎！」（北平喝采時用之，音抑而促），「他好嗎？」（嗎字輕聲詢問時用之）。第二類是字面意義或作用似屬相同，而語言傳統習慣上卻不能互相通用。如視與見，聽與聞（《大學》上說「視而不見，聽而不聞」，「視」「見」「聽」「聞」不能互易），觀與閱（觀書可以說閱書，觀潮不能說閱潮）。第三類是意義本同，因地位身分性質不同而異，譬如死字，天子死叫崩，諸侯死叫薨，大夫死叫卒，士死叫不祿，庶人死才叫死。長輩死叫「捐館」「棄養」，幼小死叫「夭」「殤」。《戰國策．觸讋說趙太后》稱太后死叫山陵崩，自稱死叫「塡溝壑」。至物化，即世，謝世，見閻王，兩腳直，壽終正寢，嗚乎哀哉，都是死的意思，它們所用的地方卻有很大的差別。在性質上說同一用兵，兩國相攻叫做攻，大國打小國叫做伐，去打有罪的國家叫做討，天子親自出戰叫做征。同一得地，很容易得到叫做取，不容易得叫做克，同一歸順，以身歸順叫做降，以地歸順叫做附。這種用法的辨別，《春秋》及歐陽修的《五代史記》分別得最清楚。其他如我們看報紙上形容電影明星為最美麗的動物，但是不能形容自己的母親為「最富感情的動物」。對友人的喪亡，可以說「良深哀痛」，對自己父母的喪亡，就不能說「良深哀痛」了。諸如此類，教師都應於批改時加以糾正說明。文字不過是代表一種意念的符號，而它所代表的意念，又往往不斷的在轉移變化。如「沉魚落雁」本是由《莊子・齊物》裏「毛嬙麗姬，人之所美也。魚見之深入，鳥見之高飛，麋鹿見之決驟，四者孰知天下之正色」這幾句話而來的。是說明世間無所謂是非的意思，現在我們卻用來形容美人了。教師指導學生，應該幫助他們發展理解的能力，不是灌輸詞語解釋的含義。除了糾正學生的錯誤外，還要使他們充分了解這些詞語的應用，啟引他們將自己所了解的詞語，去解決寫作上的困難問題。否則，即使學生認識了許多詞語的含義，對寫作還是沒有幫助的。

㈢**章句經營的無方**：章句是指文章節段及語句方面，學生對這方面的常識特別缺乏，在習作裏往往不是安排不當，就是前後沒有照應，或是全文情調不一致，造成整篇文章情味不合，或力量不稱，或聲調不佳，應該說的沒有說，不該說的卻說進去了。這種情形又可分成六類：

1. 文法不通：文法不通可以說是句子的五官不齊，如「無論求學做事，一定非要有決心、恆心」、「這幾篇文章是我最喜歡」這些都是學生對於文法的認識不夠，缺乏邏輯的緣故。教師除了糾正錯誤以外，還應在範文教學時分析語句的結構，以幫助學生對文法的理解。

2.體現不切：體現不切也可說是思想或運材的毛病，或是不能把握題旨，本要說東倒說到西去了。有例如以「初夏」為題，學生大做「夏天」的文章。有以「秋」為題的，學生大寫穀類對人類的貢獻。有的學生則喜歡亂用形容詞，如明月先生中天跳舞，黃鶯小姐枝上唱歌。以「汪汪」形容流水的聲音，用「颯颯」描述下雨的情態，不一而足。這些都屬於體現不切的毛病。

3.語氣不合：語氣不合，就是所說的語與所要描述的人或事不相稱，如有兒子寫信給父親說：「天氣漸漸的冷了。毛衣趕快寄來，切勿遲誤。勞神之處，容後面謝可也」。語氣不合，大多由於學生不去仔細體會詞語運用的習慣，隨意抄襲而來。《文心雕龍・指瑕》說「陳思之文，群才之俊也。而武帝誄云：尊靈永蟄；明帝頌云：聖體浮輕。浮輕有似蝴蝶，永蟄頗擬於昆蟲。施於尊極，豈其當乎！」這也可說是語氣不合的毛病。

4.體式不純：就是語句的型態錯亂，或者白話與文言雜出，或者記敘與論說夾纏等等的毛病。學生往往喜歡賣弄文墨，在寫作時，故意用上幾句文言，以求典雅，結果反而弄巧成拙了。有的甚至時而用「乎」「哉」，時而用「嗎」「了」。時而用「吾黨」，時而用「她們」，令人看了啼笑皆非。這都是學生習作中常見的毛病。

5.組織不良：組織就是文章剪裁安排的工夫。文章要是繁簡失宜，剪裁失當，它的意義便不完整，如「十月十日是中華民國誕生」，這句是解釋性的判斷句。主語是十月十日，「是」是繫詞，「中華民國誕生」是謂語。判斷句的謂語必定要和主語同位，所以中華民國誕生之下必須加「的日子」，這個句子才完全。有的則前後詞語倒置不相照應連貫。陸機〈文賦〉說：「或仰逼於先條，或俯侵於後章」，就是指這類的毛病而說的。

6.浮詞累贅：說話作文都應該簡明雅潔。如果說些不相干或是重複的話，便會語句不明，令人生厭。如說：「去年夏天的五月，天氣正悶熱的時候，學校裏便放了暑假。」便太累贅。五月當然是夏天，說了五月就不必說夏天。天氣悶熱與下文沒有關係。暑假是規定要放的，即使天氣不悶熱也是要放的。其他如「出得門來，但見萬盞孤燈」，「一輪明月，萬點繁星」都屬這一類的毛病。

㈣陶煉工夫之拙劣：以上所說的各項是語句與詞語用得不妥適，當然也與陶煉的工夫有關。不過是就詞語方面而說，這裏是指整段整篇而言。也可說是進一步修辭的工夫。有的文章，看似通順，其實毫無生氣，沒有一點韻味。本來寫作的技巧，多奇多變，有時需要繁，有時需要簡。錢大昕〈與友人論文書〉說：「繁者不可減之使少，猶之簡者不可使之增多。」就是這個道理。有時可以直說，有時則應用曲說，如韓愈〈畫記〉不說驢四頭，而偏說「橐駝三頭，驢如橐駝之數而加其一焉」。就是採用曲說，以免文章板滯的毛病。其他有倒裝的如韓愈〈羅池廟碑〉：「春與猿吟兮，秋鶴與飛」（秋鶴與飛就是秋與鶴飛的倒裝）。有用婉曲的，如李清照詞：「新來瘦，非關病酒，不是悲秋。」有的用夸飾的，如李延年詩：「一笑傾人城，再笑傾人國」。有用諱飾的，如《紅樓夢》裏說棺材稱那件東西……。這些都是求語句美化的關係，因為文章說得太直截了，使一覽無遺，便索然無味。教師應該視實際情況，使學生文句通順之後，更進一步求形式的和諧與內容的善美。

㈤格調氣味之腐惡：文章的格調氣味可以說是屬於精神方面，有時一篇文章，文句雖然通順，但是文章的內容卻令人憎惡。正如一個人五官四肢非不端正，口齒非不伶俐，而仍覺其面目可憎，語言無味一樣。這類的毛病可分兩種：

1.格調的腐敗：這種原因多是學生抄襲濫調套語而來。我們常見學生習作，不管與題旨是否符合就寫上「光陰似箭，日月似梭」這兩句話。開始用這兩句話的人，大家都認為是名句。但用多了，就覺得俗。《梁武帝纂要》說：「一年之計在於春，一日之計在於晨。」偶而引用，便有新趣。許多人都引用了，就變成俗套了。又學生往往無論寫任何文章，都喜歡來幾句反共抗俄的論調。自從大陸沉淪，全國上下都想反攻復國，何況青年學生豈能沒有流露。惟不問何題就寫入幾行，感慨江山的沉淪，心裏雖是愛國，話卻說離了譜。這可以說是時局的濫調。又文章感歎，必與心情事物相合。所以歐陽修〈祭石曼卿文〉有「嗚呼！曼卿生而為英，死而為靈」之歎。詩人贈別有「淚眼無窮似梅雨」的形容。有學生在新竹來臺北讀書，作文裏有思家墜淚的句子。新竹離臺北近在咫尺，何至於思家而墜淚。這可以說是感歎的濫調。這些都是學生常犯的毛病。

2.氣味的惡劣：這類的毛病可以包括刻薄、佻犍、狂妄、猥褻等類。刻薄的是「寬於責己、苛於責人」往往流露於文字。學生不知其然，輒常引用，以刻薄為幽默。佻犍的多是受黃色雜誌，或內幕新聞的影響，在不知不覺中，比喻自己的母親為半老徐娘，或是形容勤勞的父親為老牛。狂妄的是好高騖遠，要以維護中國文化，繼承中國道統為己任。要做改造社會的領袖，為國家的主人翁。假如問他辦法如何，則瞠目莫知所云。猥褻的是學低級以為風流。這些毛病，大都與作者品格有關。不過學生多半是無心抄襲而來，尚不至於怎麼嚴重。但教師如果不注意糾正，則學生以為還有容留的餘地，慢慢的，積重難返，那就真的不可救藥了。同時並應特別指導學生，課外讀物的選擇，使學生向正確的途徑去努力。

習作批改的工作，對學生的幫助固然是很大的，但是也並不是沒有限度的。因為學生的生活經驗不同，感受也不一樣，那麼，教師所修改的也就未必能完全發生作用。尤其內容複雜的問題，很難一筆兩筆改正過來，即使勉強給他們修改過來，對他們寫作能力的提高，也不會有什麼好處。所以，教師還應從旁啟發誘導，培養他們獨立思考的能力，糾正他們依賴教師修改的懶惰習慣，使他們能自覺的努力。這對於他們是更重要的。

最後，我們還談談習作評分的問題，習作的評分，一般教師因立場觀點好惡不同，很難有一致的標準。在甲教師那裏批五十分的作文，到乙教師手裏可能評六十分七十分。因此有些教師索性不打分數，到學期結束時給予一個總分數。但仍是沒有一定的標準。學生看到高分數心裏暫時愉快一下，看到低分數，心裏暫時不愉快一下。對於提高習作教學的效果，毫無益處。有的教師則主張用等第，固然比較籠統一點，仍難使學生心悅誠服。不管用那種方式評分，有一個共同的毛病，就是評作文不及格的教師很少。即使有時評不及格，一個學期平均下來，卻仍然通過了。這樣，會使學生不重視作文。固然，教師不是用分數來強迫學生作盲目的努力，但起碼應該讓學生從分數中去發現自己的缺點與努力的方向。因此，分項評分可說是最切實可行的一種辦法。教師可先將學生習作所應注意的問題，分為若干項目，每項目擬定應占分數的百分比，這樣學生就可看自己習作各項分數的多寡，明白所犯的錯誤，作為改進努力的依據。而教師也可根據這個統計，以為公開指導的材料與改進範文教學的參考。茲列表如次藉供參考：

項目	高一百分比	高二百分比	高三百分比	國一百分比	國二百分比	國三百分比
意思切題	30%	25%	20%	35%	30%	25%
詞語準確	10%	10%	10%	10%	10%	10%
句法妥順	10%	10%	10%	25%	20%	15%
層次清楚	10%	15%	20%	10%	10%	10%
立論正確	10%	10%	15%			
措辭適當	10%	10%	15%	10%	10%	10%
標點清楚	10%	10%		5%	5%	10%
錯別字不超過若干字				5%	5%	10%
繕寫書法	10%	10%	10%		5%	5%
全文字數在若干字以上					5%	5%
總分						

（以上所舉是一個例子，各年級所定之項目與所占百分比都可視實際需要而更動。）

附：習作批改舉例

秋

（國中三年級）

一片枯黃的葉子離開了樹梢（梢係樹頂），隨著風勢在低空打了幾個迥（迥是深遠特異的意思）旋之後，便悄悄的落在地上了（了字用的太多），接著又是一片，啊！是秋天了、雖然他比往年來得還要早些，但我在夢中已不知盼望過幾次了。

秋天，雖然有許多人厭惡（厭惡語氣太重）她，認為她是衰亡的先聲、古今多少騷人墨客，為她寫下了無數淒涼的名句，自作多情的人們，一到秋天，就似乎一切的悲傷都湧上了心頭、於是秋，慢慢地變成了悲哀淒涼的代名詞。（用上段末句中詞彙以資接應）

我對秋天有一份偏愛，但是都不認秋為含有傷悲的成份、瞧，金黃色的稻浪在翻滾，農夫們一年來辛勤的耕耘在秋天得到了酬償、樹木在夏季經過了一番迅速（速字是從辵束聲）的生長後，在秋天默默地脫下了翠綠的外衣，養金蓄銳休眠生息，使他的組織充實緊

從一葉落而知秋起興意境甚佳。

三詞語勿使有重複的字。

非轉語詞不能用「但是」接移至語首卻可以。生息是繁殖的意思。

容，立下了明年再繼續生長，以至百年千載永遠迄（屹）立的基礎、（。所以秋，）它告訴（啟示）我們要由廿（時代又）邁進了一步，要我們切實準備，迎接次一個更偉大的時代的來臨。能怪我偏愛它麼？

只有由己力求充實。

秋天，這一個值得歌頌的季節（節），她（它）象徵著只有辛勤的耕耘，才有豐碩的收穫，（新陳代謝的過程，）她鼓勵我們努力向上。

又是一片葉子落下了，秋天到了，讓我們伸展雙臂來歡迎這個可愛的季節（節）吧！

秋的代詞「他」「她」「它」都有應該劃一。

結束應起句有手法。

本文開頭與結尾呼應，很有手法，惟第三段一句說樹木一句說稻子，都不是歌頌秋的話。前後不相照應，本說東而說到西去了，是本文最大的毛病。錯別字亦嫌太多，應自行考查辨認。

第六章　中學國文課外工作的指導

所謂國文課外指導，是利用課餘時間另取材料，指導學生或讀或寫，以為正課輔助補充的工作而言。在教學的效果上說，範文教學和習作只是一種準備工作，學生自己能閱讀寫作才是目的。因此，課外指導與課內讀講寫有同等的重要。不過，中學生課外的工作很多，他們一面要作正課的預習、應用練習、整理筆記等工作；一面還有其他各科的課外作業。所剩的時間，實在很有限。所以，教師應該估量學生的時間精力，妥為分配。不能超過學生所能的範圍，使學生無法負擔。或者影響正課，或者索性一件也不做了。

至於國文科課外工作的項目很多，現在分閱讀、寫作、習字、其他有關國文的活動四種來說明。

第一節　課外閱讀

一、課外閱讀的目的

1. 補助課內講讀之不足。
2. 養成學生自由閱讀的興趣、能力、與習慣。
3. 減免學生閱讀不良讀物的機會。
4. 發展學生不同的個性與能力。

二、課外讀物選取的原則

1. 要配合教學的目的。
2. 要顧及學生的能力。
3. 要適應學生的需要。
4. 要迎合學生的興趣。
5. 要與精讀教材切取聯繫。
6. 要合乎經濟的原則。
7. 要適應當地的環境。
8. 內容要精當切要。
9. 文字要淺顯流暢。
10. 學習要經濟有效。

三、課外讀物的種類

㈠常識性讀物：

1. 目的：

⑴使學生獲得國文學術上的知識。

⑵使學生解決學習上的困難。

2. 分量：

占全部國文課外讀物三分之二。

3. 體類與分配年級：

讀物名稱	閱讀年級及數量	備考
語文法	國中一年上期閱讀語法。 高中一年上期閱讀文言文法至少各一種。	
文章作法	國中三年上下期分讀記敘、描寫、論說、抒情各體普通文寫作法。 高中二年上期閱讀應用文寫作法。 高中二年下期擇要閱讀純文藝文（小說、戲劇、詩歌）寫作法。	依照各年期精讀教材選配重新分次閱讀。
修辭學	高中一年下期閱讀一種。	
書法	國中二年上期閱讀一種。	
文字學	國中一年下期閱讀字辨或字學舉隅等一種。 高中一年下期閱讀文字源流一種。	
演說術	國中二年下期閱讀一種。	
辯論術	高中二年上期閱讀一種。	
學術史	國中三年上期複習歷史教科書中學術史部分。 高中三年上期閱讀文學史綱一種。	
語文概論	國中三年下期閱讀語文概論一種。（或有關語言方面之文著若干篇） 高中三年上期閱讀文學概論一種，及選讀歷代名人文論若干篇。	
國學概論	高中三年下期閱讀一種。	

㈡文範性讀物：

1. 目的：

(1) 實驗學生對精讀教學的收穫。

(2) 補充精讀分量的不足。

(3) 培養讀寫的能力。

2. 分配原則與分量：

(1) 國中：以語體、短篇、創作、近代的為主。占全部課外讀物三分之二至五分之四。

(2) 高中：以文言、長篇、翻譯、歷朝各代的為主。占全部課外讀物二分之一。

3. 體類與分配年級：

讀物體類	閱讀年級及讀物性質	備考
寓言故事	國一國二可讀語體譯寫，國三至高三可讀文言舊作。	程度由淺入深。
筆記日記語錄小品	同右。	同右。
小說	國中讀短篇語體，高中讀長篇，並酌讀短篇文言文。	國三可試讀明易之文言文小說。
戲劇	國中及高一讀現代創作或譯者獨幕短劇。高二高三讀長篇多幕劇本。	
各體普通散文選	國高中均可多讀語體文，國中二年下期至高中二年下期可酌讀古文選。	力求與精讀教材配合，程度由淺入深。
詩歌	任學生自行選讀。	
應用文	配合國高中需要，由簡單漸進於繁複。	配合精讀教學中應用文閱讀。
專集	視學生程度酌令自行閱讀。	可讀選本不必讀全集。
其他	評論，文電，新聞報導，副刊文藝作品，督促學生逐日閱讀。	適合經濟情況較差之學校。
歷史公民課本	視需要酌令學生複習。	同右。

四、閱讀指導的方式

㈠讀書合作的指導：

讀書合作具有兩種性質，一是購買的合作，一是閱讀的合作。

1. 購買的合作：把全班學生分成若干小組，每組為之選定一種不同的書籍，令學生各就組別購買一部。如此，各組的書不同，一組中各人的書相同。假定全班有四十五個學生，分成九組。各人買一部書，可以閱讀九部書。書的所有權仍屬各購買人所有，而各人都有互相交換閱讀的義務。

2. 閱讀的合作：有全班型及小組型兩種：

(1) 全班型：適用於人數較少之班級。

(2) 小組型：依上述購買合作小組為閱覽小組。同組的人，同時閱讀同一樣的書，篇章起訖無不盡同；每星期舉行座談會一次；組中各人，各把一星期來所讀的內容、要點、重心、寫作方法技巧、及讀後心得感想等等，交互提出討論。因為各人閱讀內容相同，所以討論起來都有頭緒，都有話說。而各人在閱讀時的收穫、心得、見解各有不同，經過討論，可以補充自己閱讀所不及之處。無異是一種相互的指導和幫助。使學生對所讀書籍，增進深切的體認與透徹的了解。

㈡閱讀合作的優點：

1. 可以解決學生經濟的困難。

2. 可以幫助各人閱讀的不足。

3.可以培養學生互助合作的精神。
4.可以鼓起學生閱讀的興趣。
5.可以養成學生閱讀的習慣。
6.可以收到語言訓練的效果。

㈢教師辦理事項：

1.調查學生閱讀能力，使同小組之學生閱讀能力相當。
2.預先擬定書籍保管交換辦法。
3.指定各組小組長並指導小組開會程序。
4.選擇適當書本，讓學生購買。
5.輪流指導開會。（遇有發言熱烈的小組，應予以嘉勉，發言不踴躍之小組，應予鼓勵。）
6.批閱討論紀錄。

五、讀物內容的指導

所謂讀物內容的指導，就是對於讀物全部各重要事項的介紹。茲分為「一般的介紹指導」，「常識性讀物的介紹指導」和「文範性讀物的介紹指導」三方面來說明：

㈠一般的介紹指導：這是對常識性讀物和文範性讀物所同有的事，在統括指引學生本書之作用。茲分別述之：

1.目的：

⑴指示本書之性質及價值。

⑵本書在學術上、知識上或文藝上的地位。

⑶本書之功用。

2.常識性讀物一般之介紹：

⑴本書的性質。（屬於國文那一方面的常識）

⑵對於讀寫的關係。

⑶本書取材和編製有何特長。

⑷解決過去困難的問題。

3.文範性讀物一般之介紹：

⑴讀物性類。

⑵對於學生的影響。

⑶文辭形式。

⑷與他書比較。

4.教師介紹項目及其目的：

⑴使學生了解讀書之大概。

⑵與書中序文、例言、目錄互相參證。

(3)作者生平及著作之時代背景。

(4)作者的風格與本書在作者之著述中的重要性。

(二)常識性讀物介紹：

1. 性類歸集：

(1)將原著目錄各章各節概括分類。

(2)分類後作成大綱。

(3)指導學生各類的作用。

(4)補充過去常識的不足。

2. 重要性的指示：

(1)指示系統。

(2)整理方法。

(3)提出生難部分。

(4)與舊有常識類化、互相補充。

(三)文範性讀物介紹：

1. 綜合的介紹指導：適用於選集。

(1)歸集性類：

・體裁。

・作法、風格、技巧。

・內容。

(2)指示要點：

・各作品的特色與異同。

・觀察效果。

・與範文教學聯繫。

2.單元的介紹指導：適用於長篇。

(1)文章的要旨。

(2)文章的本事及背景。

(3)文章的段落大意。

(4)文章的作法。

㈣教師注意事項：

1.應用書面指導。

2.教師應通力合作。

3.分配閱讀適當分量。

六、閱讀方法的指導

㈠讀書的態度：

1. 仔細認真。

2. 思索查考。

3. 勤作筆記。

㈡讀書方法：

1. 明句讀。

2. 辨要旨。

3. 互參證。

㈢常識性讀物之閱讀指導：

1. 擷取書中要義。

2. 與他書類化融通。

3. 體會與應用。

㈣文範性讀物之閱讀指導：

1. 生難詞語的查考。

2. 全文要旨及段落大意的了解。

3. 文章作法的辨認。

4. 體會文章經營技巧、風格、精義、佳句。

5.與其他書文類比。

七、閱讀筆記的指導

(一)功用：

1.使學生保有既得的閱讀成果。

2.增進閱讀的能力。

3.培養學生閱讀認真的態度。

4.純熟運用文字的技巧。

(二)原則：

1.衡量學生課外作業的時間精力、作精當的配合、不可好多鶩廣。

2.指導筆記之重點、取捨得當。

3.持之有恆。

(三)內容：

1.概要(似緒論)。以教師指導的為準。

2.本書內容(似本論)。要擷取精華，為筆記的主體。

3.後述(似結論)。

(四)常識性讀物筆記的方式：

1. 採擷書中要義，以資明瞭書中所述的事理與獲得有關的知識。
2. 以一篇一章為單位，使前後一貫。
3. 不僅採擷要義，還得注意運用。
4. 與以前所得的智識有關者，應隨時比較，並舉例證以資純熟。
5. 每日閱畢，先用稿紙記錄，俟閱畢全章全篇以後，再為整理抄入筆記本中。
6. 心得感想統繫於篇、章之末。

㈤文範性讀物筆記的方式：

1. 以單元為單位者：
(1) 標列題目、頁次，揭舉全文要旨，分段節錄大綱。
(2) 指出各段地位關係作用、及前後聯絡照應的關鍵、與構思、運材、剪裁、安排等意匠技巧。
(3) 選取精義佳句、以資隨時取範。
(4) 記錄生難詞語、專名、典實、成語、引句等以資備忘。

2. 長篇作品：有時長篇作品，不能等到全文讀畢以後再作筆記，只有分篇分章的作，則逐篇逐章也可同照上述公式記錄。不過，每篇每章筆記的開端，先宜略舉該篇、章的要旨，而將全文要旨留待全文讀畢之後寫作。其對本篇本章有所心得、感想，亦應隨記於後。

3. 短篇作品：如為短篇作品，往往麻雀雖小，五臟皆全。像語錄、小品和短篇的寓言、故事、以及詩歌等類，一天可以閱讀幾篇，以至幾十篇的。若篇篇都要照上述方式去寫筆記，未免不勝其繁，那只有以上述筆記要點為綱，將各篇合併用比較的方式繫屬在相關的綱要之下。

以上均就學生可能做到的分別列舉，教師指導學生筆記的時候，不必項目俱全。如果學生程度較差，迫令全部去做，難免東抄西襲，或索性不做。所以，教師還要視學生的能力所及，能做到什麼地步，就做到什麼地步。有時書本中的含義，要等過了幾年之後，才能豁然貫通，這是教師要注意的。

㈥筆記的批閱：

教師對於課外閱讀筆記，不僅要為指導，同時還須為之批閱；不僅視為閱讀本身方面的事，同時還要視之為一種課外寫作。茲分別述之：

1. 繳閱時間：由教師規定每若干日繳閱一次，或各人閱讀一個段落繳閱一次，或於閱讀小組討論會後整理繳閱都可以。

2. 批閱方式：

(1) 以符號批指錯處，令學生自對原書改正。

(2) 符號不能表達之處，可用簡單批語指示。

(3) 學生共同錯誤，應為公開指導。

(4) 特別拙劣學生，應為個別指導。

附：常識性讀物介紹舉例：《文章作法》介紹

這本《文章作法》是夏丏尊與劉薰宇兩先生合編的。起初是夏丏尊先生在各中學教書編成講授的講義稿，以後劉薰宇先生看到了，認為很適合中學生參考，所以當他去教國文的時候，就借用做講稿，並略加修改增補，以後就用兩個人的名義交給開明書店出版。在中學生課外讀物缺乏的今天，這是一本很適當的課外讀物。

一、本書的性質

作者在開始的時候，就指出本書是講明文章排列的形式技術。因為文章內容的充實與否？有關個人的經驗學力修養；形式則是屬於技術的。雖然和內容同是沒有成法可循，還是有些基本的方式可以遵照去做。那麼，這本書可說是告訴大家寫作技術方面的參考書了。當然，並不是說讀了這本書，文章就會寫好起來。更不是把這本書當做寫作的「錦囊妙計」「無字天書」。而是希望大家把這本書好好的看幾遍，能夠藉此知道一些寫作的基本方法與門徑。會寫文章的同學讀了這本書，可以與本書參證。你寫的文章，那些是與書中的法則，不謀而合。對於寫作比較生疏的同學，也可以從這本書中得到一些啟示。不過，法則的本身，是一種理論。全部依賴法則，固然不可以。而輕視法則，認為「文章本天成，妙手偶得之」也是同樣的錯誤。正如作者所說的：「漁父的兒子，雖然善於游泳，但比之於有正當知識，再經過練習的專門家，究竟相差很遠。」我還要補充一句，單是看游泳方法，而自己不下水去游，也還是紙上談兵。

方法之所以能發生功效，還是在於實踐的呀！

二、本書的功用

這本書既然是寫作方法的書。那麼，對各位寫作到底有什麼幫助呢？我們上面說過，以為「文無定法」的人固然是不對的，要把這本書當做寫作的「不二法門」也是一樣的錯誤。法則就是沒用而有用的東西。我們對於這本書的看法也是這樣。等到你習作，暗合法則而不自知。那法則的功用也就在那裏了。現在分別舉例來說明。

㈠在寫作的目的上說

寫文章一定有它的作用，也就是說你寫文章的目的何在？譬如說，要給人教訓的，就不應該寫諷刺、輕鬆的文句；要給人趣味的，就不能板起面孔說正經話。〈搶救大陸青年〉與〈米海〉這兩課書。同是說明共匪在大陸上的暴行，一是嚴正的議論，一是諷刺的小說。徐鍾珮的〈家〉照題文來看，應該是一篇客觀的敘述文，但其內容卻興趣盎然。胡適的〈興趣〉卻是一篇說教的應用文。題目儘管各樣不同，但「寫作目的」的決定，還是在作者自己。因此題目到手之後，最先就是要決定寫作的目的。如以敘述文來說，大體可分三類：一是以授與教訓為目的；一是以授與知識為目的；一是以授與興趣為目的。大家若要了解如何來決定你寫作的目的，本書可以給您滿意的答覆。

㈡在材料取捨的技巧上說

寫作最主要的條件，便是材料。材料選取得當，文章才能夠寫得有聲有色。反之，要是取材不得當，那就會弄得全篇文章，首尾衡決，無一是處了。所以，材料的來源是一個問題。有了材料，如何去決定取捨，更是一個問題。這像木工沒有木材，固然不能成器具。但是，如果有了木材，不知道這塊木材該作何用途？那也是沒有用的。鄒陽在〈獄中上書自明〉那篇文章中，引用荊軻來說明的地方，共有三處：開始說：「昔者荊軻慕燕丹之義，白虹貫日，太子畏之。」這是引用荊軻的事來說明自己的冤枉。接著又說：「然則荊軻湛七族，要離燔妻子，豈足為大王道哉！」這裏引用荊軻的事是說明士報知己必犧牲自己的性命。最後又說「秦皇帝任中庶子蒙嘉之言，以信荊軻之說，而匕首竊發。」這裏引用荊軻的事，是說明人言不可信。三個地方，引用的材料同是一個人，都能言之成理，這是作者運用材料的技巧。各位要知道怎麼收集材料，如何去取捨駕馭運用它，請詳細去看這本《文章作法》吧！

㈢就主觀的想像上說

文章有客觀的記述，有主觀的想像。如記事文，便是用客觀的立場，去記述一個人的行為或一件事物，使人理解，認識的文章。但往往記述得過於客觀，文章就顯得呆板無生趣。所以，必須滲雜作者主觀的想像，文章才會生動有情趣。如柳宗元的〈鈷鉧潭記〉有一段話：「其上有居者，以余之亟遊也。一旦，款門來告曰：『不勝官租私券之委積，既芟山而更居，願以潭上田貿財以緩禍。』予樂而如其言，則崇其臺，延其檻，行其泉於高者墜之潭，有聲潨然。尤與中秋觀月為宜。於以見天之高，氣之迥。孰使予樂居夷而忘故土者，非茲潭也歟？」這段文章的好處，便是由現實的潭，寫到想像的潭。又如范仲淹〈岳陽樓記〉中有一段話：「予觀夫巴陵勝狀在洞庭一湖，銜遠山，吞長江，浩浩湯湯，橫無際涯。朝暉夕陰，氣象萬千。此則岳陽樓之大觀也。」完全是由於主觀的想像而寫出的千古絕文。本書作者稱它做「文學的記事文」。大家可以據為寫作時的參考。

㈣就文章的安排上說

文章原無一定的成法。文章的安排，當然，也不能說有一定的。不過，我們可以從前人許多文章中，去歸納分析他們安排的技巧，以為寫作的幫助。比方說，當你們寫記敘文的時候，你會依事情發生的經過順序，安排下去，也可能依著時間的先後而作安排。但是往往作者為求變化的緣故，把應該安排前面說的，移到後面去了。或是在一件事情還沒有說完的時候，突然中斷了。再以議論文來說，到底是先列命題，後加說明呢？還是先加說明，後出命題呢？這就要加以考慮了。在一般來說，都是先將命題列出，後加說明。如荀子的〈性惡篇〉就是這樣排列的。但如果命題太平凡的時候，先列命題，不能吸引讀者注意力。那就應該先從說明說起，最後結出命題，如賈誼的〈過秦論〉。當然，還有很多的安排方式，這裏不過是隨便舉個例說說罷了。但不管作者怎樣安排，都是為著求文章效果的加大。各位，在沒有讀過本書以前，相信都已經寫過記敘文或議論文了。你也必知道，它們的安排。如果你讀過本書以後，你更會運用種種的安排法則，來發揮你寫作的更大效果。希望仔細體會書中的指引，與你已曾有的寫作經驗，來互相參證。

㈤在寫作的態度上說

作者在第一章中，曾舉出了寫作消極的條件——真實與明確——並說明能做到真實與明確。也就是寫作時，要抱誠正的態度，與不苟的精神，專心一意的在探討問題，搜集材料。能做到這地步，自然就不會去抄襲，亂用成語了；也自能夠注意分段標點、用詞造句等細節了。各位在作文的時候，有的同學，沒有起草稿，就寫在作文簿上，以後又改的亂七八糟繳來了，這就是苟且。固然，古人有文不屬稿，舉筆便成。但那是天才，也是老手。各位在練習寫作的時候，應該按部就班的寫，這樣，不但是寫作進步的惟一途徑，也是養成做任何事情不苟的態度。在寫作進行的時候，大家往往沒有頭緒，就是寫作基本態度沒有弄清楚的原因。如果大家在拿筆的時候，能想起作者所告訴的寫作基本態度等問題，你就不會感到作文困難，你也不會弄得頭昏腦脹。結果化了很大的氣力，還寫不出一篇有條理的文字來。關於這一點，作者在本書中也給各位指示一條正確的途徑。

本書對於各位寫作的幫助，可能還不止這些，我不過舉出幾點例子而已。寫作技術的範圍很廣，這本書所說的範圍也相當廣泛。它好像一間百貨店，可能你們所需要的，我還沒有說出來。託人家去買東西，總不如自己上菜場挑選合適。希望各位自己去挑選自己所需要的東西吧！

三、本書內容的介紹

這本書共分六章，前有緒論，書後有附錄三篇。第一章是「作者應有的態度」，第二章是「記事文」，第三章是「敘事文」，第四章是「說明文」，第五章是「議論文」，第六章是「小品文」。茲為說明方便起見，歸併為五點來談談：

㈠第一章「作者應有的態度」可以與附錄一「作文的基本態度」合併來說明。

這兩篇文章，都是在說明寫作時應取的態度。前者在說明作文不應該犯的毛病，可以說是消極的態度。後者則在說明作文應該怎麼寫才寫得好，可以說是積極的態度。從心理的態度說到行為的態度。每個人都是有了作文的需要，才會去作文。那麼，當你寫作的時候，就應該自問，我為什麼要寫這篇文章？我寫這篇文章有什麼需要？需要怎樣寫？然後根據需要來決定自己寫作的態度，就不至於言不由衷了。這是作者告訴我們在寫作之前，所應該考慮的問題。

(二)記敘文的作法：

作者本來是把記事與敘事分開的。因為寫作的時候，往往記事與敘事相揉雜，事實上，也沒有絕對的記事文，與絕對的敘事文。所以，現在我們合併來說。本書「記事文」分五節，「敘事文」分九節，可以歸納為左列幾點：

1. 意義。

2. 寫作方法：

(1) 材料的搜集：

- 經驗。
- 目見耳聞。
- 參考書本。
- 想像與感想。

(2) 材料的取捨（剪裁）：

- 適切題旨。(可參看附錄貳)
- 注重特色。(可參看附錄參)

・目的。
・觀察點。
(3)材料的安排：
・觀察先後的順序。
・因果關係的順序。
・緩慢的順序。
・中斷。
・追敘。
㈢說明文的作法：
1. 意義：
(1)與記敘文範圍不同。
(2)與記敘文表達形式不同。
(3)與記敘文內容觀點不同。
2. 功用和題式：
(1)功用：使人得到明確的觀念和理解。
(2)題式：
・疑問式。

・直述式。

3.寫作方法：

(1)具備的條件：

・所屬的種類。

・所具的特色。

・所含的種類。

・顯明的實例。

・對稱和疑似。

・語義的限定。

(2)條件的省略：

・普通的省略。

・因比較而省略。

(四)議論文的作法：

1.意義：

(1)與說明文目的的不同。

(2)與說明文性質不同。

(3)與說明文態度不同。

2. 命題：

(1) 肯定命題。

(2) 否定命題。

3. 寫作方法：

(1) 材料：

・直接的證明。

・間接的證明。

(2) 方法：

・演繹法。

・歸納法。

・類推法。

(3) 證據性質的分類：

・因果論。

・例證論。

・譬喻論。

・符號論。

(4) 安排與聯絡。

(5)駁論：

・尋求設論的立腳點。

・反駁的方法。

・應注意的條件：勿助長設論的聲勢。

勿曲解設論。

駁論的位置。

㈤小品文作法：

1. 意義。

2. 價值：

(1)可為作長文的準備。

(2)能夠多作。

(3)能養成觀察力。

(4)能使文字簡潔。

(5)能養成作文的興味。

3. 練習項目：

(1)日記。

(2)書札。

4.寫作方法的注意：

(1)細處著眼。

(2)用印象的。

(3)用暗示的。

(4)中心要統一。

(5)筆法要機智。

(6)從觀察入手。

(7)能引起別人共鳴。

(8)分段和選題。

（附註：這本書原來的綱目很清楚，我不過是歸納摘要而已。如果有時間，可以在每項目之下，舉出一個例子來說明，如果沒有時間，把各項目合併也可以，總由教師視實際情形去運用。）

四、本書的特點及重要部分

這本書的特點有三：一是書中所舉的例證，都是用淺近的白話文為主，（小品文舉例用詩詞古文）適合學生程度。二是每章每節後面有練習，可資學生練習，使其印象深刻。三是理論與實例配合，沒有偏枯的弊病。至於本書重要的部分，依我的看法是在記敘文與小品文兩方面。我們知道沒有一個人記敘文寫不通，而能寫議論文說明文的。因為文字的運用技巧，有基本的要求。達到這標準，然後可言某人長於議論，某人長於說明。文章雖可分記敘、說明、議論，但是基本的要求是一樣的。記敘、說明、議論，那不過換一種說法而已。因此，大家應當注意基本的問題。而最基本的寫作方法，可以說，莫過於記敘文與小品文了。因此，本書對這部分敘述特別詳細。記敘文占了將近五十頁，小品文占了四十頁，這兩部分共占全書三分之二的篇幅。可見作者對這兩部分的重視。大家應該細心閱讀。

全書在文字上雖是平鋪直敘，但「看似平常最奇倔，成似容易卻艱辛。」其中是經過作者多次的修訂，教過很多的中學，而學生都認為很有興味。這可以證明本書是適合學生閱讀的。在銷路上說，在民國十五年八月初版，至三十六年三月，已經翻印二十三版了。後來又再重新翻印了。一本書能夠流傳三十多年，翻印了那麼多次，可以看出它的價值來。這是我附帶在這裏向各位提出來的。

五、本書的作者

本書作者，夏丏尊，浙江上虞人，名鑄，一字勉旃，留學日本。歷任浙江第一師範，第四中學，上虞春暉中學等校國文教師。國立暨南大學教授。生於清光緒十二年，卒於民國三十五年。譯有《愛的教育》，《續愛的教育》，著有《平屋雜文》，《文心》，《文章講話》，《文學論A、B、C》，及《文章作法》等。

六、與本書同性質的書

《初中記事文教本》　張九如編　商務出版

《初中寫景文教本》　張九如編　商務出版

《文章病院》　開明出版（啟明書局《文章病院》即據本書刪節翻印）

《文章作法》　張守初　華國

《作文教學法》　梁啟超　中華

《寫作與鑑賞》　木村毅等著　重光文藝出版社（路加譯為單篇論文集）

《作文入門》　胡懷琛著　啟明出版

《寫什麼，怎麼寫》　王藍著　紅藍出版社（偏於新文藝創作）

《我怎樣寫作》　謝冰瑩著　力行書局（偏於新文藝創作）

《國文的讀法和作法》　林雁峰著　新世紀出版社

《文章學纂要》　蔣祖貽著　正中書局

《讀和寫》　沐紹良著　開明書店

《文章寫作》　雍叔編著　大方書局

《閱讀欣賞與寫作》　梁宜生著　人生出版社

《文法與作文》　黃潔如編　開明書店

《怎樣寫抒情文》　師華編著　大同書局

《文章十講》　劉啟瑞編著

《作文的方法》　陶希聖著　全民出版社（據陸機〈文賦〉闡發）

第二節　課外寫作

學生課外寫作可做的事很多，然而教師能有計劃，有系統的去指導他們全體經常一致的做，除了上述的應用練習，及課外閱讀筆記以外，那只有日記與週記了。其他，或由學生自己需要而寫作的，如戚友通訊，偶記，感想，向報章雜誌投稿等。雖也具課外寫作的功用，但不是經常所有的事，教師不能預為計劃，只好鼓勵他們多多練習就可以了。茲就日記週記方面提出討論：

一、當前日記週記的缺點

1.學生不敢照實填寫：因為日記週記大都由訓導處導師查閱，重在注意學生的思想行為，所以學生儘有許多好材料，也不敢照實填寫。其實，學生私事，都是有感而發，寫出來會特別動人。但這些私事與訓導處的管理，有許多抵觸的地方。有人說學生作文不好，而寫情書卻特別生動，這話有許多可信。但是，情書那能見於日記週記呢？所以，學生只好無中生有，抄些日常生活常規，記載點零碎小事，敷衍了事。這樣的日記週記，當然不會寫得很好了。

2.學生生活內容貧乏：現在學生終年忙於升學考試，無心去領略周遭的景物，對於生活的感受力不夠。因此，所記的東西，不是抄錄幾則報章要簡，就是借書買筆的斷爛記事。其結果，不但助益修養、陶冶的目的不能達到，連練習國文寫作的作用也沒有發生。弄得日記週記的價值意義全失，變成為學生一項額外的負擔了。

二、日記週記指導要點

1.在形式上不必限令學生每日繳交，因為日記是發抒內心的所感，學生不可能每日有許多感觸。假使逼令學生每日記載，勢必出於敷衍，為求真實起見，儘管能名之為日記，不必令學生每日寫作。儘管名之為週記，卻要規定學生寫若干則以上。今天無可記就不必。事情多者每日記兩則亦無妨。這樣，學生才能自由抒發情意。

2.在內容上說，日記週記字數可以不限，但內容總須有一個中心，或一個單元。並可要求其應有檢討一月來學業及生活行事各一則。有時記身邊瑣事，雖寥寥數語，卻勝過千言以上。茲錄〈越縵堂日記〉一則為例：

傍晚，獨步至倉頡祠前看稻花。時夕陽在山，烟翠欲滴，風葉露穗，搖蔭若千頃波。山外烟嵐，遠近接簇，悠然暢寄，書味滿胸。此樂非但忘貧，兼可入道。

3.遇有可記的材料，應該隨機指導學生寫日記的方式，以訓練學生，從實際生活中，去找日記的材料。

4.日記週記應由國文教師批閱指導，著重於寫作的訓練。

三、日記週記的批改

現在學校班次太大，多者有六十餘人。教師勢不能每篇都看，但日記為課外習作重要的項目。在作用上說，學生學國文，第一是吸收，第二是發表。吸收者，如範文教學及課外閱讀。發表者，如習作及課外寫作。課外閱讀可補正課之不足，課外寫作可補習作之不及。因此，教師雖然煩忙，也應盡力去做。茲將批閱方式略述於次：

1.全部批改：將全部所犯的錯誤，如錯別字、不通的句子，內容有重大的缺點、造假、潦草、謬誤以及間斷脫落等項都用批指符號批指過去。

2.逐則逐條批改：將各則各條分為上中下三等級，於眉端打上優劣的符號，上等用三圈，中等用雙圈，下等用單圈。

3.精選的批改：每次選擇各人所記較優良的一則或一條，作為較詳的修改和批指。

4.口頭的指導：學生日記內容或思想錯誤時，非不得已，不必告訴訓導處，教師可隨時隨地予以口頭當面指正。這種糾正方式，學生比較容易接受，倒是比較積極性的指導了。

第三節　寫字指導

一、習字的重要

習字不但為藝術的欣賞，同時亦為民族精神之所繫。所以，新修訂的國文課程標準草案，對學生習字特別重視。規定每日須寫大楷二十字以上，小楷八十至一百字。並於一年級新生受課開始數週中，指導文具的使用，執筆運腕的方法，書寫的姿勢等等。在一般社會實用上說，字也占有重要的地位。升學考試，就業考試，主試閱卷的人，也常看字跡的優劣，以為去取的標準。即日本學生，亦愛好漢文書法，搜藏碑帖，臨摹學習，不後國人。何況中學生豈能令其自棄民族優良的文化嗎？茲將書法的重要，約舉數端如次：

㈠書法是人生娛樂的工具：從前歐陽修以學書為樂事。曾經說：「蘇子美嘗言，明窗淨几，墨硯紙筆皆極精良，亦自是人生一樂。」我們能在課餘，遊心翰墨，品鑒撫摹。悠然神往。那一種的快樂，真是筆墨所不能形容的哩！

㈡書法是高尚的藝術品：梁啟超氏說：「美術是文化的結晶，所以凡看一國文化的高低，可以由他的美術表達出來。美術世界所公認的為圖畫、雕刻、建築三種。中國於這三種之外，還有一種：就是寫字。」寫字可以稱為美術的原因，約有數端：

1.線的美：寫字要黑白相稱，俗說：「計白當黑。」先計算白的地方，然後把黑的筆劃嵌上去。一方面從白的地方看美，一方面從黑的地方看美。

2.光的美：中國的字，黑白兩色相間，光線即能浮出。墨光浮在紙上，看去很有精神。好的墨幾百年幾千年，墨光還是浮起來的。這叫光的美。

3.力的美：寫字完全仗筆力，筆力的有無，斷定字的好壞。而筆力的有無，一寫下去，立刻可以看出來。有力量的飛動、遒勁、活躍，沒有力量的呆板、委靡、遲鈍，很容易鑑別出來。

㈢書法可以陶冶品性：古人所謂「臨池可以收心」。我們每天有許多工作，或勞心、或勞力，作完以後，心身都異常疲倦。惟有寫字，在注意不注意之間，略為寫幾頁，收攝精神，到一個靜穆的境界，身心自然覺得安泰舒暢。所以想要收攝身心，陶冶品性，寫字是一個最有效的活動。

二、習字的指導事項

㈠執筆的指導：寫字的指導，自然以執筆為第一步工作。執筆的方法，先以大、中、食三指的首節捻著筆桿，大指、食指兩相撐住為主力，中指為食指的助力，次以無名指首節之背，抵住筆桿內側，藉抗中指助力來勢之過猛，並便於迎送，推挽。小指又為無名指的副手，和無名指密切聯絡，共進、共退，卻不一定要與筆桿直接接觸。這樣，大指斜向上方，其餘各指一、二節均以次微微向下，把筆堅定執住。寫真書時，執筆宜近筆頭——距筆頭約一寸五分。行書宜稍遠，約一寸六七分。草書宜更遠。遠取運用利便，點畫可以長大；近則分布容易齊均。至於運筆的方法，大致可分三種：

1. 手法：唐太宗曰：「太凡學書，指欲實，掌欲虛，管欲直，心欲圓。」因為指實，則筋力平均，無有倚重倚輕之病。掌虛則運用便利，全身力量可達指端。管直則字字中鋒，無橫掃淡抹之弊。心圓則心曠神怡，有自得之樂趣。

2. 腕法：有枕腕、提腕、懸腕的分別。枕腕是以左手枕於右手之下，用寫小楷。提腕就是以肘著案而虛提其腕，寫中楷時多用此法。懸腕是自腕至肘皆虛懸空中而不著案，寫大楷或行草時必用此法。運筆揮筆，全靠手腕用力。初學時，應該特別注意。

3.指法：即書法家所說的「撥鐙法」，「撥」就是筆管著中指無名指尖，令圓活容易轉動。「鐙」即馬鐙，筆管直，則虎口間空圓如馬鐙形。足踏馬鐙淺，則易出入，手執筆管淺，則易撥動。這也就是古人所謂八字法。茲錄如次：

(1)擫：大指骨上節下端用力欲直。

(2)壓：捺食指著中節旁。(此上二指主力捺手按)

(3)鉤：中指著指尖，鉤筆令向下。

(4)揭：無名指著指爪肉之際，揭筆令向上。

(5)抵：無名指揭筆，中指抵住。

(6)拒：中指鉤筆，無名指拒定。(此上二指主運動)

(7)導：小指引無名指過右。

(8)送：小指送無名指過左。(此上二指主來往)

以上所說的，是古人傳授指法的要訣(見《書法正傳》)。不過，方式過於呆板，反足使學生受到許多拘束，抄錄在這裏，藉供參考罷了。

(二)姿勢的指導：習字姿勢的優劣，不特影響字本身的優劣，亦且有關衛生，有關修養。宋儒程明道曾說：「非欲字好，即此是學。」這句話應該深切體味。講求寫字的姿勢，可記住幾句要訣，隨時自己檢點，一是頭要端，二是足要平，三是身要正，四是腰要直，五是肱要開，六是心要靜，七是意要專。

這樣正襟端坐，凝神靜氣，自然心、眼、手三者俱到了。筆端、墨注，不會苟且，字就容易寫得好。學生在課外習字，姿勢如何？教師不易看到。但在課堂上清繕國文習作，和抄錄筆記的時候，教師即應留心觀察。倘發現其有彎曲，歪斜，散漫等不正當的姿勢，便應立予糾正。

㈢工具選擇使用的指導：古人說：「工欲善其事，必先利其器。」這是不易的道理。指導學生寫字，也應該先將筆、墨、紙、硯的使用方法，作簡單的說明。玆分述如次：

1.筆：初學大字，應該用羊毫，行草須用長鋒羊毫，小楷普通都用紫毫和兼毫，但總以羊毫為宜。凡用新筆，先用溫水蘸潤，然後輕輕在潔硯上捺之，展發毫鋒。寫大字統開，中楷半開，小字開三分之一。不可用牙齒咬開，致損筆尖。用畢，宜洗淨收藏，才不致損壞筆毫。

2.墨：墨有松烟墨和膠墨二種。松烟墨烏黑無膠，暗無光澤，且著水容易滲化，不易保存，很少人用它。膠墨則以質細而輕，上硯無聲者為佳。若膠重有雜質，則不宜用。磨墨時不可太重而速，也不可太輕而遲。最好勻整不偏，輕重相等，自然就墨瀋融和，光澤美好，濃淡合度。為攜帶方便，學生多用墨盒，墨汁代替。惟墨汁易壞筆鋒。如在家練習書寫，還是用磨墨為佳。

3.紙：初學寫大字可用元史、大錦方、毛邊紙等，易於透墨。切不可用報紙洋紙，含有硬性者，不特壞筆，且易溜滑。如紙質太薄，不受墨，也不適用。但目前好紙不易購到。學生初學，較薄的白報紙，也可將就使用。

4.硯：硯以端硯為佳，但不易購得。普通稍微細滑的石硯也就可用了。惟過於粗糙的瓦硯，磨出來的墨必太粗濁，會損筆鋒，不宜使用。寫畢應將硯上積墨洗滌，不宜留積宿墨，致結成墨垢，汙染筆尖，有礙書寫。這是應當養成的一點起碼習慣。

㈣選帖的指導：寫字須要模倣，而後才能創造。那麼，模倣應當以何種碑帖為鵠的呢？我國自漢魏晉唐以來，可學的碑帖很多。研究書法的人，自可從中選擇揣摩。但對中學生來說，還沒有這種需要。只須選取一二種臨摹即可。至於選取的原則，大概可分三方面來說：一是同類法，看學生自己的筆性近於何種，就選何種學習。一種是調劑法，選擇學生自己筆性所欠缺的，令其臨摹，以為調劑。一種是矯正法，筆性過於方板的，可選取圓活的範帖來模倣，過於疏放的，可選取嚴謹的來臨摹。不過目前學生寫字的能力很差，還談不上有什麼筆性。最好是由教師代為選擇令學生去臨摹。大概初學可令學生學六朝碑，因為六朝的碑，無體不備，唐代的書畫家，都是從六朝出來的。所以，從六朝碑銘人手來學習，不但可以得其本源，而且還可藉以知道書法變遷的大概。

㈤臨寫的指導：學生能夠照以上所說的各種方法去做，去寫，本來沒有什麼可指導的了。不過古人對於寫字的方法，多認為是不傳之秘。學生即使遵照教師所指導的去寫，恐怕還不能得其神似。因此在臨寫前還須給予指導。臨帖貴乎意臨，工夫要在平時。無論晨昏課餘飯後，都可利用時間，研閱揣摩。看字的上下左右各部分大小、疏密，伸縮配合安排的結構。點、劃、鉤折的筆勢。能夠到達「習與俱化，心手悠然」的地步，那可以說相當的成功了。切不可看一筆寫一筆，即使學得很像，也是卑下不足道而已。

此外習字尚須注意的地方，茲將附帶一提，以供參考：

1. 字體與字形：我國字體有篆書、隸書、楷書、草書、行書等種。篆書通行在秦以前，隸書通行於漢，楷書行書今草，自三國起通行一直到現在。字形則有大楷、中楷、小楷三種。一般的標準，一公分半以下的為小楷，二公分至三公分為中楷，三公分以上的為大楷。大概學生小楷的應用最多，應學習小楷。可是僅學小楷，引不出腕力無濟於事，所以必須兼練習大楷。至學習字體，應從楷書入手。楷書學成，乃縱為行書。行書既成，乃縱為草書。學篆書的也必先學正楷。正鋒既熟，則容易為力。學隸書的應先學篆。篆書熟後去學隸，才有古意。

2. 時間及數量：習字應該有恒，要天天寫，不可間斷。時間最好在清晨或午後一刻鐘時練習。因為清晨神志清爽，容易進步。如不得已，亦可於晚上練習。夜深人靜，臨摹學習，亦有自得之樂。至於寫的數量，每日可寫大楷三十字，小楷寫一百字左右也就夠了。

3. 臨摹：取古人名筆，置之几案，懸之座右，早晚審視，觀察其運筆的理路，長短分寸，細心仿寫，這叫做臨。用薄紙冒在帖上，潛心鉤勒，這叫做摹。臨書可得古人筆意，惟位置不容易正確。摹書雖容易得古人行筆位置，但多失筆意。所以最好是每日臨百字，摹百字。臨以傳其神氣，摹以仿其間架。這樣進步當會快些。

第四節　其他課外活動有關國文部分的指導

學校一般的課外活動，大部歸於訓導範圍，但這種課外活動，與國文的應用或練習有關的很多，國文教師也應負起指導的責任。茲就最普通的舉列數項如左：

㈠與國文部分有關者：

1.演說競賽會。

2.辯論會。

3.旅行參觀。

4.話劇表演。

5.學生刊物。

6.開會記錄。

7.團體活動的應用文辭。

㈡與國文有密切關係者：

1.全班語言訓練性的講演和辯論會。

2.各種讀解寫作練習或競賽。

3.以全部學生國文練習為目的的刊物。（如壁報）

4.可以訓練多種應用文辭的團體活動。（如發起籌備組織書法研究會等之文告）

5.搜集鄉土資料和故事。

6.文字遊戲。

7.假期國文作業。

以上各種的指導，以演說與辯論對語文訓練寫作訓練有直接的作用，教師應該經常有計劃的指導學生練習。

附：演說與辯論指導舉例

語言雖不是文章，但卻是文章的基礎。我們可以說文字是寫的文章，語言則是說的文章。它與文章同為表情達意的工具。過去的觀念，總以為語言的流傳，不如文章久遠。但現在科學發達，錄音工具普遍應用，行看語言與文章同樣流傳。而且語言在社會上的應用，遠比文章為廣為多。將來會有超過文章的一天。語言不會說得準確、流利、通順的人，文章也必定不會寫得通順。因為語言與文章同樣有經營、安排、剪裁的工夫與技巧存在。固然，有些人語言說得很妥適，未必就文章寫得好。這是因為文字運用能力不夠的關係。古代許多有名的文章，也都是語言聲氣記述下來的。如《史記・高祖本紀》：「漢王即皇帝位時，語曰：『諸君必以為便便國家』」，《漢書》周昌曰：「臣期期以為不可」等都是。就是現在視為佶屈聱牙的《尚書》，據說也是當時語言的記錄。可見能夠流傳千古的文學著作，都是憑藉語言記錄而來的。因此，我們要學生寫作能夠通順，流利，則非對語言訓練加以注意不可。

現在，中學裏對語言訓練的努力還不夠。不但是國中學生語言表達能力很差，即是高中學生也還未臻理想。在國中甚至還有詞語使用錯誤，詞彙貧乏等情形發生。這不僅是語言訓練本身的問題，而直接間接的也影響了習作。所以，訓練學生說話合體，運用純熟，無異就是習作教學的一部分。國中國文課程標準國文教學目標第三條規定，「繼續學習標準國語，加強聽、說及討論之能力」，以及第四條規定要「明瞭我國語文之特質，增進閱讀、寫作之能力」。視語言訓練與語體文寫作並重，其理由即在於此。所以，我們特別提出這個問題，以促教師們的重視。

或說：人們的語言，自幼即從他們所生長居處交遊的親長，和同伴中學習起來，應該可以應付自如。但其實不然，因為我們日常的對話，沒有那麼精密，說錯了可以再說，該在後面的，可以放在前面說。同時說話有聲調，姿勢的幫助，即是啞巴作手勢，我們也會了解的。而且在日常生活中所學得的語言，多屬於應用方面的，形式上也是簡短的。在組織上則純為放任，沒有計劃的。假如把自然環境中的談話，記錄在作文簿上，那將不成為文章。因此，我們對日常生活中所學習的語言，不能認為滿足，還應該加以有計劃的訓練。這種訓練，除了在討論講解的過程中，經常注意糾正學生語言的錯誤外，還要有計劃有步驟的練習，才能收到效果。而對語言訓練最有效果的，莫過於演說和辯論了。現在就來談這兩項活動的問題。

一、演說

這裏所指的演說，與特定的國語演講比賽不同。特定的演講比賽，表演的性質多，訓練的功能少。這裏所說的演說，是要經常的舉行，次數越多越好。可在級會，公民訓練，作文的時間，或上課前數分鐘舉行之。茲將指導事項分述如次：

㈠題目：題目可由學生自定，舉凡有關新聞、雜感、笑話、故事都可以。教師可指導學生自行擬定，最好與自身的經驗配合。

㈡收集材料：要注意三點：1.宗旨正確。2.層次明白。3.措辭精警。

㈢制定綱要：這也是文章安排布局的過程。就是將既得的材料，分別簡擇，應該安置在那地方說才有力量。教師應該和作文一樣的指導學生去安排。

㈣聲調和姿態：演說稿準備好了，上場去說，並不是把演說稿背誦出來就算了。因為語氣有緩急，聲調有抑揚。什麼題目，講時應當侃侃而談；什麼題目，講時應該慷慨激昂。也應指導學生揣摩，使能與內容聲氣相應，演講才會動人。

二、辯論

㈠辯論的意義

辯論是以語言或文字以影響他人思想行為的藝術。它與寫作議論文不同。因為它必須有正反兩方面，當面演述各人的論證。它與演說不同。席上演說，目的只在使人娛樂。學術的演講，目的只在使人了解。至於辯論，則如法庭中的律師，替當事人辯護；議會中議員對議案發表贊成或反對的理由。目的在說服聽者，影響聽者，要聽者接受他的意見，以期發生實際的效果。所以辯論必須有：1.正反兩面，2.一定的規則，3.當面演述，4.論證，5.技術。

㈡辯論的作用

辯論既是要聽者接受自己的意見，必定會產生兩種的作用，即思想與行為。思想為行為之母。這兩種作用，原是一貫相連的。如律師說服法官，要採取自己所期望的裁判。議員說服會眾，要使他們通過所提的議案，必須先使聽者信服自己的意見，然後才能喚起他們的行為。但是，也有人把這件事分開來講。認為以影響思想為目的的叫說服；以引起行為為目的的叫誘導。前者屬於理智，後者屬於感情。我國春秋戰國時代的辯學，就是分為兩派的；一是名家，以說服人為目的。《莊子．天下》所說的「桓團公孫龍之徒，飾人之心，易人之意，能勝人之口，不能服人之心。」就是這一派。其一是縱橫家，以誘導為目的。他們是靠舌辯遊說各國國君，聽從他們的意見。這兩派各有所偏。如重理智以說服為目的，容易流為「能勝人之口，不能服人之心」的詭辯家。若重感情，以誘導為目的，則易流為叫人盲從的煽動家。教師應該指導學生，使他們理智與感情並重。即思想與行為應該同時注意。即使目的不在誘導直接的行為，也必期誘導起行為的傾向。這樣，才能真正達到說服，影響的作用。

㈢辯論的命題

辯論命題和習作題文不同。記敘文、說明文、議論文，都可以用一個單詞、一個單語來做題目。如「讀書的甘苦」這個題目，可以自由在範圍內發表你對讀書的經驗與感想。若是辯論，這種題目就不適用。因為「讀書的甘苦」，並沒有暗示一個可加證明或反證明的確定論點，或陳述一種明白的信念。所以，辯論必須改變題目的形式，一定要用完全的句子表達出來。如「讀書是快樂的」。假使用述語來說，那就是名詞不能辯論，凡是辯論必須有命題。茲把命題應具備的條件，列述如次：

1.命題應直說：就是命題不能用問題的形式。因為要說服他人，在於有具體的主張。因此，必須用決定的語氣。如說「中學生應該注重科學」，不能說「中學生應該注重科學嗎？」

2.內容要單一：命題不能有兩種不同的論點，如：「中學生應該注重科學也應該注重體育」，這兩種主張都有成立的可能，但所主張的論證卻不能一樣。所以，應該分做兩個命題，不能併在一起。

3.命題不可含糊：所謂含糊，指詞義廣泛，可作幾種解釋的。如「道」字可作「道路」、「道理」、「道德」、「法術」等解。或是用「相當」「差不多」等詞語意義都極含糊。如「苛待養女應受法律相當的制裁」，到底怎樣制裁，才算是「相當」呢？為使辯論時不至橫生枝節，題中的文字，必須是十分明確的。

4.不可有成見：命題不應該先存有成見。如「討厭的聯考制度應該廢除」，先在「聯考」之上加「討厭」這形容詞，便是先存成見。聯考制度是否討厭，尚待證明，不能預先加這樣的判斷。

5.命題須正面：辯論必有正反兩面。正面是主張的，反面是反駁的。依辯論的規則，第一個論證要由正面發端。如果正面不能把自己的主張證明，反面即無從辯駁。因而問題也就用不著辯論了。所以命題必須用正面的語氣。

6.須可辯論的：所謂可辯論，就是可以容受不同意見及相反意見的命題。有些題目絕對不容許有不同的意見，如「凡人必有死」。有些題目是不可知的，如「人死後必受上帝的裁判」。有的是興趣不同，如「日月潭是臺灣最美的地方」。有些題目是沒有共同比較的標準，如「醫生的職業比律師高尚」。有些題目是要用試驗統計的，如「臺灣米的產量多於糖的產量」。有些是過時的，如「學校應該廢止讀經」。類似這許多題目，都是不可辯論的。

辯論命題的條件，已如上述。但命題的精神，還應配合學生的能力需要與興趣。應該注意到：1.內容必須為學生所習知的事件。2.題目要狹小。3.題語要淺顯。4.須要有趣味的。

(四)辯論的指導

辯論題目擬定好之後，接著應該指導學生去認清辯論的要點，搜尋材料，編製綱要等問題。茲分別述之：

1. 指導學生認清辯論的要點：

⑴先了解題目的內容：題目出來之後，應該指導學生先審察題目的內容，看裏面包含些什麼意義，然後才能去找參考書或有關的文章來參考，或是去請問有關的教師，藉以知道題目的範圍，及題目所含的意味。

⑵調查問題的發生及其歷史：就是研究命題的來歷，以及現在提出來辯論的由來。如「聯考制度應該廢止」應該先調查聯考是那一年開始的，當時為什麼要實施聯考，在辯論時才可以從中指出應該廢止或不應該廢止的爭點所在，不至被以前的爭點所混淆。

⑶縮小題目範圍：有時題目內所含的要點不止一個，有的是必須證明的，有的是不須證明的。為使辯論扼要和便捷起見，應該縮小範圍，把不必要的排除，使顯出必要的要點來。

2. 指導學生搜尋材料：

⑴要勤於動筆：材料多了，不能盡憑記憶，不得不隨時筆錄。有些材料，初看似無用，或不重要，當即丟開了。但到後來想起它不僅有用處，而且很重要，再重來翻查，不免枉費時間。至於筆記要詳實，書本應記頁數，雜誌報紙，應標年月日及頁數。這也可說是附帶指導學生筆記的方法了。

⑵材料應針對問題：材料一是徵引，一是證據。一般人作議論文，常引用《詩經》、《論語》等古籍的話來做佐證，以為這種言論是可信的。但是，假使不針對問題，專去徵引些旁證的材料，那不但沒有效果，反而會發生反作用。比方說，要證明一個人的行為是否犯竊盜罪，不去蒐集人證，物證，卻徵引

了一大套「詩云」，「子曰」，豈不鬧出笑話來。

(3)材料須經消化：別人的材料，如果不能經自己融會貫通，那材料愈多，愈感莫衷一是，不知如何是好。所以，別人的材料，必須經過自己消化。就是把別人的意見與自己的意見比較，結果影響了自己的意見。受影響的意見，不全是自己的，也不全是別人的，卻是一種新的意見。這樣，對辯論才有幫助。所以，讀書愈多，愈會融會別人的意見，自己的意見必愈堅強。

(4)判斷材料：辯論是為辯正是非，擁護公理。雙方在聽者的面前，各述論證，求聽眾的公斷。所用證據務須公平合理，才能使聽者同情信服。所以，搜尋來的材料，必先下客觀的判斷。切不可為一時的便利，或表現些小聰明，取巧弄詐，顛倒黑白，致引起聽者的厭惡，而使功敗垂成。這同時也是訓練學生養成光明磊落的習性，與公正不偏的精神。

(5)材料須顧及對方的理由：辯論不單是自己在陳述意見，同時對方還在攻破你的意見。所以，搜尋材料不單是為自己著想，還須設身處地推論對方所持的理由，證據，設法去駁倒對方。簡單說一方面自己要能立，一方面又須能破，才有必勝的把握。

3.指導學生編製綱要：

材料證據選定以後，還要作整理的工作，使辯論理路不至混亂。構成一篇有系統有聯絡的組織，這叫辯論的綱要。它的編製，並無成法可言。但一般習慣上都分成引論，討論和結論三種。

(1)引論的條件：

·引論的前部須包含為了解本討論的性質所必要的一切材料。

・引論的後部須包含論點的陳述及討論部分的區分。
・引論中須包含兩方面都已承認的陳述。

(2)討論的條件：
・討論中須包含一所與命題的所與方面所用的一切證據和論證。
・在討論部分中，每一個大項都應該是直接說明命題的一個理由。
・在討論部分中，每一個小目或一列同等的小目，都須是說明其所歸屬的大項的理由。
・給與反對者的駁斥，須視其應隸屬於何項何目而列入之。
・駁論的措辭，須明白提出對方的主張和己方的駁斥。

(3)結論的條件：
結論裏要把討論中的要點綜括起來，下一個最正確的判斷，其措辭並須和原題目一致。

(五)辯論的規則
1. 正式的辯論，須分相對的兩組，每組約五六人，各推一人為主辯，餘人為副辯。正反兩組由教師指定，或由抽籤決定。
2. 辯論時間：初辯普通是十分鐘或十二分鐘，覆辯普通是五分鐘或七分鐘。
3. 公請公證人三人或五人擔任裁判。
4. 辯論的順序是：
(1)正反對方的辯論員，分為兩行，對坐在講臺之前，主辯人居首，餘人照預定的輪辯次序就座，並各備紙筆應用。

(2)由正組主辯人發表正面理由，這時反組的人，都用心細聽。如發現其內容有可駁難的地方，就將駁難的論據論證記在紙條上，交本組主辯人參考。反組主辯人發表反面理由，正組各人也同這樣做。

(3)主辯人發表他的理由以後，就由副辯人依次起立答辯，直至完畢為止。

(4)最後雙方主辯人再登臺作綜合結論。

(5)評判人講評優劣點或由聽眾公決勝負。

附錄

壹　教師應有之準備

教學方法與別種學科不同，它是日新月異的。我這裏所談的方法，可能過了一些時候，又變成過時的東西了。所以，教師應該不斷的研究準備，才能推陳出新，適應當前教學的需要。假使教師只知道死抱方法，而不知道研究準備，那運用時就不能靈活。《禮記》上說：「凡事豫則立，不豫則廢，言前定，則不跲；事前定，則不困；行前定，則不疚；道前定，則不窮。」可為準備二字最好的註腳。

準備要視為自己的進修。百分之百的準備，可能講解給學生聽的，只有百分之三、四十，其餘都是教師自己的進益。從前梁啟超氏曾說：「無論做何種職業的人，利得他人，便不利自己；利得自己，便不利他人。惟有教育這門職業，既可利己，又可利他。」這幾句話就是指教師一面在教人（利他），一面還要自己準備（利己）。教師能在教學之前，先做準備的工作，那教育的職業，才真正是「南面王無以易」哩！茲將教師教學應該準備的事項，分別舉列如次：

一、課文的準備

㈠周詳：周詳是從廣度方面說。一篇課文之中，無論是詞句、音義、專名、典實、作法、文法、題旨、作者、標點符號，以及附錄注釋，處處都要準備周到。如講一姓名，就應該詳述他的別號、異名。籍貫，籍貫的現代地名。生卒年，生卒年的民國紀元年期，或西曆紀元。職官，職官的現代官名或司掌。在文壇上或思想學術界的地位，以及著作等等。講到岳飛是民族英雄，則應詳述其所以為民族英雄的事蹟。「文起八代之衰」，八代何名？如何衰法？這許多都應詳細查考。其他一個字、一個詞、用法有何不同，句子可作類比的，也都要準備周到。如「人」字是名詞，《孟子．梁惠王》，「望之不似人君」、「人」字就做形容詞用。韓愈〈原道〉「人其人」上一「人」字又是動詞了。「瞻」與「顧」，「察」與「見」，都有「看」的意味，但「瞻前顧後」不能易為「顧前瞻後」，「明足以察秋毫之末，而不見輿薪」，不能換為「明足以見秋毫之末，而不察輿薪」。至於句法的表達也不止一種。如：「十月十日革命軍在武昌起義」是一句話，這句話也可說成，「革命軍於十月十日在武昌起義」。也可說成，「革命軍於十月十日起義於武昌」。其他說法還很多，然而作者偏偏選用某一句法，在文辭的前後上下看來，或有其必須選用這個句法的原因，抑或另外句法同樣可用，而作者只是任意選用這種句法。凡此種種，教師都應該充分準備，在講解時提引比較，使學生多所體會。

㈡透切：透切是從深度方面來說，國文教學不僅是做字與詞的表面解釋，還要做到分析，演繹，歸納，涵詠，體味的工夫。要在學生領悟不到，研究不出的部分，作詳盡的分析，如〈落花生〉那一課裏面說「半畝隙地」，「隙地」就是「空地」，我們說空房子，空位置……是否也可說隙房子，隙位置。一般人都以為從前歐陽修曾說「得於心，會於意，不可得而言也」遂以為文章只可意會，不可言傳。其實歐陽修這幾句話，是在贊美梅聖俞詩才的高，並不是說文章的好處，真的不能用言語來表達。好的文章，往往可喜的地方很多，不是一言半語可以說得盡，一時無從說起，於是就籠統的說「不可言傳」。難道文章的好處，真的不可言傳嗎？其實不是這樣的。例如李清照詞：「簾捲西風，人比黃花瘦。」這九個字的好處仍舊可以說得出來的。西風，黃花是重九日當前的景物，簾捲而西風吹入，黃花見，居人憔悴很久了。西風拂面而愁更深，黃花照眼而人共瘦。信手拈來，寫盡暮秋無限景，道盡春閨無限情。這是第一個妙處。九個字中，簾，西風，人，黃花，已占了六個字，著一「捲」字，嵌一「比」字，而字字如貫珠。末後一瘦字，綴之以夜光。這是第二個好處。風字，聲音最洪，瘦字，聲音最細。簾捲西風，以最洪的音縱出，收到一瘦字上，斂為極細極小，戛然而止。這是第三個好處。因此，我們知道，文章的好處，沒有不能說的，假如說不出來，那只是自己體會不深。《文心雕龍》說：「豈成篇之足深，患識照之自淺。」教師應引為警惕的。

㈢純熟：俗語說：「不能背誦的文章，還不能算是自己的東西。」因為文章沒有背熟，它的內容，就不能完全吸收消化。更談不上運用。同樣的情形，假使教師對課文中音義，詞句，段落，作法各項都有了周詳透切的準備，而沒有達到純熟的地步，那就不能據為己有，運用起來就不能貫徹精當，得心應手了。教師講述課文時，要不假思索。而態度活動能與文中情意相配合，這全靠準備的純熟。如果準備不純熟，講解時，只能看一字，唸一字，看一句，唸一句，必將顧此失彼，動作呆板、遲鈍，甚至語意遺漏，前後不聯接。這與沒有背熟臺詞上臺演戲的演員一樣。不但學生聽來索然無味，就是自己也覺得厭煩。態度的尷尬，可想而知了。

純熟的要求，最好能達到背誦的程度。即使不能完全背誦時，至少也須做到目光射及數字，或是一個標記，符號，就能引起該項內容的全部記憶。這樣，才能使所講述的內容，前後融貫一氣，而配合自己的表情與動作，以控制學生的注意力，而收教學的功效。

二、教法的準備

㈠安排項目過程：教師於課文準備完畢後，應認清教材價值，及教學目的，詳細考慮教學項目，妥慎安排教學過程。文言文應該怎麼教？語體文應該怎麼教？詩歌應該怎麼教？散文應該怎麼教？那一項目應該在前面講，那一項目應該在後面講？諸如此類，都應該預先計劃安排，才不致臨講述時慌張，凌亂無序。文言文與語體文因為時代的不同，表現各異，因此，在教學過程上也自應有其不同之處。大體的說，文言文的教學過程可依「單詞的分解」、「語句的剖析」、「文義的探究」、「作法的審辨」、「讀法的講求」五個步驟依次進行。語體文則恰巧相反。應先從全文文義的概說中，舉出作者的經營法度，思想內容，分別體會其旨趣，復次逐詞逐句比較引證。簡單的說，文言文的教學過程是「由小而大」、「由分而合」，由點的講解，進而完成全面的探究。語體文的教學過程，則應「由大而小」、「由合而分」，由面的概述，推而作點的分解。不過，這只是原則罷了。其間斟酌損益，還得要教師視課文內容的難易，去作適當的安排。

㈡決定內容：所謂決定內容，就是依據教材價值及教學目的，考量學生能力，需要，與興趣，簡別各項內容材料。決定其應取應捨、首要、次要，什麼是要講的材料，應該怎麼講，那些是不必多講的材料，下一番選別的工夫。有些教師喜歡發揮，可是所發揮的並不是所講的那一篇文字，而是天南地北的扯了一陣。如講到看球賽的文章，就大談他自己看中華隊與地主隊比賽的緊張情形。或是講到戲劇，會唱戲的教師，就當場哼了兩句。學生聽了這樣的發揮，常常也覺得很有興趣，但對其語文的訓練，是一點也沒有益處的。在教學的實質方面說，要培養學生健全的人格，及發揚固有民族精神。有些教師，憂世心切，或是心裏有所感觸，於是就在上課時大發議論一番。自己以為是在陶冶學生品性。其實，這樣不但沒有效果，而且學生還會大笑呢。有時教師自己難免也犯些錯誤，學生就會有「夫子教我以正，夫子未出於正」的感覺。對於教師的信仰全失，豈不是弄巧反成拙了嗎？因此，教師講解時應切實把握教學目的，就課文的文字發揮，切不可旁涉太遠，以免枝節橫生，影響教學的進行。

㈢預擬活動方式：活動可分教師與學生兩方面，教師活動有提示、問答、講解、指名學生讀講、板書筆記各種項目；學生活動有問答討論、遵照教師指名讀講、抄錄筆記等各項目。教師在講解課文之前，應預先擬定，何處由教師作何活動？何處令學生作何項活動？如遇到課文中有特殊的句型或生難的詞語，應先預擬告訴學生，或指名學生問答，促起普遍注意。假使是已經講解過了的特殊句型，則應促使學生類化。教學的目的，在教學生「學」，教師不必全部包辦。為使活動方便起見，教師宜先自定各種活動符號於課文中各處，以增刺激，而免遺忘。

三、一般的準備

㈠儀態：教師教學生，不單是知識的傳授，並且還有人格的陶冶。因此，教師教學的態度，必須純正，熱誠，以身作則，領導學生自發的活動。使學生敬其業，樂其業，篤實踐履，造就健全的人材。在精神方面，不要萎靡不振。平時要和顏悅色，以和氣迎人，以善意待人。學生學習的興趣，就會油然而生。倘若教師道貌岸然，拒學生於千里之外，就無法引起學生學習的興趣了。孔子「溫而厲，威而不猛」，這正是教師應具的基本態度。其他如外表的衣履，應樸素整潔，行為應莊重，要從容而不慌張，要大方而不羞澀。在教學時面部的表情及身手的活動，應隨文義及學生反應而變化，勿太板滯，但應以活潑自然為度，也不可過分做作，流於輕浮。最後，還必須抱有確可以為學生表率的自信心。

㈡語言：語言為表達情意的工具。假使教材教法，都有充分的準備，而語言表達不得法，即使有很精彩的內容，也都等於零了。語言第一是措辭，說話要簡單明瞭，解一語，講一義，總是意思最中肯，用語最普通，學生一聽就完全了解的。此外，闡發指示的措辭形式，應用直述，還是用反問，應用比喻，還是用例證，都要細加考慮，使具有吸引學生注意的力量。至於音調，須求清楚和緩，勿過於急促。尤其國語發音不佳者，更應如此。中國方言不一，雖然大家都說國語，但腔調習慣，仍不容易一時改過來。有比較不容易懂的詞語，須隨時作板書補助。語音須有抑揚頓挫，勿始終平淡，假使過於一般化，則表達不出作者的情意所向。所謂「聲隨情轉，情由音現」，就是這個道理。又中國語詞的彈性很大，同一詞語，說的和寫的，表達各不一樣。如「衣」與「椅」同音，寫在黑板上可以寫「衣」「椅」字。但說的時候，卻要說「衣服」「椅子」。這許多，在講解的時候都應該注意。至於語態，宜求莊重，間可穿插輕鬆的語句，以增幽默，而引興趣，但不可稍涉佻㒓。

㈢板書：板書為教學的重要補助。教師的語言，往往超過學生聽受的能力，學生了解不能正確。又因中國同音的詞彙太多，尤其非國語地區的語音與國音頗有出入，不容易普遍聽得懂。故必須以板書濟其窮。板書應該按照次序書寫，補充或解釋文義的板書，應該從板首依次整齊書寫，並保存相當時間。幫助語言表達的板書，可擇黑板後半部適當的地方書寫，可以隨時拭去，以免混亂。註解詞義，註明字音的板書，宜先寫出本字本詞，然後作注作解。勿僅寫注解，而遺漏本字本詞。板書文字，筆劃須清晳，字形應稍大。慎防別字錯字。書寫後應該講一遍。並注意學生反應，隨時改善。字的好壞，現在太不講究。但學生的書法，國文教師負有指導的責任。所以，教師自己平時應該注意練習，以求進步。

以上僅從教師教學時所應該準備的各種項目，作概略的說明。但教學方法的本身，還是繫於高深的學識上，偶無高深的學識，即使把方法條目背得滾瓜爛熟，對教學還是沒有幫助的，因此，教師在平時還應不斷的進修，如學術思想史，文學史，文字學，修辭學，文章作法，文法書法，講演辯論術，新聞學，以及訓詁、聲韻、校讎、各種社會科學，都應有相當的知識，甚至對於自然科學，也得有起碼的常識。以為教法之助，否則，即使有很好的教學方法，也不能發揮出它的功能來。

貳　實用國文教學法簡介

所謂實用國文教學法，是依據部頒中學課程標準及國文教學目標，並衡量學生的程度，教材的難易，學校的設備，以及教師自己的能力與個性所擬定的一種教學法。其實也可以說是中學國文教學法。所以稱為實用國文教學法的原因，一方面固然是為了便於稱呼，另一方面也是指其能適應實際教學的需要而言。當然，這還只是一種構想，需要改進的地方還很多，但也不能說它沒有事實的根據。

在學理上，實用國文教學法是根據孔子的教學理論，吸收各種最新教學法的優點，並結合實際教學的經驗。大家都知道，孔子的「因材施教」，已成為教育學上的一句格言，但許多資料的顯示，只說明孔子因施教對象的不同，教學內容也跟著而改變。很少人注意到，孔子「因材施教」因施教對象的不同，教學方法也隨著而更易。孔子平時教學門弟子，最常用的教學方法，是啟發教學法，所謂「不憤不啟，不悱不發，舉一隅不以三隅反，則不復也」。但是對於鄙夫，則是採用「扣其兩端」的講演式的教學法，《論語・子罕》說：

> 有鄙夫問於我，空空如也，我扣其兩端而竭焉。

所謂「扣其兩端」，根據朱子的意見，兩端猶言兩頭，是說凡事的始終，物的本末，上下精粗，都很詳細的說明。《論語集解》引物茂卿說：

> 蓋孔子平日答門弟子問，不憤不啟，不悱不發，舉一隅不以三隅反，則不復也。門弟子或以為隱，故孔子又有此言，鄙夫問於我，則竭兩端。門人則否。教誨之道也。

這正說明孔子的「因材施教」，不但是教學內容的不同，連教學方法也改變了。根據這個理由，實用國文教學法不固定採用一種的教學法，是考慮客觀的因素，針對實際的情況，選取最有效的教學方法。譬如說，學生程度高，可以採用啟發、討論的方式來進行教學。學生程度低，則採用談話，講演的方式來處理課文。甚至在一篇教材之中，有時可以採用討論的方式。遇到學生不容易查考的典章，名物，制度，那只好由教師採用講演式的教學了。採用那一種方式來處理課文，全視客觀的因素而定。許多人都認為引進一種新的教學方式，就可以取代一切舊的教學方法，甚至推翻舊的教學方法。在國文教學上說，這是一種極端錯誤的觀念。任何一種新的教學方法，如果不能照顧到課程標準的要求，課程的性質，教師的能力等多方面的客觀因素，要用一種的教學過程模式來概括，勢必窒礙而難行。以最近提倡的行為目標教學法來說，反對用「灌輸、示範」的行為，甚至不主張採用「灌輸、示範」的字眼，諷刺「灌輸道德是一種不道德的行為」(見《能力本位行為目標文輯》第二十六頁)。在某一方面來說，這種意見可能是對的。但是和國文教學目標是有抵觸的。根據部頒高中國文教學目標第三條的規定，就是要教師「培養倫理道德之觀念、愛國淑世之精神」。在課程標準沒有全面修訂以前，將會使教師左右為難。要依從行為目標來設計教學，又違反國文教學目標的規定，要遵照國文教學目標去實施，則又不合行為目標教學法的要求。這都是改進國文教學沒有照顧客觀因素所發生的矛盾現象。我們知道，知識可以分為兩類，一種是累積的知識，一種是非累積的知識。自然科學的知識，可以說是非累積的知識，許多早期的發明，至今已覺不新鮮。五十年前的火車頭，只好放在博物館裏面做陳列品，誰也不再去重視它了。許多早期的化學元素，在化學的課本中消失了。替代的是許多新的名詞。但是人文學科是一種累積的知識。一千多年前李白、杜甫的詩歌，我們今天還在傳誦，並且將繼續不斷的受著它的影響。這兩種的知識，都有其不同的特性。教學方法，比較偏於非累積的智識方面，因為偏於非累積的智識，它需要經常的革新。語文則比較偏於累積的智識方面，因為偏於累積的智識，所以重於因襲繼承。所以要把經常革新的教學法，去改進具有因襲繼承性質的語文教學，常常會發生排拒的現象，這並不是人為的原因，完全是由於教學法和語文的特性不同的緣故。不過，這兩種不同特性的智識，也並非不可以調和。實用國文教學法，就是要負起調和的任務，使語文教學能吸收新的教學內容，同時也要使新的教學法，良好的為語文教學服務。依據這個要求，所以實用國文教學法不排拒各種新的教學法，但卻是有條件的吸收，不是盲目的套用。也惟有這樣，才能使改進國文教學產生真實的意義。

或者說，既然教學法是偏於非累積的知識，語文又是偏於累積的智識，那要如何去調和，使其不發生衝突，讓新的教學方法良好的為語文教學來服務呢？是的，這是一個重要的問題。我們知道，智識雖分為累積和非累積兩類，但是兩者仍有密切的關聯，譬如上面所說的五十年前的火車頭，雖然已經不受人重視，但是今天電氣化的火車，也還是由從前的火車頭逐漸累積改進而來的結果。就是教學法的本身，也具有累積與非累積兩種智識的因素。行為目標教學法是最近輸入的舶來品，可以說是最新穎的教學法，但其中的精神，仍是孔子所說的「博學之、審問之、愼思之、明辨之、篤行之」的理論（見《能力本位行為目標文輯》第十八頁）。所以要引進新的教學法來為語文教學服務，在理論上是可以做到的。問題只是如何去實施而已。

實用國文教學法吸收新的教學法的原則是：任何的教學法，必使其不與本國語文特性發生衝突，同時並照顧國文教學目標的要求與教學的客觀條件。根據這個原則，實用國文教學法的精神是一種綜合的藝術表現。而其目的，是要「引導學生，走入抽象的領域，以達到創造的地步」。也因為這樣，實用國文教學法實施的過程，不是一種固定的過程模式。以單詞教學的原則來說，它有各種不同的時間和處理的方式。在討論分析課文之前來處理單詞，那是因為學生不了解這個詞語，就不能體會課文的大意，所以必須在討論分析課文之前來處理，使它能夠為討論分析課文的幫助。在討論分析課文之中來處理單詞，那是因為這個單詞必須結合課文才能講得清楚。在討論分析課文之後來處理單詞，那是因為這個單詞，不但要使學生了解，而且還要學生能夠運用。因為要使學生能夠運用，必須多舉例子，使學生練習應用，所以必須在討論分析課文之後來處理，以免中斷課文的討論。所以教師在施教之前，必須多作課前的準備，考慮教學單詞的目的，以及單詞本身的性質，學生的程度，安排適當的時間，不同的方式，作不同的教學。有的詞語，可以用圖片、教具來解釋，像古代的器物：觥、兕、爵等學生不習見的事物，用任何的文字來解釋，都不如圖片說明來得清楚，有的詞語則可用表情動作來幫助學生理解。像拱手、作揖等等。總而言之，實用國文教學法，是要針對教學實際的情況來作最有效的安排。至於教學方法的運用方面，如果問題很簡單，估量學生已經具有了解這個問題的基本常識，則只做到啟發指引而止，讓學生自己去索解。如果問題太困難太複雜，那只好由教師直接來講述了。因此教師必須先了解各種教學法的特性，適當的選取其優點，迎合語文教學的需要，作一種密切的配合，這樣，改進語文教學的意義才不會落空。否則，高談用新的教學方法，不顧客觀的條件，來改革語文教學，都是不切實際的做法。最顯著的例子，是教學設計，和實際教學情況脫節。教學設計標示依據某一種教學方法而編製，而實際教學則仍是教師自己的一套，和教學設計的過程並不符合。當然，造成這種現象的原因很多，但固定運用一種方法，缺乏彈性，不能適應客觀條件的要求，不能不說是主要的因素。

那麼，實用國文教學法如何吸收各種教學方法的優點呢？以吸收行為目標教學法的情況來說明。行為目標教學法主張擬訂教學目標，廢除內容的目標，改用行為的目標，這是比較具體的做法，因為這樣教師可以切實把握教學的活動與趨向，不會單注意教師的活動，忽略學生的活動。當然，也並不是說過去的教學不注重學生的活動，不過訂定具體的行為的目標，教師可以切實的把握，便於檢查教學的績效和評量學生學習的結果。不過，國文教學有它具體的語文訓練，也有它抽象的情意的陶冶和文藝的欣賞，所以單元目標則分列語文訓練、精神陶冶和文藝欣賞三項（見所附教學設計舉例），這也是為了要照顧課程標準的要求。近年來視聽器材普遍應用，國文教學也不例外，所以實用國文教學法教學設計特列使用教具一欄，教師可視實際情形，製作圖表，以投影機放映，以節省板書時間，如為詩歌、美文、需要朗誦吟詠的，也可預先錄製錄音帶，到時播放，以提高學生朗誦的能力和興趣。這都是實用國文教學法吸收各種教學法優點的例子。

實用國文教學法不但是依據課程標準的規定，教育的理論，以及吸收各種教學法的特點，同時也與實際的教學經驗結合。上面所說的單詞教學的方式，不拘於一種模式過程，那就是教學經驗所得的結果。學生往往不喜歡呆板式的敘述。一般單詞教學，都採用定義式的講解，學生拼命背誦單詞的定義，但對詞語的運用規律，則毫無所知，寫作時不是張冠李戴，就楚材晉用，教師花費很大的氣力去教學，學生還是得不到益處。實用國文教學法針對這個缺點，在整個教學過程、方法，作彈性的運用，使教師在不違背整個教學的原則之下，作適度的處理，不必拘於一定的過程，和一定的方式，可以在任何適當的時間，依單詞教學的目的及詞語的性質，用不同的方式來教學。在處理課文文義的時候，也不必一定要用討論講解的方式，有時甚至可以叫學生回去用圖畫把課文文義表達出來。經驗告訴我們，用不同的方式來處理課文，學生學習的興趣都很高，而且也能收到良好的教學效果。實用國文教學法，就是結合這些經驗而設計的。下面就以黃美煖同學所設計的陶淵明的〈五柳先生傳〉為例，說明如次：

一、五柳先生傳

先生不知何許㊀人也，亦不詳其姓字。宅邊有五柳樹，因以為號焉。閑靜少言，不慕榮利。好讀書，不求甚解㊁；每有會意，便欣然忘食。性嗜酒，家貧不能常得；親舊知其如此，或置酒而招之，造飲輒盡，期在必醉，既醉而退，曾不吝情去留㊂。環堵㊃蕭然㊄，不蔽風日；短褐㊅穿結㊆，簞瓢屢空㊇。——晏如㊈也。常著文章自娛，頗示己志。忘懷得失，以此自終。

贊㊉曰：黔婁㊀之妻有言：「不戚戚㊁於貧賤，不汲汲㊂於富貴。」味㊃其言，茲若人㊄之儔㊅乎？啣觴㈦賦詩㈧，以樂其志。無懷氏之民歟？葛天氏之民歟㈨？

【題解】

這一篇等於是作者的自傳，寫他自己的個性、愛好和生活。他這種不慕榮利的高潔品格和任真自得的曠遠懷抱，是最令人景仰的。

【作者】

陶淵明，字元亮，一名潛。東晉潯陽柴桑（今江西省九江縣西南）人。生於晉哀帝興寧三年（西元三六五），卒於宋文帝元嘉四年（西元四二七），年六十三歲。他學問淵博，善於作文章，少年便有高尚的情操，厭惡當時政治社會的腐敗，不願作官。因為家貧，曾作過一任彭澤（今江西省彭澤縣）令，只做了八十幾天就辭職了。然後一直隱居在柴桑，過著窮困的耕讀生活。卒謚靖節先生。他是我國古代偉大的詩人之一。著有《陶淵明集》。

【注釋】

㈠何許　何處。

㈡不求甚解　不執著在字句上，作穿鑿附會的了解。

㈢曾不吝情去留　從來不會捨不得走開。

㈣環堵　房屋四壁。

(五)蕭然　空寂的樣子。

(六)短褐　褐，音ㄏㄜˊ，粗布。短褐，粗布短衣。

(七)穿結　穿，破洞；結，打結，縫補。穿結，形容衣服的破爛。

(八)簞瓢屢空　簞，音ㄉㄢ，盛飯的圓形竹器。簞瓢屢空，是說飲食常常缺乏、不足。

(九)晏如　安然自得的樣子。

(一〇)贊　史書列傳後都有贊語，是作者對傳中人的評論。

(一一)黔婁　春秋時魯國的賢者，持身清高，不求仕進。其妻也有賢德，見《列女傳》。

(一二)戚戚　憂慮的樣子。

(一三)汲汲　汲，音ㄐㄧˊ。汲汲，不休息的樣子。指努力去求取。

(一四)味　品味，思量。

(一五)若人　此人。

(一六)儔　音ㄔㄡˊ，類。

(一七)啣觴　啣，同銜；觴，音ㄕㄤ，酒杯。啣觴，飲酒。

(一八)賦詩　作詩。

(一九)無懷氏之民歟葛天氏之民歟　無懷氏和葛天氏都是傳說中上古的帝王。這二句是說五柳先生像是生活在上古淳樸的社會中的人。

單元	五柳先生傳	來源	國中國文第二冊第十一課
班級	一年十班	設計者	黃美煖
教材要旨	這一篇是作者的自傳，文中由性情、嗜好、修養各方面層層遞寫，來表現出作者高潔的品格與超曠的懷抱，不戚戚於貧賤、不汲汲於富貴。正是作者個性的寫照。這篇文章文辭簡潔明暢，結構嚴謹，是學習文言文的良好教材。		

單元目標	
語文訓練	(一)明白本文的寫作技巧，並能適當運用所學過的文辭。 (二)比較文言語體詞彙之異同。 (三)能了解文言文的造句形式，增進閱讀明易文言文之能力。
精神陶冶	(四)就陶淵明高尚的節操，增進品德的修養。 (五)培養貧賤不移的志慨。 (六)能從好讀書的生活中，養成安貧樂道的精神。
文藝欣賞	(七)欣賞作者遣詞造句的技巧。 (八)欣賞本文的結構及寫作的特點。

時間分配

節次	教學內容	時間分配	附記
1.第一節	a考查前一課學習情形。 b考查預習情形。 c題解、作者之講解。 d處理課文（第一段、第二段一部分）。	五十分鐘	
2.第二節	a考查學生對前一堂課文之理解情形。 b繼續處理課文（全文完）。 c深究鑑賞（文章形式之美）。	五十分鐘	
3.第三節	a續深究鑑賞（文章內容之美——問題之討論）。	五十分鐘	

	教學活動
具體目標	引起學習動機。 接受教師指導，並能回家切實預習。
教學過程	〔預習指導〕 （於前一課文結束時留下二十分至二十五分鐘舉行之） 一、五柳乃五棵柳樹，而這篇文章何以稱為「五柳先生傳」。 二、五柳先生所影射的是誰。 三、將全文內容作概要的說明。 四、本文是屬於何種文體。 ——本篇作者是陶淵明，他是東晉時候的人，他因為厭惡當時社會、政治的黑暗，不願出來作官，隱居在柴桑，過著耕讀的生活。由這篇文章描述的含義，可知其中的「五柳先生」是作者自己的寫照。這一篇文章，是「傳記」文體，可以說是作者的自傳，
運用方法	提示法
使用教具	
時間分配	15
附註	

教學活動	方法	教具	時間	目標
但是他不明言，只取宅邊的五棵柳樹以為號，由此我們可知作者是一淡泊名利的人，並非以文章來邀世之清譽（由教師扼要講述或提出討論之）。	討論法講述法			
五、指導學生回去查閱歷史課本有關東晉末年的時代背景。	自學輔導法		2	加深對作者之認識以為理解課文的基礎。
六、指導學生回去查考潯陽柴桑、江西彭澤縣的地理位置。			2	
七、指定作業。查明下列諸詞之義：「閑靜」、「欣然忘食」、「嗜」、「輒」、「期」、「造飲」。——（下一堂課要檢查預習筆記）	自學輔導法		2	由經常之查考工作而能自行處理課文。
——下課——				
（第一節上課）				
一、發還筆記本。（教師扼要講評之）	講述法問答法		5	能養成溫故而知新之習慣，對每一課文皆有確切之體會。
二、考查前一課——〈志摩日記〉				

教學活動			
的學習情形（書面或口頭答問）。			
三、考查預習情形。 1.指名學生簡述作者的時代背景（教師視需要作適當之補充）。 2.檢查預習筆記。	談話法		6
四、概覽課文（命學生將課文默看一遍以集中其注意力，並使其對全課文能先有一概念性的了解）。			2
五、介紹題解與作者。並將其中之生難詞語如：不慕榮利、任真自得、曠遠懷抱、「彭澤『令』」、「諡」，予以解釋說明。其中有關作者的個性於進行處理課文時，再詳加分析（命學生預習查考所得提出討論之）。	講演法討論法		3

	教學活動				
能具有發表之能力。	六、處理課文：			1	
	(一)指名學生分段將課文先念一遍（命其他學生訂正錯誤，並將讀錯之字音提出討論）。	討論法		2	
	(二)第一段（先命學生講述討論，教師再作整理訂正補充）。	講演法（板書配合）		7	
能比較文言與語體詞彙之異同。	1.處理單詞： △何許——見注釋(一)（注釋所有之詞語，命學生補充，如注釋中還有生難詞語，命學生將預習所得提出討論之）。 △詳，審也，亦即知道得很詳盡。 △宅，人所居住的房子。				
能明瞭句子繁簡之變化進而運用於作文中。	2.省略句之還原與分析。 △因以為號焉，此乃「因以（之）為號焉」的省略。由此中之分析，於是可知此「焉」只是一		用投影機放映虛字表		見附圖一

教學活動

語尾助詞而不是稱代指詞。

△因，當「因此、於是」解。

3.整理全段文意：（啟發法）

提示學生課文中所說的「先生不知何許人也」究竟指的是什麼人？和結束「無懷氏之民歟？葛天氏之民歟？」有什麼關聯？（學生講述討論之後，再由教師作整理補充）

㈢第二段：

1.第一小節：

(1)處理單詞：（討論法）

△閑靜　指心境非常閑雅恬靜。

△不慕榮利　慕，羨慕，榮利，指外在之榮華

教學活動				
了解詞語在課文中確切之意義。				
與名利。 △不求甚解——見注釋㈡。 △會意　心中領略其意。 △欣然忘食　欣然，心中非常高興。此句言其心有所意會，其欣然自得之程度，連飯都忘了吃。 （先命學生將預習查考所得，提出討論，教師補充訂正之。） ⑵整理本小節文義。 提示學生「好讀書，不求甚解」之真正含義。 討論「不慕榮利」和最後一段「贊曰」有什麼關聯（先命學生討論，教師訂正補充）。 2.第二小節：	討論法	用投影機放映虛字表	2	見附圖一

教學活動

能確切掌握虛字之用法。

(1)處理單詞：

△嗜 喜好。音ㄕˋ。

△親舊 親，指親戚；舊，指故舊，即舊友也。（並告訴學生舊雨新知之義）

△其 指五柳先生，稱代指詞。

△或 有二義：1.判斷限制詞。2.不定指稱詞。此處用法為何？（此處用法乃2.不定指稱詞，作「有時候」解）

△置酒而招之 置，設置，準備也。招，邀也。之，指稱詞，指五柳先生。

△造飲輒盡 造，往也，到也。輒，往往也。

討論法
講述法

12

教學活動					
了解語句所含之真義。	△期　希望也。 △既醉而退　既，已經也。退，起身告辭也。 △曾不吝情去留——見注釋㊂。 (2)整理本小節文義。 從「不吝情去留」，說明陶淵明之個性。提示「既醉而退」之含義。蓋作者寄情於酒，而非沈湎於酒。 （先酌情提問學生，由教師整理闡發之。） ——第一節下課——	講述法 討論法		3	
對課文有系統性的連結。	〔第二節上課〕 提名學生簡述上一節課討論講解之大意。 （繼續處理課文第二段） 3.第三小節： (1)處理單詞：	講述法 討論法		2	

教學活動				
了解詞語之意義及在課文中之含意。 能明確使用標點符號；深切了解標點對文章	△環堵蕭然——見注釋㊃㊄。 △蔽　遮擋。 △短褐穿結——見注釋㊅㊆。 △簞瓢屢空——見注釋㊇。 △晏如也——見注釋㊈。 △忘懷得失以此自終　得失，指世俗之利害得失。此，指以上所言之種種。自終，即過一輩子的意思。 （以上參照學生預習所得提出討論，由教師訂正補充。） (2)特殊標點符號使用法之講解： △分號（；）：分號之使用法有：		配合附圖二字形辨別表及附圖一虛字表有關部分	4

教學活動	
意義之重要性。	
①分開繁長之平列短語成分句，如此文中之（環堵蕭然，不蔽風日「；」短褐穿結，簞瓢屢空）即是此種用法，環堵蕭然句與短褐穿結句，於文法上乃屬於一種平行的關係。 ②兩個獨立的文句，於文法上無甚聯絡，而於意思上前後卻相關者，用分號分開。如此文中之「好讀書，不求甚解『；』每有會意，便欣然忘食」，每有會意句是在補充說明好讀書，不求甚解這一句。	講演法 討論法
4	

教學活動

有熟練運用標點符號之能力。

③數個互相依賴之分句，如太長時，亦應用分號分開。如此文中之「性嗜酒，家貧不能常得「；」親舊知其如此，或置酒而招之，造飲輒盡，期在必醉「；」既醉而退，曾不吝情去留」此數句之意乃一系列連貫下來，為其太長，故於一小段落處以分號分開。

△破折號（——）；其用法亦有三：

①表示夾注，用法與（）同。如：〈哀思〉那一篇，「民國元年那一次，正是他第一次下政治舞臺；這一

3

教學活動

體悟安貧樂道之道

認識贊語之寫作方式，與議論文之關係。

次『——』末一次，非但下政治舞臺，並且是下人生舞臺了。」

②表示忽轉他意。（酌引學生讀過之課文為例）

③表示總結上文各小段，其用法與（：）冒號同。此文之……——晏如也。即是此種用法。

(3)整理全段文義，闡發生活貧苦而能堅定意志的樂趣。（摘要提問學生並補充之） 講演法

(四)第三段： 6

(1)處理單詞：

△贊——見注釋⑩補充——史傳後所附之評論，其名不一，司馬 講演法

教學活動
了解各辭語在課文中之意義，並熟悉其運用的技巧。
遷《史記》稱太史公曰，班固《漢書》稱贊曰，范曄《後漢書》稱論曰，陳壽《三國志》稱評曰，荀院《漢紀》稱論，其他或稱序議，名稱雖異，而所表之義則同。就是作者發表之意見。 △黔婁——見注釋㊁。 △不戚戚於貧賤　戚戚，見注釋㊂。貧，指貧苦。賤，指處於卑下之位。 △不汲汲於富貴　汲汲，見注釋㊂。富，指富有財貨之意也。貴，指顯達，處於高位；今富貴已成為聯合式合義複詞。
配合附圖一有關虛字表

教學活動

△味其言——見注釋㈣。

△茲若人之儔乎——見注釋㈤㈥。茲，則也，那麼也。

△卿觴賦詩——見注釋㈦㈧。

△以樂其志——其，指稱詞，指五柳先生。以，而也。

△無懷氏之民歟葛天氏之民歟——見注釋㈨。歟，疑問語尾助詞。

(2)特殊語法與標點之分析：

△贊曰「：」此冒號之運用，乃用以總括下文。其下之文字，皆贊語也（其用法另有總結上文者，其用法與破折號③同）。

配合附圖一有關虛字表

1

教學活動				
能活用於作文之中。				
△味其言，茲若人之儔乎？——此乃一反詰語氣，是為一活句，提醒吾人去思量。如以肯定句出之「茲若人之儔也」，則是一死句，作者已提出答案，我們只是很機械地去接受。	啟發法 講演法		2	
△無懷氏之民歟？葛天氏之民歟？——此二句所言，乃非吾人經驗界，而只存於傳說中、理想中的抽象境界，此抽象之烘托，而以疑問句出之，更令人發思古之幽情而生娓娓不盡之感（並啟引學生可將此句法適當運用在作文之中，			2	

教學活動			
明瞭文章聯絡照應之技巧及贊文之作用。			
以增強文章之氣勢）。 (3)整理本段文義： 本段為全文之總結，「不戚戚於貧賤」，以證傳中「家貧晏如也」句。「不汲汲於富貴」，以證傳中「不慕榮利」句。「啣觴賦詩」以證傳中「飲酒為文章自娛」句。「無懷氏之民歟、葛天氏之民歟」，以照應傳首「先生不知何許人也」句。首尾呼應，結構非常嚴謹。構成一篇完美之傳記文。 （酌提適當問題讓學生討論，教師作啟發性之補充。） (五)問學生於課文之中是否仍有困惑之處並解決之。	討論法 講述法		2

教學活動					
對品德之修養有所啟悟。	㈥教師綜合全文文義闡詳發揮。 ——第二節下課—— （回去先思考課文後面之問題，以為下堂課深究課文內容之準備）	講述法（間亦提問學生促其類化）		3－2	
	［第三節上課］			12	
了解文章材料之選取、控制、安排。欣賞文章結構之美。	㈦深究鑑賞： 1.形式之美—— (1)文章結構、聯絡照應，與虛字分析。	啟發法 綜合法	投影機放映分析	5	參見附圖五課文分析表與附圖一虛字表。
能辨別字之形、音、義，並活用之。	(2)字形、字音、字義之辨別。				參見附圖一、二註，此可配合課文講解，此處只做一歸納以加深學生之印象。
深切體會文章之真意，養成不慕榮利安貧樂道之精神。	㈧續深究鑑賞： 2.文義之闡發——內容之美 (1)每一問題指定學生就其所認識者發言，或採自由發言法。 (2)視當時之需要而予補充學生發言之不足。	討論法	投影機放映討論表	30	參見附圖四。
	七、下一課文〈火鷓鴣鳥〉之預				

教學活動	
習指導。 （要求學生回家溫習，下一堂課評量其學習成果，並預習新課文。） ——第三節下課——	20

虛字表　附圖一

1. 先生不知何許人「也」——語尾助詞。晏如「也」同。
2. 因以為號「焉」——此焉有二用法。
   (1)語尾助詞——此文作此解。
   (2)稱代指詞，做「於此」解。如：每履之足苦躓焉。——見〈習慣說〉。
3. 欣「然」忘食——欣然為一帶詞尾衍聲複詞。此然為一表狀態的語氣詞。
4. 環堵蕭「然」——蕭然一詞用法與欣然同。
5. 親舊知「其」如此——與亦不詳「其」姓字同。
6. 或置酒而招「之」——皆稱代指詞，指五柳先生也。
7. 以樂「其」志——指示稱代。
8. 味「其」言——此其亦指示稱代，代黔婁之妻。

9. 黔婁「之」妻有言
10. 茲若人「之」儔乎
11. 無懷氏「之」民歟

葛天氏「之」民歟

——此數「之」皆為連詞，猶白話中之「的」。

12. 茲若人之儔「乎」
13. 無懷氏之民「歟」
14. 葛天氏之民「歟」

——做為疑問句語末助詞。（亦有做為肯定句之語末助詞，要由上下文來判斷其語氣）乎，亦有為感歎詞之用，如「烏乎」。

字形辨別表　附圖二

詳—ㄒㄧㄤˊ詳細

佯—ㄧㄤˊ相佯、徜徉。

祥—ㄒㄧㄤˊ吉祥。

洋—ㄧㄤˊ洋洋自得。

閒／ㄒㄧㄢˊ清閒。
閒＼ㄐㄧㄢˋ閒隙（同間）。

閑—ㄒㄧㄢˊ閑靜。

間／ㄐㄧㄢ空間。
間＼ㄐㄧㄢˋ間隔、反間計。

闌—ㄌㄢˊ闌干。

△——閑，當暇，靜解時與閒通，如閑暇、閑靜、

閑麗、閑雅。閑之本義乃闌也，從門中有木。而閒之本義乃由門中見月，是有間隙也。

輒——ㄓㄜˊ動輒得咎。
轍——ㄔㄜˋ重蹈覆轍。
輯——ㄐㄧˊ編輯。

簫——ㄒㄧㄠ吹簫（樂器）。
蕭——ㄒㄧㄠ蕭條（亦為姓）。
肅——ㄙㄨˋ嚴肅。
瀟——ㄒㄧㄠ瀟灑。

蔽——ㄅㄧˋ遮蔽。
敝——ㄅㄧˋ罷敝、敝帚千金。
斃——ㄅㄧˋ斃命。
弊——ㄅㄧˋ作弊。
幣——ㄅㄧˋ貨幣。

晏——ㄧㄢˋ晏安、清晏。
宴——ㄧㄢˋ宴會。
堰——ㄧㄢˋ堤堰。

汲——ㄐㄧˊ汲汲營營。
岌——ㄐㄧˊ岌岌不保。

味——ㄨㄟˋ滋味。
沫——ㄇㄛˋ泡沫。
沬——ㄇㄟˋ沬血飲泣。
昧——ㄇㄟˋ冒昧。

籌——ㄔㄡˊ籌備。
疇——ㄔㄡˊ綠野平疇。
儔——ㄔㄡˊ儔類。

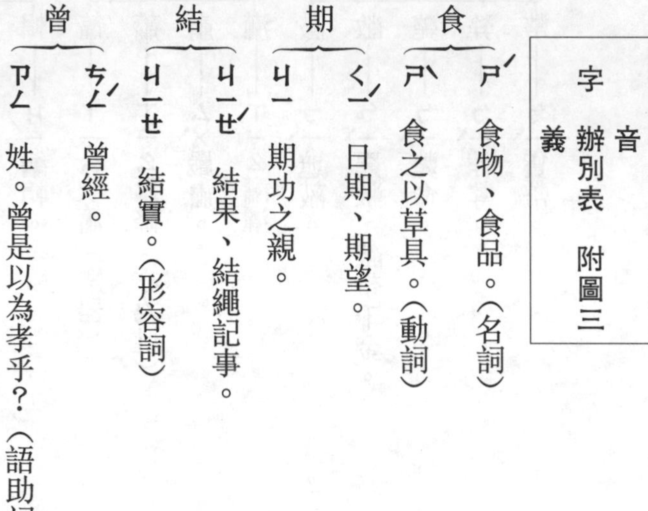

字音義辨別表　附圖三

字	音	義
食	ㄕˊ	食物、食品。（名詞）
	ㄕˋ	食之以草具。（動詞）
期	ㄑㄧˊ	日期、期望。
	ㄐㄧ	期功之親。
結	ㄐㄧㄝˊ	結果、結繩記事。
	ㄐㄧㄝ	結實。（形容詞）
曾	ㄘㄥˊ	曾經。
	ㄗㄥ	姓。曾是以為孝乎？（語助詞）

問題討論表　附圖四

1. 這一篇文章是陶淵明的自傳，但他為什麼不直接稱為自傳，而假託五柳先生？又說不知道他是那裡人，也不清楚他的姓氏名字？

——陶淵明是一位有超曠懷抱的文人，絕對不肯輕易地向環境妥協，由於厭惡當時社會的黑暗，於是由現實中隱退，順著自己的本性，過著與世無爭的耕讀生活。文人的觸覺是敏銳的，他們所擁有的往往是滿腔救世救人的熱血，而現實環境中的種種，往往沒有他們插手的餘地，於是他們退而發之於詩，發之於文。加以作者「少無適俗韻，性本愛丘山」，他所愛好的本來就是大自然的生活，他所厭惡的是社會的黑暗，大多數民生的困苦，至於他能適性的回到田園之中，正是得其所哉呢！所以作者能淡泊名利，不戚戚於貧賤，不汲汲於富貴。他這篇文章，所寫的就是他的處境，他的理想，是一篇發乎至情至性之文。但是他並不是以此文來表現自己的清高，而招致世人的贊譽，因此他假宅邊的五柳以為號，託言五柳先生而為之作傳，並言不知何許人也，亦不詳其姓字，此二句乃為贊語「無懷氏之民歟？葛天氏之民歟？」之伏筆。

2.「不求甚解」有沒有馬虎讀過的意思？跟下文「每有會意，便欣然忘食」句，在文意上是不是互相矛盾？

——一般人讀書，往往為形式上之文字所拘限，執著於每一字每一義之上，而忽略了全盤有系統的思想、精神，中國古代的大思想家曾說過一句話，他說：「言所以在意，得意而忘言。」這意思也就是說，語言、文字，只是表達思想的一種工具，只要我們能了解其思想的真髓，那麼工具的存在與否，並不是一件重要的事了。陶淵明讀書，便是要得到這種旨趣，他的不求甚解，並沒有馬虎讀過的意思，下文所說的「每有會意，便欣然忘食」，其中會意二字，便是作者研求學問的態度。但是話又說回來，「會意」，是一種高境界的功夫，我們初學者，仍須要腳踏實地，穩紮穩打，一步一步地往前邁進，由字句開始斟酌，而後探究其義理，逐漸提昇自己的境界，累積自己的經驗，總有一天也會到達那種「得意忘言」之境界的樂趣，凡事都沒有不勞而獲的。

3.從本文中你看出來陶淵明是不是一個消極的人？如果不是，他是一個怎樣的人？

——消極與積極，有時是一體的兩面，並不是截然的可以劃分的清清楚楚。而且消極與積極之定義亦各有不同。陶淵明本來也想以他那種出世的精神來做入世的事業，但就是因為性情與世俗相違，造成心境的痛苦。於是，他只好消極地由世俗中隱退，但這並不表示他的人生觀是消極、灰色的，他仍然是樂觀進取的，只要能適性，困苦的境遇，並不造成生活上的陰影，他悠遊自得於田園生活之中，他的精神已經擴展出來而與萬物精神相交通，這是由消極避世中積極的修養心性，提昇境界，與世俗所謂的以「追求榮利富貴」為積極是有所不同的。

4.這一篇文章開頭一句和末尾的一句有沒有什麼關聯？試加說明。

——這一篇文章首句云「先生不知何許人也，亦不詳其姓字」，是為一伏筆，一方面他是一個隱者，不願以名以地而公之於世，二方面是文章的結構，這一伏筆，引出了末尾二句「無懷氏之民歟？葛天氏之民歟？」由這種欲抑還顯的烘托之中，更令人對其文，對其人產生曠遠的遐思，而由這種前呼後應的章法中，亦增加了文章的嚴密性。而「無懷氏之民歟？葛天氏之民歟？」也可以說是他對人生的理想，以及他對現實社會的一種期望，因此他不以現實所處之時地而言，而託言於「傳說」中上古淳樸的社會。

課文分析表 附圖五

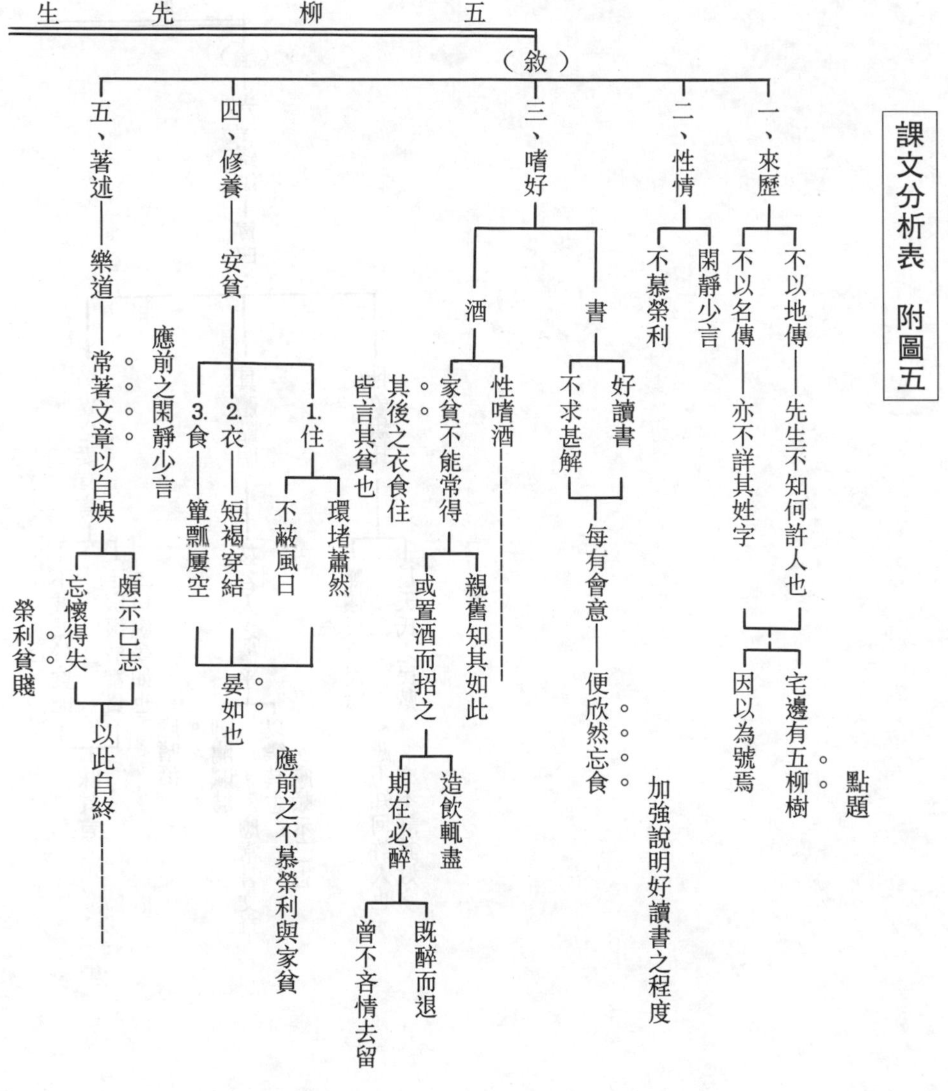

五柳先生
（敘）
一、來歷
不以地傳——先生不知何許人也
不以名傳——亦不詳其姓字
宅邊有五柳樹
因以為號焉
點題
二、性情
閑靜少言
不慕榮利
三、嗜好
書
好讀書
不求甚解
每有會意——便欣然忘食
加強說明好讀書之程度
酒
性嗜酒
家貧不能常得
親舊知其如此
或置酒而招之
造飲輒盡
期在必醉
既醉而退
曾不吝情去留
其後之衣食住
皆言其貧也
四、修養——安貧
1.住
環堵蕭然
不蔽風日
2.衣——短褐穿結
3.食——簞瓢屢空
晏如也
應前之不慕榮利與家貧
五、著述——樂道——常著文章以自娛
應前之閑靜少言
頗示己志
忘懷得失
榮利貧賤
以此自終

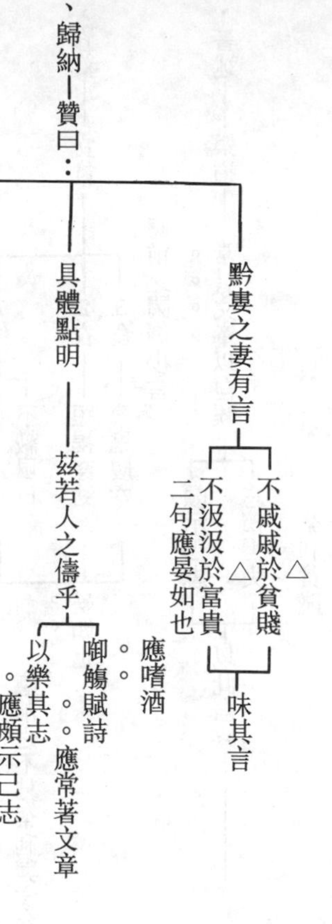
傳
（論）
六、歸納
贊曰：
黔婁之妻有言
不戚戚於貧賤
不汲汲於富貴
二句應晏如也
味其言
具體點明
茲若人之儔乎
應嗜酒
啣觴賦詩
應常著文章
以樂其志
應頗示己志
抽象烘托
無懷氏之民歟
葛天氏之民歟
應不知何許人也
亦不詳其姓字

二、火鷓鴣鳥

㈠

火鷓鴣鳥的衣裳是用春天黃昏的雲剪裁的，深深淺淺的紫紅色，帶著一層層的斑紋。牠的形狀像鴿樓上飼養的鴿子，祇是比家鴿要小一些，看樣子遠比家鴿精靈。牠的喙子泛著帶紫的亮紅色，眼也是，爪也是，有人管牠叫鴿子，而我們做孩子的，都管牠叫七姑姑。

七姑姑，這名字由牠的叫聲來的。

㈡

在春天，滿眼的柔綠鋪著地，也洗亮了天，群樹的綠蔭是一片油漆未乾的畫，這裡那裡，分不清有多少種鳥雀在喧噪，在歌唱，在吱吱喳喳的私語；其中祇有一種鳥的聲音是最特出的，那就是火鷓鴣。牠的鳴聲並不嘹亮，卻是出乎意外的徐緩低沉，總是那麼迷離，那麼柔軟，彷彿多飲了春光，發為醺鳴，你分不清牠們究竟是唱出了快樂？還是唱出了哀愁？

一聲遞一聲的，七—姑—姑，苦……，七姑—姑，苦……，那是牠們世代相傳，一成不變的調子，從古遠的日子起始，就這麼永生永世地唱下去，彷彿也有些歡樂，也帶些哀愁，正像那一野春天給人的感受一樣。

多霧的春晨，東天剛泛一些白，那樣的鳴聲便或高或低，或遠或近地流過來，透過蒼黃的紙牕，流進每一家低矮的茅舍，滴進人初醒的朦朧意識中，化成一股煙霧；或是如雲如絮地托起人的殘夢，在一片迷離幻境中蕩漾飄遊。你不知那聲音是來自地下？還是來自天上？

(三)

傳說火鷓鴣鳥是一種心慈的鳥，在古老的年代裡，眼見著一個人稱七姑姑的老婆婆，孤苦無依，病死在頹圮的茅屋裡，就覺得世上缺少愛心和同情，牠們飛出巢，到處唱著「七姑姑—苦……」藉以告訴人們去埋葬那位老婆婆，牠們這樣一代代地啼過幾千幾百年，日後還會這樣啼下去的。

(四)

很傻的鳥兒？可不是？但當我初聽這傳說時，我曾經為那把無人收葬的白骨哭泣過，因而我知道火鷓鴣鳥的兩眼為何總是紅紅的。

初聽火鷓鴣的啼叫，原來在心裡多了一股軟甜甜的感覺；聽了這傳說之後，便覺得有些沉沉的愁了。無力去收葬千百年前的骸骨，總該抓把糧食撒在林邊，餵一餵這些癡心的啼鳥罷！在鄉野的鳥的世界裡，火鷓鴣是最得人關注的，因為人人在做孩子的當口，都聽過那段故事，也許從那事發生後，火鷓鴣就不再像馴鴿似地信靠人類了，祇要有一個人影兒落在牠們的眼裡，牠們就展翅飛遁到遠處去，驚疑懼怯，不敢落下來就食。

(五)

我曾匿伏在林裡，看見牠們落在撒糧地方，輕靈地掀尾跳動著，或是緩緩地踱步，一隻、兩隻……無論幾隻聚在一起，牠們都是相親的，和睦的，不像麻雀那樣吱喳地爭吵，烏鴉那樣粗野地張口啄架。牠們是天上落下來的，一朵一朵小小的祥雲。

【題解】這一篇是從中國時報社出版的《人間選集》裡節選出來的，作者描寫火鷓鴣鳥，敘述關於牠的傳聞，藉此透露出人與鳥之間的感情。

【作者】吳延玫，筆名司馬中原，江蘇省淮陰縣人。民國二十二年生，現代文學作家，著有《荒原》、《靈語》、及《鄉野傳聞》等書。

單元名稱	火鷓鴣鳥	班級	國中一年級	人數	
教材來源	國中國文標準本第二冊第十二課	設計者	嚴紀華 高淑玲	時間	一五〇分鐘
教材內容	本篇旨在藉火鷓鴣的故事，以激發人類的愛心。開始從火鷓鴣的形狀，顏色，鳴叫聲描述。談到火鷓鴣是一種心慈的鳥。作者以寄情於物的手法，文筆迴旋流盪，而自傳說之故事中急轉而下，側應主題，給人自柔美和緩中以強烈的感情，這篇自鳥的世界中著手，又自鳥語中刻劃出人類賴以和平的基礎，發人深省。尤為國中一年級良好的讀物。				

單元目標	
語文訓練	一、認識作者的生平與本文的要旨。 二、了解本文文義，及其結構與寫作的技巧。 三、了解本文的組織與作者寫作態度。
精神陶冶	四、由火鵪鴣的傳說體認出「愛與同情」的重要。 五、將火鵪鴣的淒涼鳴叫與傳說結合，更加以探討。
文藝欣賞	六、能夠使學生欣賞並學習作者對事物輕悄的形容筆法。 七、著重於體會本文修辭之優美以及筆鋒之自然孕育情感。 八、揣摩作者用字、琢磨、推敲之技巧。

時間分配			
節次	月	日	教學重點
1			一、前課文筆記之指正　二、前課文學習結果之考查　三、查考預習筆記 四、導引　五、講述課文　六、課文大意　七、作者查考　八、概覽課文 九、文體講述　十、提問
2			十一、讀講課文（分一、二、三、四、五逐段為之） 十二、全文義法之分析與說明　十三、新句法訓練
3			十四、深究與鑑賞（包含深究部分，鑑賞部分，以及美讀欣賞）

教學過程

具體目標	教學活動	教學方法	時間	使用教具	備註
能從事預習之工作。	〔預習指導〕 （本階段活動於前一課文結束後二十分鐘到二十五分鐘為之） 一、導引： 1.各位同學，你們曾經注意地觀察過大自然嗎？飛翔在空中的鳥兒，你們可以從牠特殊的叫聲，或是不同的形狀分辨出牠們的種類嗎？誰能舉出幾種鳥名來？ （學生或舉手回答）	本項活動係簡單指導學生回家預習，可採用提示及自學輔導法，間採用講述及問答方式。	20～25		時間以分鐘為單位 若時間不敷使用，可將此部分酌情縮減。
能查考火鷓鴣的習性。	2.下一課所要講的，就是有關火鷓鴣鳥的故事，大家見過火鷓鴣鳥嗎？本課文對牠的形狀，顏色，叫聲都有詳細地介紹，請各位回去查考牠的習性。	講述法			

教學過程				
由親自動手查考，而達成預習教學之目的。				
二、講解題文： 1.指名學生讀〈火鷓鴣鳥〉的讀音。	提示法			
三、考查本文出處： 1.請二生分別誦讀「題解」與「作者」。 2.就其中二部分中字音或字義上的困難用紅筆標出，放學回家時預習。	自學輔導法			可縮短
四、辨認文體： 1.本課屬於什麼文體?可回去查考。				
五、生難詞句的考查： 1.就第三、第四部分所勾出不懂之處，回家查考《國語字典》。				
六、深究課文： 1.先揭示「問題討論表」讓學生們抄下，回家思考。	提示法		問題討論表	附表(一)
七、鑑賞課文： 1.試揣摩文中之寫作技巧與風格。				

教學過程					
	2.把最令你欣賞的句子標示出來。(學生遵照教師提示回家預習)				
	〔第一節上課〕		50		
學生自行訂正錯誤。	一、前課文筆記之指正：		5		
	1.發還筆記本。		2		
	2.講評——這次筆記，大致說來都還不錯，有少數同學仍有錯簡之字，部分的讀書心得太簡略，要再加強。×××同學的筆記整理得很清楚，大家可借閱參考一下。		3		
考查前課文學習效果。	二、前課文學習結果之考查：或以口頭問答；或書面測驗。		7～8		此步驟由提問中亦可窺出，故亦可省略。
	三、查考預習筆記。		1		
	〔新課文正式開始〕				
對本課的性質有大概的認識。	四、導引： 1.指名學生簡介火鷓鴣鳥的形狀，顏色，叫聲以及特色。其他學生補充說明。	問答法	12		教學活動中之括弧代表師生

教學過程					
	2.火鷓鴣鳥的傳說是什麼？——指名學生回答。及補充之。 3.作者藉著火鷓鴣鳥強調了什麼主題？（各就預習所知，自由回答）				之活動。
	五、講述題文： 1.火鷓鴣鳥之圖片展示。	討論法	2	投影機，「火鷓鴣鳥」圖片	
	六、講解課文大意： 1.就題解補充說明之。 2.解釋「節選」一詞的意義。		3		
明瞭作者之生平概況。	七、查考作者生平： 1.令一生朗讀作者欄。 2.教師講釋。 (1)就作者欄之疑難詞語加以解釋。 (2)對作者文章風格，小說、散文作一略介。 (3)強調作者暗示的主題「愛心與同情」。 (4)對作者的生平、背景的介紹。			列表	見附件二

教學目標	教學過程	方法	時間	教具	備註
認識新課文以及音讀。	八、概覽課文： 1.指名數生誦讀，他生默讀，共同指正錯誤。		3		
具有分辨文體之能力。	九、講述文體： 1.本課是記敘文還是抒情文？還是兼帶？（自由回答） 2.抒情兼帶記敘之作法如何？（補充介紹文章作法若干種）	問答法 講述法	5		
具有發言的能力與技巧。	十、詢問同學們對以上各部分有何問題？（採取自由發問）學生可相互解答，而老師補充之、整理之。	問答法 談話法	3		
	——第一節下課—— （第二節上課）		50		
對課文有深刻之印象。	十一、讀講課文：（教師分段逐一讀講）		30		
	(一)第一段： 1.先緩讀一遍。 2.處理較難之生字注音，兼及又讀及破音字的變化。	講述法 問答法	3	投影機	由於本課屬於語體文，故將生難詞語結合課文講解。

教學過程			
認識新詞語。	3. 生難詞句之講釋： (1) 斑紋：有雜色的花紋。 (2) 喙子：指鳥嘴。 4. 說明本段大意。		生字注音表　見附表(三) 分段大意表　見附表(四)
明白字體之正確書法。	5. 板書：喙子。並舉出混淆之字形。		字形正誤表　見附表(八)
	(二)第二段： 1. 教師之範讀。 2. 處理生字注音。 3. 生難詞句的講介： (1) 喧噪：大聲吵鬧。 (2) 迷離：模糊難辨。 (3) 醺鳴：酣醉地鳴叫。 (4) 世代相傳：世世代代的沿襲，流傳下來。 (5) 一成不變：死守成法，不加改變。 (6) 牕：同「窗」字。	10	
於複習時知所依循。	4. 說明本段中心大意。並示板書。 5. 加劃重點。		

教學過程					
使學生明瞭「火鷓鴣」之主旨。	(三)第三段： 1. 教師緩讀之。 2. 處理生字注音，並示板書： 頹圮。 3. 講解難詞奧句： (1)頹圮：毀壞；傾倒。 4. 說明本段大意，並點出主題 ——「愛心與同情」之重要。		6		
明白方言與今日用語之關係。	(四)第四段： 1. 教師之緩誦。 2. 讓學生提問疑難詞句，請學生自己回答，而後由教師糾正，補充之。 3. 字形與字音之標示。 癡；骸骨；馴；遁；驚疑懼怯。 4. 方言之介紹與應用。 當口：指正當某種時候。 舉例： 在吃飯的當口＝正當吃飯的時候。	討論法	8		

教學過程				
能有觀察，發表，歸納的能力。				
5. 說明大意，並且加劃重點。 (五)第五段： 1. 教師示範朗讀一遍。 2. 說明大意。——言其不似麻雀、烏鴉般以此為陪襯，而歸結全文。 3. 注音指導與板書明示。 匿伏，撒糧，掀尾，啄架，踱步，輕靈。 4. 字義的解釋： (1)匿伏：隱藏潛伏。 (2)掀尾：翹起尾巴。 (3)踱步：慢慢的行走。 (4)祥雲：吉祥的雲彩。 (六)全文概釋後，諸生有何疑問？		3		
十二、全文義、法之分析與說明： 1. 簡介其呼應處、聯絡處。 2. 全文中之伏筆與明結。 (可採取由學生共同討論，而後教師再加以補充，證驗，提示，	討論法 提示法 歸納法	12	課文分析表 投影機	見附表(九)

教學過程					
具有造句之能力。	說明之）				
	十三、新句法訓練： ……也是……也是。 牠的喙子泛著帶紫的亮紅色，眼也是，爪也是。 （例）：猴子是一種胎生的動物，貓也是，狗也是。 ……究竟是……還是…… 聽牠的鳴聲，你分不清牠們究竟是唱出了快樂？還是唱出了哀愁？ （例）：明天的郊遊，你究竟是來，還是不來？ ——第二節下課——	提示法 自學輔導法		分立登記簿	可以兼而採用作文之例，用來示範。
	〔第三節上課〕 十四、深究與鑑賞： 1.深究部分——	講演法	50 25		深究與鑑賞已合併在討論課文時處理

	教學過程				
發現學習不夠清楚的學生。	(1)口頭考查學生對課文的了解程度。	討論法 比較法 歸納法			時此處可略。
	(2)內容：問題之討論。			問題討論表	附表(一)
對全文之結構式有綜合的了解。	(3)形式： ・句子比較 ・程度比較 ・辨別語氣 △無力收葬千百年前的骸骨，總該抓把糧食撒在林邊——該抓把糧食撒在林邊。 △有一個人影兒落在牠們的眼裡，牠們就展翅飛遁。——只要有一個人影兒落在牠們眼裡，牠們就展翅飛遁。（以上語氣，意義是否相同）			投影機 見「句型表」	附表(五)
藉比較襯托出本課獨特之風貌。	(4)使比較本課〈火鷓鴣鳥〉以及第十課〈志摩日記〉二則的文章風格及寫作技巧。	比較綜合		見「比較表」	附表(六)

教學過程				
	2.鑑賞部分—— (1)作法說明： 乃應用連瑣、記敘之筆法，而孕育以極深厚之情感。	講演法		
欣賞本文描述精彩之處。	(2)將本文中描述精彩的部分，提出欣賞，並了解出作者捨棄靜態死板的描寫法，無形化成有形委婉巧妙地引導讀者走入作者的實際經驗中。	欣賞法		見「佳句說明表」附表(七)
	(3)呼應部分感受如何？ 如：文首——火鷓鴣鳥的衣裳是用春天黃昏的「雲」剪裁的。文末——牠們是天上落下來的，一朵一朵小小的祥「雲」。			
發現文章的涵義何在。	(4)主題之領會——沒有同情與與心之社會無異於禽獸之社會，同情心與愛心的確是人類社會和平進步之基礎。			
欣賞本文之音調美	3.美讀欣賞——			

教學過程				
，挑選如作者般的感情。				
(1)聆賞本文錄音。			錄音機	
(2)指定美讀能力高的同學範讀，其餘則欣賞，領會之。				
十五、應用練習：			作文簿	
1.於作文課時，出一個配合學生經驗的抒情（兼記敘）文體的題目，使學生能應用此課所學的文章技巧。如：蟬。路。窗。				學生程度較差可使之逐步練習。
2.或於空餘時間，或於作業中當場演練片段優美文句的抒寫。	自學輔導法			
3.針對討論結果，寫下各人的心得，見解。或口頭發表。			考試卷	視情形增減時間。
十六、新課文之預習指導。		20		
（略）				
——第三節下課——				

〔附　表〕

(一)問題討論表

1. 本課作者是誰？他有何著作？他寫這課的動機為何？
2. 這篇文章對於事物的內容，有很多是透過個人的感受來描寫的，請你找出最欣賞的句子來？
3. 想想看這些佳句的好處在那裡？
4. 這篇文章的最後一句話，跟前文那一句互相呼應？
5. 你對本文之感受如何？
6. 作者怎樣描寫「火鷓鴣鳥」的鳴叫？
7. 為什麼「火鷓鴣鳥」不再像馴鴿似的信任人類了？
8. 你聽到了關於「火鷓鴣鳥」的傳說後，內心有什麼感想？
9. 這課既抒情又記敘，你以為抒情的部分是何？記敘的部分是什麼？
10. 那一種動物給你的印象最深刻？請你把你的印象報告出來。

深究部分：1. 4. 6. 7. 8. 10.	鑑賞部分：2. 3. 5. 9.

(二)作者文章風格、作品、生平補充表

司馬中原	
本　名	吳延玫
	二十二年生，南京市人，生長於蘇北大地，十五歲就隨軍南北馳騁、戰亂、流離，前半生所感受的民族苦難，化作他筆下震撼山野的哀痛，是一位創作豐富的作家，二十年來，寫出了四千多萬字。
作　品	長篇小說：《魔夜》、《狂風沙》、《綠楊村》、《啼明鳥》、《荒野異聞》、《流星雨》、《荒原》、《驟雨》、《狼煙》……等。 中篇小說：《雷神》、《路客與刀客》、《紅絲鳳》、《天網》、《十八里旱湖》、《遇邪記》、《復仇》、《山靈》、《煙雲》、《餓狼》……等。 短篇集：《春雷》、《靈語》、《加拉猛之墓》、《石鼓莊》、《十音鑼》……等。
文章風格	孫煒芒曾評：「和一般作家最大的不同在於氣魄的雄偉……語言的表現和情節的推展，彷彿長江黃河的奔流，浩浩蕩蕩，一路縱橫山岳而來，……司馬中原共寫了三十多部書，它有個共同的方向——民族生存情景的展露。與其說鄉土是他筆下人物的生活背景，不如說他們是靈魂的背景，透過對歷史的認知，個體的生命，展露出民族整體的大生命，以悲天憫人的胸懷，高度藝術之處理，為苦難的『荒原』吐出了『靈語』。」

(三)生字注音表

段落	生字	注音	附註
第一段	玫	ㄇㄟˊ	
	鷓鴣	ㄓㄜˋ ㄍㄨ	
	喙	ㄏㄨㄟˋ	
第二段	喧噪	ㄒㄩㄢ ㄗㄠˋ	
	醺鳴	ㄒㄩㄣ ㄇㄧㄥˊ	
	遞	ㄉㄧˋ	
	憁	ㄔㄨㄤ	
	朦朧	ㄇㄥˊ ㄌㄨㄥˊ	
	絮	ㄒㄩˋ	
	嘹亮	ㄌㄧㄠˊ ㄌㄧㄤˋ	
第三段	頹圮	ㄊㄨㄟˊ ㄆㄧˇ	
第四段	「骸」骨	ㄏㄞˊ	
	癡	ㄔ	又讀ㄔˊ
	馴	ㄉㄨㄣˋ	
	遁	ㄒㄩㄣˊ	
	怯	ㄑㄩㄝˋ	又讀ㄑㄧㄝˋ
第五段	匿伏	ㄋㄧˋ ㄈㄨˊ	
	踱	ㄉㄨㄛˋ	
題解	透露	ㄊㄡˋ ㄌㄡˋ	破音「露」水ㄌㄨˋ

(四)分段大意表

全文共分五段	
(一)	描述火鷓鴣的顏色、形體與名稱。
(二)	描述火鷓鴣在春天的鳴聲，以及給人的感覺。
(三)	敘述火鷓鴣鳥的傳說故事。
(四)	記火鷓鴣鳥傳說給人的感受。
(五)	記窺視火鷓鴣的情形。

(五)句型表

甲、因果比較：

1. 我曾經為那把無人收葬的白骨哭泣過，(因)↓因而我知道火鷓鴣鳥的兩眼為何總是紅紅的。(果)
2. 火鷓鴣是最得人關注的(果)↓因為人人在做孩子的當口，都聽過那段故事。(因)

乙、假設比較法：

1. 牠的鳴聲……總是那麼迷離，那麼柔軟，彷彿多飲了春光……。

丙、疑問比較法：

1. 你分不清牠們究竟是唱出了快樂？還是唱出了哀愁？
2. 你不知那聲音是來自地下？還是來自天上？

丁、程度比較法：

1. 那樣的鳴聲便或高或低，或遠或近地流過來，……或是如雲如絮地托起人的殘夢，在一片迷離幻境中蕩漾飄遊。

戊、轉折比較法：

1. 初聽火鷓鴣的啼叫，原來在心裡多了一股軟甜甜的感覺，聽了這傳說之後，便覺得有些沉沉的愁了。

(六)比較表

十二、火鷓鴣鳥
十、志摩日記

	火鷓鴣鳥	志摩日記
文體	抒情文（兼帶記敘）	記敘文
作法說明	本篇是用連瑣記敘的筆法，透過個人的感受描述火鷓鴣鳥，寫其外形，繼引出名字、鳴聲、傳說……等等，全文內容完整，層次分明，氣勢一貫。文中描述牠鳴聲悲淒，而引出傳說，旨在反應人類的無情，作者情感細膩，引人入勝，末句與首句之呼應搭配尤妙。	(一)這一則日記是用順敘法寫成的，作者先說出乘船郊遊之因，經過，最後道出感想作為全文的結語。 (二)此則日記在形式上說，是用倒敘法，因為文章開頭，便提出「數大便是美」，然後才論舉各種證物，末尾方道出引論的原因（事實）。
深究鑑賞	1.本文出以深摯之情，筆法細膩，而全篇籠以一份淡淡的哀愁。 2.主題——在藉鳥刻劃出同情心與愛心的重要。 3.本文曾使用家鄉土語。 4.本文乃是借物抒情。	1.本文由於是日記體，寫來如話家常，親切有味，文字簡潔生動。 2.主題——「數大便是美」之觀念。 3.描述風景詞藻雄奇瑰麗。 4.由本文可培養學生寫作日記的習慣，提高其寫作之興趣。

(七)佳句說明表

佳句摘錄	說明
1.火鷓鴣鳥的衣裳是用春天黃昏的雲剪裁的，深深淺淺的紫紅色，帶著一層層的斑紋。	這是透過作者個人之感受，而表達出來的一個意象——輕柔而和美，使人自美化的詞句中感受其形容之恰當，以及詞語之嵌琢成功。
2.牠的鳴聲，總是那麼迷離，那麼柔軟，彷佛多飲了春光，發為醺鳴。	此處多飲了「春光」，其實春光不可飲，這完全是就薰陶、感染所致，而「醺鳴」二字用得尤妙，「醺」字承上「多飲」，盡寫其醉然此中之情。
3.那樣的鳴聲，滴進人初醒的朦朧意識中，化成一股煙霧；或是如雲如絮地托起人的殘夢，在一片迷離幻境中蕩漾飄遊。	用「滴」、「化」、「托起」、「蕩漾飄遊」將鳴聲賦予動作，給人更立體，更深刻更強烈之感受。
4.牠們是天上落下來的，一朵一朵小小的祥雲。	疊字「一朵一朵」、「小小」使用得很細緻，給人輕靈、祥和、柔美、恬雅之感。

(八)字形正誤表

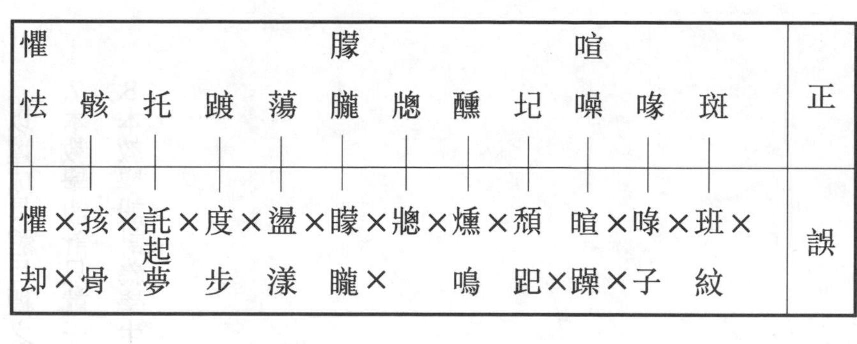

正	誤
斑	班×紋
喙	喙×子
喧噪	暄×躁×
圮	頹距×
醺	燻×鳴
憁	摠×
朦朧	矇×朧×
蕩	盪×漾
踱	度×步
托	託×起夢
骸	孩×骨
懼怯	懼×却×

說明：1.本教學設計根據國文教學目標及師大國文教學法課堂講授之實用國文教學法，並吸收最近引進之行為目標與其他教學法之優點而設計。

2.具體目標列於教學活動欄之上，是為便於掌握教學過程及檢查教學效果。

3.運用方法及使用教具置於教學活動欄之下，是為便於配合教學之措施，以達成具體目標之要求。使教學方法與教學活動密切結合，不會成為具文。

4.使用教具指教學時學生參考之圖表，及需要舉例比較辨認之字之形、音、義、虛詞、語義、課文、文法分析等，課前繪製之表格，配合教學需要用投影機放映，以節省抄錄板書之時間。樣式均附於教學設計之後。至放映之圖表，均另行製作。

5.各項教具可由教師自己製作，亦可命學生學習製作，如古代之器物字形字音辨別表等均可指導學生搜集資料繪製。

6.實用國文教學設計之精神是根據教學擬定具體目標，把握具體目標，處理教學活動，根據教學活動選擇教學方法，配合運用教具以達成具體目標之要求。

7.本教學設計只就一般原則編定，實際施教尚應視學生個性能力之差異，作彈性之運用。

8.本教學設計為學生習作，待改進之處甚多，請方家指教。

㈨課文分析表

火　鷓

- 火鷓鴣鳥
  - 的衣裳——是用春天黃昏的［雲］剪裁的。
    - 深深淺淺的紫紅色。
    - 帶著一層層的斑紋。
  - 形狀
    - 像鴿樓上飼養的鴿子
      - 祇是比家鴿要小一些。
      - 看樣子遠比家鴿精靈。
    - 牠的喙子泛著帶紫的亮紅色。
    - 眼也是。
    - 爪也是。
  - 有人管牠叫鴿子。
  - 而我們做孩子的，都管牠叫「七姑姑」。——「七姑姑」，這名字由牠的（叫）聲來的。
- 在春天，分不清有多少鳥雀在喧噪，在歌唱，
  - 在吱吱喳喳地私語：其中祇有一種鳥的聲音是最特出的，那
  - 就是火鷓鴣。
- 牠的（鳴）聲 → 就是火鷓鴣。
  - 並不嘹亮，卻是出乎意外的徐緩低沉，總是那麼迷離，那麼柔軟，彷彿多飲了春光，發為醺鳴，
    - 你分不清牠們
      - 究竟是唱出了快樂？
      - 還是唱出了哀愁？
  - 一聲遞一聲的，七—姑—姑……苦。那是牠們世代相傳，一成不變的調子。
  - 彷彿也有些
    - 歡樂
    - 哀愁
    - ——正像那一野春天給人的感受一樣。
  - 那樣的（鳴）聲
    - 便或高或低△△
    - 或遠或近△△地流過來
      - 透過蒼黃的紙牕。
      - 流進每一家低矮之茅舍，——化成一股舍，
      - 滴進人初醒的朦朧意識中——煙霧；

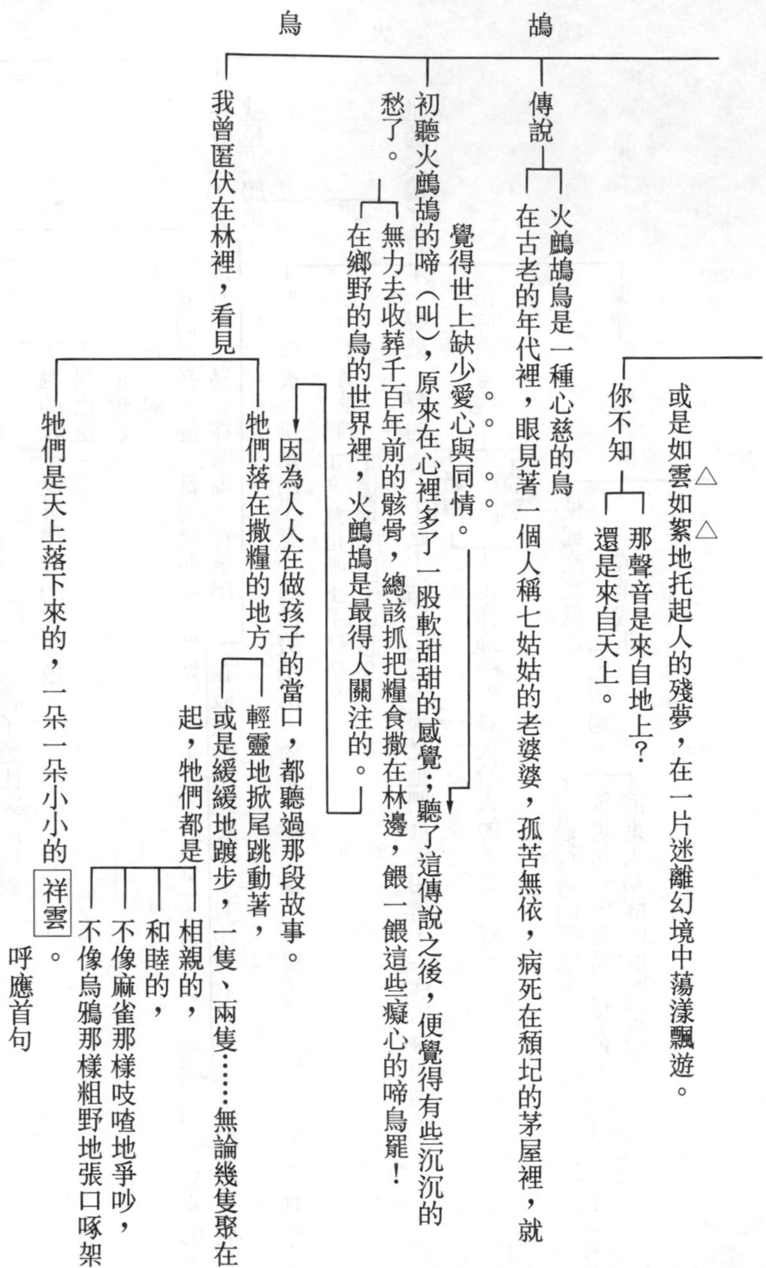

或是如雲如絮地托起人的殘夢，在一片迷離幻境中蕩漾飄遊。
△△
你不知
那聲音是來自地上？
還是來自天上。
鴣
鳥
傳說
火鷓鴣鳥是一種心慈的鳥
在古老的年代裡，眼見著一個人稱七姑姑的老婆婆，孤苦無依，病死在頹圮的茅屋裡，就
。。。。
覺得世上缺少愛心與同情。
初聽火鷓鴣的啼(叫)，原來在心裡多了一股軟甜甜的感覺；聽了這傳說之後，便覺得有些沉沉的愁了。
無力去收葬千百年前的骸骨，總該抓把糧食撒在林邊，餵一餵這些癡心的啼鳥罷！
在鄉野的鳥的世界裡，火鷓鴣是最得人關注的。
因為人人在做孩子的當口，都聽過那段故事。
我曾匿伏在林裡，看見
牠們落在撒糧的地方
輕靈地掀尾跳動著，
或是緩緩地踱步，一隻、兩隻……無論幾隻聚在一起，牠們都是
相親的，
和睦的，
不像麻雀那樣吱喳地爭吵，
不像烏鴉那樣粗野地張口啄架。
牠們是天上落下來的，一朵一朵小小的祥雲。
呼應首句

參　國文教學實習要項

國文科教學實習主要包括下列各項：

一、參觀

㈠學校參觀

1. 教學參觀——分組課堂聽講，注意其項目過程活動態度語言技術等事。

2. 學校環境及設備參觀——參觀其校址、校舍、校具、圖書、儀器、標本與各種一般的特殊的教學用具，辦公用具，暨生產勞動衛生防護等設備及利用情形。

3. 學校行政參觀——全體或分組的參觀學校各部門的組織設施及工作之實際表現情形。

㈡教育行政參觀

參觀教育行政機關之組織業務及處理之各種方法程序手續暨實際工作並訪問其主管範圍內之事務措施情形（凡參觀學校，均須填寫參觀報告，繳由實習導師批閱）。

二、見習

㈠學校見習

1.學校行政見習——分組隨從其所見習學校各部門行政主管人員，練習辦理各部門學校行政事宜。

2.教學見習——分組隨從其所見習之學科教師，協助準備教課及批改學生作業等事（如充助教）並參觀其教學，隨時提詢疑難，請求教益。

㈡教育行政見習

分組隨從其所見習行政機關之職員練習辦理各種公務。

三、試教

分組往附中，在本校實習教師與附中原任教師指導之下，按照規定科目時間試行教課。

四、教育行政與學校行政實習

分組往教育行政機關或學校，練習辦理教育各項行政或學校各部門行政的方法程序及文書處理等事項。

五、平時練習

1.第一學期，各人在本班中作假試教一次，時間以半小時為標準，又作教案編制練習及作文批改練習各若干次。

2.分組研習中學國文教材，互相討論。

以下將重要的實習要點分項列出：

國文教學參觀要點

1.校名　2.校址所在地　3.參觀年月日時　4.班級

一、教材——1.書名（包括選編人，出版書局，印行年月）　2.課題及作者　3.階段

二、教師——1.姓名　2.性別　3.籍貫　4.簡歷　5.年貌　6.任教本校及本班年期

三、教學過程——參閱第四章及教案示例：

1.預期指導過程　2.討論講解過程（包括深究鑑賞及誦讀指導）　3.應用練習過程　4.學習考查過程（參觀人只注意其安排合理，運用適當與否，勿拘泥於一格）

四、教學實況——教師服務精神教育素養及其對教學方法之運用。

1.教學準備

(1)對於教材的準備（包括文後附錄及其他參考資料等）：

①選擇配置適當否　②周詳否　③精確否　④純熟否

(2)對於教學方法的準備：

①教學目的及教材價值之把握　②各項活動內容之簡別分配　③順序之安排　④教具之利用

2.教學能力——(1)基本學力及才力　(2)表達力（解析闡發等）　(3)啟誘力（提引、暗示、比較類化等）　(4)整理力（聯格照應等）　(5)注意力（不顧此失彼）　(6)約制力（群略緩急之操縱）

3. 教學活動

(1) 教材處理：

①詞句、文義、作法、讀法等應行講解指點或令學生活動表現之處，能把握切當否？

②內容簡明扼要，切合教學目的及學生學力，需要，興趣否？

③提示、啟導、問答討論等方式運用，能合學習心理否？

④分解綜合、類化、譬證、指引、闡釋等均達要求否？

(2) 有何種教具？能為有效的使用否？

(3) 能適應教學需要、隨時利用板書、摘註詞語或節錄要點，以資補助，取材精當，結果良好否？

(4) 能掌握時間，控制教材進程及教學效果否？

(5) 學習考查應用練習等命題精當否？其訂正批改認真切要否？

4. 教學技術

(1) 語言——①辭令　②體式　③組織　④音調　⑤聲浪

(2) 動作——①基本的（普通動作）　②教學的（配合教學活動而行之動作）

(3) 讀——①讀音準確　②句讀清楚　③聲氣配合課文內容情意

5. 姿態——①精神——抖擻否？　②儀容——整飭大方否？　③風度——莊嚴、和藹、寬大、溫厚、自然、板滯、輕浮、躁急等　④表情——面部及身手活動　⑤站立之地位姿勢　⑥目光之注視　⑦使用之教本教具各種手勢

6.板書

(1)文字——①形體（正草大小楷等，錯別字簡體俗字屬此）②筆順 ③書法（優劣）

(2)次序——整齊或淩亂。

(3)速度。

7.管理

(1)教室秩序之維持。

(2)作業之巡視指導。

(3)事務之處理（如發講義及收發作業本等）。

(4)臨時問題之解決。

8.效果——學生對教師各種活動之反應。

五、教室紀律

1.常規的——學生進退、問答、禮貌、手續等。

2.當前的——學生聽講情形。

六、教室——1.位置 2.面積 3.環境 4.方向 5.光線 6.用具 7.佈置 8.收拾（整潔）

七、其他

須由詢問而得者（如課外讀寫及他種活動種類——壁報、習字、日記、週記等，與指導方法、自習督導方法、作文練習方法、國語訓練方法、成績考查方法暨教學過程中未及參觀到的其他各種事項)。

教學參觀時，進出課堂從後門，步履須輕聲，站立後方與原校學生同樣聽講，勿交頭接耳、勿作聲、勿注視窗外、勿自由出入、勿作疲倦之表現、勿對教學作反應、勿當場作筆記，若因事故中途退出，宜上身微俯，並勿轉頭回顧。

八、附記

國文教學參觀提問示例

1. 國文專任教師每人任課至多幾班？另兼其他職務否？
2. 有無國文科教學研究會？組織及辦法如何？近年來曾有何種重要決議？執行情形如何？
3. 全校高初中部是否各用同一課文？同年級各班進度是否一致？
4. 課本係順序講讀？抑酌量選讀？平時亦選讀課本以外之教材補充否？
5. 課本每學期約可教幾篇？進度是否事前規定？各年級文言文與語體文比額如何？比額以篇數論？抑以教學時間論？
6. 課本內容及分量覺得都適合教學否？光復以來用過幾種課本？現在是否用標準本？文嫌其有何不滿人意之處？
7. 學生對國文興趣愛好一般如何？對文言文與語體文的興趣何者為佳？習作亦有能寫或愛寫文言文的人否？

8. 課本先令學生預習否？令預習時僅指示課題？抑作詳細的指導？指導要點原則如何？

9. 教學過程大體如何？有無統一規定？教學進行中必須做到那幾件事？

10. 學生都備學習筆記本否？筆記項目有無規定？抑只抄錄教師板書？平時如何督促考查？

11. 學生對教材內容及作業等喜作深究否？

12. 課文教學完畢，作應用練習否？抑照教育部規定次數分配時間練習？經常考查否？練習及考查方法大致如何？

13. 初中一、二年級國文教學時間內兼為有計劃的語言訓練否？

14. 學生在校內規定每週國文自習時間否？

15. 國文教學如何配合國策需要及民族精神教育之實施？貴校曾有較具體的辦法否？

16. 先生對中學的國文教學——無論語體文，文言文，各感何種困難否？

17. 作文練習一學期幾次——時間都排在上午或下午？

18. 習作除教師命題外，尚有何種其他方法？亦令學生自由寫作否？

19. 命題限於一題？抑命數題任學生選擇？命題後與學生先作討論（或講解）否？亦時作文言文練習否？

20. 習作是否都在課堂完成？有不能完成者，延長時間？抑限期令在課外作成繳卷？

21. 每期作文本批改有無幾本特別從詳的？此種特別從詳的批改，係對全體學生輪流行之？抑係臨時選取？

22. 每次作文記分否？記分標準如何？
23. 作文由教師直接發還學生？抑交由班長分發？發還後作公開或個別的口頭指導否？
24. 如何督促學生注意改本、注意錯字別字？
25. 學生習作語體文而誦讀文言文，覺得利弊若干？
26. 課外閱讀書籍由教師指定，抑由學生自選？平時如何指導考查？是否必須作閱讀報告？教師如何評閱？
27. 課外讀物性質（常識、實用文、文學作品）大致如何分配？一學期閱讀分量如何？學生興趣以何方面為大？
28. 貴校圖書室所儲關於國文讀物數量如何？足敷學生借用否？學生借用手續如何？各級各班學生有自行合作購買課外讀物者否？
29. 學生喜作課外習作否？常自請教師指導批改否？有寫作新詩小說者否？日記或週記是否必須寫作？是否歸國文教師批閱？
30. 關於文法修辭學、文章作法及國文常識特抽時間教學否？
31. 壁報及講演辯論會等，是否定時舉辦？是否歸國文教師指導？
32. 平時有書法練習否？辦法如何？課文必須用毛筆繕寫否？
33. 國文考試及記分方法如何？
34. 貴校有無關於國文訓練之特種教具（如視聽教具）？利用情形及效果如何？

35.先生對於教材精讀、習作、課外閱讀各種教學指導方法有何高見？

學校環境及設備參觀要點

1.校名　2.參觀年月日時　3.校長姓名簡歷及到任年月

一、校址——所在地

1.交通便否　2.自然環境優劣　3.離街市車站及疏散地域遠近

二、校舍

1.各種房屋數量及用途分配——充裕、合用、妥適、經濟等。

2.運動場游泳池及曠地面積大小。

3.建築式樣及工程。

4.上下水道。

5.特殊教室工作室及員生宿舍等。

三、校具

1.辦公用具　2.學生用具　3.一般生活用具

四、圖書儀器標本，模型視聽教學器材，體育軍訓童軍器械，勞作家事育樂圖畫工具及其他教導用具等設備。

五、醫藥衛生設備。

六、防護設備（防空水火等）。

七、學生各種課外活動設備。

（以上三至七項，均注意其充裕否？適用否？能盡量妥善利用否？）

八、生員能合力自行製作補充設備否？

九、全年修建設備費數額及分配運用狀況與此後之擴充計劃。

十、校景佈置全貌。

學校行政參觀要點

1. 校名 2. 校址所在地 3. 參觀年月日時 4. 校長姓名簡歷及到任年月

一、沿革——創始及變遷概況。

二、組織：

1. 學校組織系統——分若干處室，職權各如何？
2. 全校教職員人數及資歷待遇統計。
3. 各處室主管人員職稱及姓名簡歷。
4. 各種會議及委員會與其任務。

三、學生人數及科系班級編制。

四、各部門組織及行政設施實況：

1.校長辦公室　2.教務處　3.訓導處　4.總務處　5.體育處及軍訓或童軍辦公室　6.圖書閱覽室　7.衛生醫療室　8.福利機構　9.主計室　10.人事室　11.其他

五、各部門主要工作及其手續方法暨所表現之實際情形。

六、章則簿冊圖表——種類、名稱、作用、式樣。

七、經費：

1.來源　2.收支數額及其分配　3.學生繳費種類及數額　4.公開辦法　5.簽付手續

八、課程編制及各科補修補考升級留級辦法。

九、訓導制度、軍訓制度及特殊設施。

十、學生狀況：

1.寄宿與通學人數（通學生最遠距離）　2.膳食與宿舍管理　3.健康衛生情形　4.學習態度　5.紀律及禮貌　6.課外活動

（附）1.本省與外省學生人數及課業操行一般之比較與學生家庭職業之百分數。

2.近年招生錄取比例及畢業人數與升學人數之比例。

十一、教職員生活（包括福利設施）及專任教師之課外工作。

十二、學校學生家庭連絡方法——訪問通訊及家長會議情形。

十三、其他特種設施及方法。如生產勞動技術訓練及社會服務等。

十四、附記——學校行政參觀，非短時間內所能得其真相，多賴聽取報告，可就右列各要點自擇需要提問，有印刷物者（如學校概況一覽等）並可請其贈閱。

教育行政參觀要點（參閱學校行政及教學設備參觀要點）

1. 機關名稱地址及隸屬。
2. 歷史。
3. 主管姓名、性別、籍貫、年貌、出身、簡歷、職級、到任年月。
4. 組織系統。
5. 各部門組織職業及各項手續程序。
6. 設施及業務概況。
7. 附屬機關及其業務。
8. 經濟收支分配。
9. 重要章則簿冊圖表統計。
10. 環境及設備。
11. 關於職員紀律及生活之設施（考核獎懲訓練待遇福利等辦法）與職員紀律及生活之實況。
12. 其他。

國文科試教注意事項

一、課文準備之注意

1. 周詳：無論詞句、音義、專名、典實、文法、作法、題旨、作者、標點、符號、以及附錄註釋連同自己參考材料暨學生讀寫時所應注意之點，處處都準備周到，大小不遺，並須於極普通無疑難處尋求疑難，多作考查或請問教師，勿自逞能而輕視、而疏忽，以免臨時乖舛。

2. 透切：前項所準備的都要簡別精當，做到透徹、確切，尤須注意文章設計經營之藝巧、字音之變異、詞性詞義之轉化、句法之構造、虛詞之作用、文字之省略、段落層次之佈署，以及文義之隱微曲折、前後聯絡照應與夫讀寫之實際應用等事。

3. 純熟：對課文本身及自己所準備的一切，都要純熟到能背誦、默述，至少須做到目光射及數字（或一個標記符號）就能引起該項內容全部之記憶（純熟則精通，兼能使教學時精神振作，態度自然，語言暢達）。

二、教學方法準備之注意

1. 安排項目過程：於課文準備完畢後，認清教材價值及教學目的，詳細考慮教學項目。（特別注意讀講及深究二項）妥填安排過程。

2. 決定內容：依據教材價值及教學目的，考量學生能力需要與興趣，簡別各項內容材料，決定其應取應捨，首要次要，期於詳略適度（什麼要講，要怎樣講）。

三、預擬活動方式

1. 教師活動的方面，有提示、問答、講解、指名學生讀講、板書筆記各種方式。學生活動方面，有答問、討論及遵照教師指名讀講，抄錄筆記各種方式。學生活動後教師又有確認訂正補充各種活動，均宜預先擬定，何處由教師作何項活動，何處令學生作何項活動，以至用語層次一一考慮周到。

2.為達到前項目的，教師宜先自定各種活動、符號，標於文中各處以增刺激，而免遺忘。

四、編制教案

依照右列各項所準備的，設想學生反應，分配確當時間，編制教案。

五、試演

最後按照教案自行如實試演一次，看各項過程內容活動方式及時間分配是否適當，有不適當之處，即行修正。

六、試教時之一般注意

1.平時與原任教師切取聯繫，舉凡所試教班級學生之風氣，優劣學生之姓名，過去教學之情形及本屆課文準備所應注意之點，均以謙恭態度多多請益。

2.牢記上課時間班級及教室所在地，並先於上課前若干分鐘訪晤原任教師，以便協同進入課堂。

3.每班首次試教上課之前，應先查閱該班點名簿，如學生姓名中有疑難之處，即行問明，否則寧不點名。

4.聞上課鐘聲後，應即帶同課本點名簿粉筆及其他應用教具（均事前預備停留）前往課堂，勿多遲延。

5.至教室前時，如大部學生尚在陸續入室，可暫立門外稍待，一面注視其進行藉資督促。

6.進教室隨手關門（如無學生繼續進來逕上講臺，依次放置所帶各物，須有秩序勿稍淩亂）然後直立講桌正中，雙目凝神很莊重的週視全體學生，俟其秩序既定，再與為禮。

7.點名時，每呼一名，必須注意其人，遇作怪聲之學生，尤須多看幾眼（若能藉點名及教學進行時之指名活動，而認識學生，則於管理及控制上有極大助力）。

8.首次試教，上講臺後，如原任教師，不為介紹，可略作自我介紹。開講之前則宜以極和藹之態度及語調提引學生學習意識，但切勿作無謂的客套敷衍語。

9.應明瞭學生心理，隨時注意其反應及秩序，多多利用注視力及高聲浪，或隨時提問題以控制之（秩序動搖時，亦可突然停講，周視半分鐘，以為刺激之手段）。

10.學生有頑劣行為時，只施勸戒，勿遽訓斥。勸戒時態度須嚴正，語言須和婉（或相反的語言嚴重而態度和順）即有真正品性不良之學生，亦惟以糾正當前過失為度，切忌涉及對原校訓教方面之批評。

11.學生問答或讀講優良時，宜多予獎勉，但勿引他生為優劣之比較。

12.學生如有爭吵行為，宜出言勸止，告以「此時上課勿礙全體，我們等課畢再理曲直」，勿當場遽為裁判，俾有事化為無事（學生爭吵，大都係頑皮稚氣，非必有何嫌怨，一經勸止，便會冷卻）。

13.學生中途退出教室或因他事向教師報告，施禮時宜注意答禮。

14.學生起立活動（如問答讀講等）後，勿忘令其還坐。

15.隨時注意時間及過程，控制教學，聞下課鐘聲，勿遂慌遽，仍從容結束。
16.退課時先收拾所帶各物，然後直立課桌正中，雙目凝神，很和藹的週視全體學生與之為禮。
17.每節試教退課後，即向原任教師請求指正，於一階段一週試教完畢時，再請原任教師作綜合指評，並致謝意。
18.試教以不請假為原則；如因不得已事故請假時，須自請代理，並徵得指導教師同意。

七、姿態之注意

1.衣履樸素整潔，上課時著制服，身須挺直，頭須平抬，意氣須振奮（但勿緊張）。
2.站立位置宜稍偏——偏左或偏右，勿呆立講臺正中，勿遮蔽正令學生觀看或抄錄之板書，亦可隨時走動，甚至走下講臺（但學生秩序不穩時必須上臺控制）。
3.課本或講義最好執在右手中，勿儘放置講桌上（課本放置桌上，勿儘用手按書）。
4.眼勿儘看課本，宜隨時注意學生或左或右，週及全體，若發現部分學生有騷動狀態，則特別注視一、二分鐘。
5.面部表情及身手之活動，應隨文義及學生反應變化，勿太板滯（莊重為度），但也不可過分做作，流於輕浮（活潑自然為度）。

八、語言之注意

1.說話須清楚和緩，勿過急促（國語不佳者尤然），運用中氣發聲音聲浪稍高。
2.語句須力求具體確切，完整、條貫、明潔、扼要、通俗、爽朗，並善作變化，有表達不出或學生不懂之語詞，隨時作板書補助，亦可指優等生重述一遍，藉增全體之了解。

3. 音調須隨文調組織及文中情意而作抑揚，勿始終平淡，發現學生聽講不認真，或騷動時，除目光特予注視外，亦可高揚其聲以刺激之。

4. 措詞宜正經，間以輕鬆之語穿插之，並酌量使用反問語。

九、附言：國語表達能力不完善者，宜加緊練習。

1. 平時多說國語。

2. 在學校上課時，聽教師讀講，隨同默習。

3. 每晨朗讀明易語體文一二百字至十遍以上（能熟讀尤佳）。

十、板書（黑板須先揩拭乾淨）。

1. 板書宜注意地位次序，為補充或解釋詞句文義之板書，宜從板首順次整齊書寫，保持相當時間；為幫助語言表達之板書，可擇黑板後半適當地點書寫，用後隨時可以拭去。

2. 注解字音、詞義之板書，宜先寫出本字本詞，然後作注解，勿僅寫注解而遺本字本詞。

3. 板書文字，均宜稍粗大而筆劃清晰（初中低年級用正楷），並於寫後重看一遍，慎防別字錯字及脫漏。

4. 板書畢後，注意自身站立之位置，勿使遮蔽。

5. 板書必須讀講一遍，勿以一寫了之。

6. 讀講板書同時注意學生反應，有應抄錄者宜督促其抄錄。

十一、提問指示之注意

1.提問指示之時，目光必須兼及全體學生，以促其反應。

2.提問指示用語須簡明，內容須純粹，把握重心，勿涉儱侗廣泛。

3.關於課文導引之提示，宜從課文內容考量學生生活經驗出發。

4.學生讀講，中途不能進行或發生錯誤時，定隨即予以幫助，或指問他生協同解決。

5.指令學生答問時，如不能答，可即改指他生，但對不能答之學生宜多予鼓勵，勿使難堪，尤忌涉及對原校教學之批評。

6.學生起立演講後或答問完畢，教師應週視全體，詢問有無錯誤？並隨令該生還坐，如皆正確完善，即予確認。倘有須訂正補充之處，則提交全體處理，或教師逕自處理。

7.指名學生活動時，目光以集於活動之學生為原則，而隨時左右顧及全體。為使全體入討論狀態，並可將該生活動之是否正確，隨時指問他生，尤其注意漫不經心之學生。

8.學生之詢問須注意聽取，除還答外，亦可轉為提指他生試答，其應確認或訂正補充之處一如6.項之所為。

9.逕答學生詢問之時，目光宜注視全體，俾將問題提供於全體。答畢，以次問該生及全體懂否？

10.學生全體在課堂作業時，宜隨時巡視，注意其態度姿勢，遇學生有疑難阻礙，或見其已陷入錯誤，應予以啟發指導。

十二、講解之注意

1. 講解應按照教案順序進行，並把握教學目的及各項內容重心，控制時間，勿使滋蔓。

2. 講解課文，宜先誦讀一句或一節，（讀音力求標準）遇長句、拗句並應反覆數次，然後以「提」「分」「合」三個步驟行之，提是提要（句讀總釋）、分是分釋（詞句分解）、合是綜合文義（文義整理），同時注意前後聯絡照應，貫串一氣，勿使所講，成為許多零星的詞句，有應發揮處，則於深究時詳盡發揮之。

3. 講解課文，除解決本課文外，宜多注意各項類比活用，以拓展學習之意識思境而助長其讀寫之能力，但勿橫生枝節成泛濫無歸。

4. 講解時身宜挺拔，頭宜平抬，目宜週視，（目光切勿膠注書本）聲浪宜稍高，音調宜按文氣抑揚，活動及表情宜隨內容情意變化。

5. 講解時宜多利用板書，以為表達之助。

6. 講解進行中，宜隨時向學生提問，或措詞多作反問語，以資啟發。每講一段或一事後，並宜稍停片刻，隨問學生懂否，以考審其了解之情形。

7. 講解用語或助講解之板書，勿使難於所講解的資料之本身。

8. 有所節要筆記，同須講解清楚，並注意學生之抄錄。

9. 講解用語，自覺太不普通或不甚透澈時，不妨轉問學生以「通俗上如何說法為佳」或「你們所知一般以何種說法為多」。

10. 令學生講解時（無論試講或還講）發現有錯誤或不完善之處，宜隨時用問語提促其自己改正補充。

11. 講解時態度宜和藹而莊重。如遇教材有滑稽可笑之處，亦必須竭力忍住，勿先自己破笑在前。

12. 自覺國語不合標準者，可於每段講解完畢後，指名國語較優之學生誦讀一遍，並令全體注意細聽。

十三、習作命題及指導之注意

1. 每屆習作課前二、三天先商承原任教師，決定本次習作題目體性，然後酌量學生學力經驗，配合教材時令或其他當前情況，擬具數題，請原任教師為之選定。

2. 題目詞語，須求簡明確當，以較粗大之字體楷書於黑板，並以討論方式作左列指導：

(1) 題文字面之意義。

(2) 題文內含之意義。

(3) 本題之中心意旨及足以完成此中心意旨之各種意思材料。

(4) 文體及作者自身立場。

3. 令學生靜思三、五分鐘，把握本題中心意旨，簡取適當材料，措置安排，組成粗略型態，然後動筆起稿。

4. 文句措辭宜令學生直接向語言作考慮（話怎麼說就怎麼寫），寫出後隨時輕聲自讀自聽，看是否順口順耳，再酌施修潤，並分清句讀，加明標點。

5. 習作須令學生用毛筆正楷清繕，不得胡亂塗抹，並囑注意錯別字詞。

6. 學生習作進行時，教師宜往來巡視，學生有疑惑不決及不能書寫之字詞或締造不妥之語句，應鼓勵其發問，略予提指。

十四、習作批改之注意

1. 批改學生習作，應先將全文細閱一遍，然後下筆。閱全文時，注意左列各點：

(1)能把握題旨（切題），表達正確否？

(2)各部分意思材料都使用得當，達成其寫作目的否？

(3)結構合體，層次清楚有序否？

(4)前後意思連貫，情詞一致，聯絡照應妥適否？

(5)逐段逐句都通順，且無繁瑣疵累或不足之處否？

(6)詞語使用都精審及無錯誤否？

(7)無錯誤別字否？

(8)標點符號使用無誤否？

2. 批改學生習作，改貴精當，批貴切要，不在量多。

3. 習作應改者：

(1)文字書寫錯誤。

(2)詞語使用錯誤或失當。

(3)句法不通。

(4)音調不諧。

(5)語氣不合。

(6)體式不純。
(7)語句疵累笨拙或晦澀不明。
(8)前後安排聯絡不妥善。
(9)文義不當或不達。
(10)文辭繁蕪散亂贅餘或缺略等情。

4.習作應廢除者：
(1)思想內容遠離題旨及錯誤乖謬悖理之處。
(2)意趣卑劣。
(3)浮辭累贅。
(4)格調腐敗。

5.習作應批指者：
(1)凡所芟除處，皆用眉批指示。
(2)優良中肯處，皆用眉批指示。
(3)意思材料不切題旨或不妥善處，皆用眉批指示。
(4)修改處恐學生不明其所以然者，皆用眉批指示。
(5)錯別字詞可用符號標出，令學生自行查考改正。
(6)最後於文末作一總批，從大處指示其應行改善或努力嘉勉之處，批語宜具積極指導性及鼓勵性。

6. 每期學生習作，應於五日內批改完畢，送請原任教師覆核指正，然後發還學生。

7. 學生習作本，最好按人逐一發還各加口頭指導，但時間或所不許，則惟有一次間同時發還，作共通之指導如左：

(1)本題寫作所可有之幾種最普通的作法，合者若干人，不合者若干人，最佳者那幾人（舉其姓名）。

(2)本期習作多數人所犯之疵病及錯別字詞。

(3)以後寫作此種文題所應注意之點（曾習課文中有可為本題寫作取法者令學生參閱復習一次）。

(4)令學生各自細閱揣摩所批改之處，有不明者，隨時提問。

(5)錯別字詞，令學生各自查考改正，繕寫五遍以上，以後切實注意勿使重犯。

肆　國民中學國文課程標準

中華民國八十三年十月

教育部修正發布

第一　目　標

壹、體認中華文化，厚植民族精神，培養倫理、民主、科學觀念，激發愛鄉愛國思想。

貳、培養積極創造之思考能力及民胞物與之開闊胸襟。

參、繼續學習標準國語，加強聽、說及討論之能力，養成負責之觀念及良好風度。

肆、明瞭我國語文之特質，增進閱讀、寫作之能力，及欣賞文學作品之興趣。

伍、明瞭國字之結構，正確使用毛筆及硬筆書寫楷書或行書，並培養欣賞碑帖之能力，陶冶高尚之情操。

第二　時間分配

三個學年，六個學期，每學期每週教學節數均為五節，每週教學時間分配如下：

壹、範文教學，每二週七節，計三百一十五分鐘。

貳、作文、書法與課外閱讀等，每二週三節，計一百三十五分鐘。

參、作文以每二週一篇為原則，語言訓練採隨堂練習；不作文之週次，實施書法教學或閱讀指導。

第三　教材綱要

壹、教材編選之要領

一、承接國民小學國語教材編選原則，切合學生身心發展及學習能力。

二、範文之選材，必須具有語文訓練、精神陶冶及文藝欣賞之價值。

三、編選範文時，應將三學年六學期所選用之教材，作通盤計畫，按文體比例、文字深淺、內容性質，以單元方式作有系統之編排。

四、每課範文後，必須有作者介紹、題解（包括文體、主旨、文章結構）、注釋、問題與討論等項。

五、插圖宜配合範文旨趣，畫面生動活潑，富啟發性。

六、選文應注重下列各點：

㈠思想純正，足以啟迪人生真義，培養國民道德者。

㈡旨趣明確，足以喚起民族意識，配合國家政策者。

㈢理論精闢，足以啟發思想，明辨事理者。

㈣情意真切，足以陶冶性靈、激勵志氣者。

㈤內容合乎生活化、現代化、實用化，足以引起閱讀興趣者。
㈥層次明顯，便於分析者。
㈦文字淺近，語調流暢者。
㈧韻味雋永，詞句優美者。
㈨篇幅適度，便於熟讀深思者。

七、語文常識，包括語法、修辭法、文章作法、應用文作法、文字基本構造、書法、工具書使用法、標點符號使用法及演說辯論法等。舉凡範文內所具有之材料，應盡量剖析運用，並酌加補充。

八、課外閱讀之選材，除應符合範文選材之原則外，尤其要注意其可讀性、普遍性，藉以提高學生閱讀興趣。

貳、教材配置之比例

一、語體文與文言文分配之比例：

學年／百分比／文別	第一學年		第二學年		第三學年	
	第一學期	第二學期	第一學期	第二學期	第一學期	第二學期
語體文	80%	70%	70%	60%	50%	40%
文言文	20%	30%	30%	40%	50%	60%

【說明】

㈠右列百分比，第一、二學年語體文可酌增，文言文可酌減，第三學年文言文可酌增，語體文可酌減，但均以百分之五為限。

㈡語體文應選用詞彙、語法合於國語者，文言文應選用明白曉暢，且合乎時代潮流者。

二、各類文體分配之比例：

<table>
<tr><th rowspan="2">學年
百分比
文體別</th><th colspan="2">第一學年</th><th colspan="2">第二學年</th><th colspan="2">第三學年</th></tr>
<tr><th>第一學期</th><th>第二學期</th><th>第一學期</th><th>第二學期</th><th>第一學期</th><th>第二學期</th></tr>
<tr><td>記敘文</td><td colspan="2">45%</td><td colspan="2">35%</td><td colspan="2">30%</td></tr>
<tr><td>論說文</td><td colspan="2">25%</td><td colspan="2">30%</td><td colspan="2">35%</td></tr>
<tr><td>抒情文</td><td colspan="2">25%</td><td colspan="2">25%</td><td colspan="2">25%</td></tr>
<tr><td>應用文</td><td colspan="2">5%</td><td colspan="2">10%</td><td colspan="2">10%</td></tr>
</table>

【說明】

㈠右列百分比，可斟酌增減，但以百分之五為限。

㈡所選各類文體，一年級以內容能銜接國小六年級國語課文者為原則，二、三年級內容逐漸加深。

㈢記敘文宜由寓言故事入手，漸進於人、事、物之描述及名人之傳記。二、三年級，宜酌採記言或記事中附有評論感想者，以啟導論說文之學習。

㈣論說文宜由短篇入手，漸至於夾敘夾議及理論精闢之教材。三年級則可酌選辯論性之教材。

㈤抒情文宜選真摯感人者。如係古體詩歌，則宜選淺顯明白者。凡矯揉虛飾及消極頹廢之作，應予避免。

㈥應用文以書啟、柬帖、便條為主，其他有關應用文之各類體例，列為附錄。

參、教材大綱

一、範文

文別	篇數	第一學年 第一學期	第一學年 第二學期	第二學年 第一學期	第二學年 第二學期	第三學年 第一學期	第三學年 第二學期
記敘文	語體文	五篇	四篇	四篇	三篇	二篇	二篇
	文言文	一篇	二篇	二篇	二篇	二篇	二篇
論說文	語體文	三篇	三篇	三篇	二篇	三篇	二篇
	文言文	一篇	一篇	一篇	二篇	三篇	三篇
抒情文	語體文	三篇	二篇	二篇	二篇	一篇	二篇
	文言文	一篇	一篇	一篇	一篇	二篇	一篇
應用文		一篇	一篇	二篇	二篇	二篇	一篇

【說明】

(一)第一、二學年，第一學期各選範文十五篇，第二學期各選範文十四篇。

(二)第三學年第一學期選範文十五篇，第二學期選範文十三篇。

二、語文常識

項目＼學年	第一學年		第二學年		第三學年	
	上	下	上	下	上	下
應用文作法（書信、柬帖）	⊙					
文字基本構造		⊙				
書法		⊙				
工具書使用法			⊙			
標點符號使用法			⊙			
語法				⊙		
修辭法					⊙	
演說辯論法						⊙

【說明】

㈠文章作法，在每課題解中，分別說明不另單獨成篇。

㈡應用文作法、語法、修辭法、演說辯論法，每單元一學期，各分上下兩篇，文字基本構造、書法、工具書使用法、標點符號使用法，兩單元一學期，每單元自成一篇。

㈢應用文以書信、柬帖為主，其他有關體例，可擇要列入附錄。

三、作文

文體 \ 篇數 \ 學年	第一學年		第二學年		第三學年	
	第一學期	第二學期	第一學期	第二學期	第一學期	第二學期
記敘文	二篇	二篇	二篇	二篇	二篇	一篇
抒情文	二篇	二篇	二篇	二篇	二篇	一篇
論說文	二篇	二篇	三篇	二篇	三篇	三篇
應用文	二篇（書信）	一篇（書信）	一篇（申請書）	一篇（報告）	一篇（便條）	一篇（啟事）

【說明】

㈠每學年第一學期，各習作八篇，批改七篇，共同訂正一篇。

㈡第一、二學年第二學期，各習作七篇，批改六篇，共同訂正一篇。第三學年第二學期，習作六篇，批改五篇，共同訂正一篇。

㈢各學期共同訂正之一篇，以應用文為宜。

四、語言訓練

項目＼學年	第一學年	第二學年	第三學年
配合範文內容的討論	⊙	⊙	⊙
課文預習及心得報告	⊙	⊙	
名人故事講述	⊙	⊙	⊙
時事報告或評析	⊙	⊙	⊙
演說技巧訓練	⊙	⊙	
三分鐘演講練習		⊙	
五分鐘演講練習			⊙
辯論規則講解及技巧訓練		⊙	⊙
辯論練習		⊙	⊙

【說明】

㈠語言訓練採隨堂實施方式，不單獨排定時間，教師可隨機實施教學。

㈡語言訓練要注意措辭、儀態及禮貌，養成良好的風度。

五、課外閱讀

項目＼學年	第一學年	第二學年	第三學年
短篇小說、散文	⊙	⊙	
小說名著		⊙	⊙
歷史故事		⊙	
青少年讀物	⊙	⊙	⊙
名人傳記	⊙	⊙	
古今名人書札	⊙	⊙	
社會學科或自然學科之論著		⊙	⊙
詩詞作品	⊙	⊙	⊙

【說明】

㈠課外閱讀每學期以一至二本為原則，利用不作文之週次實施指導。

㈡教師得視學生程度，推薦優良讀物供學生選讀。

六、書法

項目＼學年	第一學年	第二學年	第三學年第一學期
大楷及小楷的習寫、臨摹	⊙	⊙	⊙
常見行書的認識及習寫	⊙	⊙	
欣賞碑帖	⊙	⊙	⊙

【說明】

㈠繼續小學書法教學，指導學生學習毛筆及硬筆之使用與習寫。

㈡書法教學，利用不作文之週次實施。

㈢每週必須規定作業，由學生於課外時間習作。作業量由各校國文科教學研究會研商決定。學生之習作經由教師批改後，擇優給予獎勵及展示。

㈣第三學年第二學期書法教學彈性實施。

第四　實施方法

壹、國文教材，以範文為主，語文常識及課外閱讀為輔。

貳、教學方法

一、範文

㈠範文教學，宜指導學生作課前預習，並蒐集相關資料。

㈡教學時，可指導學生試讀、試講、討論、訂正、補充及整理，以培養其自學能力。

㈢對於課文之精義及生字、新詞、典故、語法等，均須明白解釋。

㈣對於閱讀及寫作方法（如審題、立意、用詞、布局等）應詳加指導，範文中如有語文知識，應隨機提示。

㈤文言文之詞語使用、句法結構，其有異於語體文之處，應舉出語體文比照說明。

㈥語文常識，應以略讀方式提示篇中要點，指導學生練習應用。

二、作文

㈠作文習作，得以毛筆或硬筆書寫，批改時亦同。

㈡作文命題，應顧及學生之理解能力及表達能力，配合學生生活經驗、節序或與範文相聯繫。

㈢作文命題後，教師可視情形酌予提示思考方向及寫作要點，或以短時間之討論，以啟發學生之思路，提高寫作興趣。

㈣各種文體之作法，除與範文教學配合外，應作有系統之指導。

㈤教師批改作文，應注意其體裁、題旨、理路、結構、造句、遣詞，以及字體、標點符號之使用等。遇有普遍之錯誤，應於發還時共同訂正。如有不同程度之學生，應作不同之批改。

㈥學生作文，教師應盡速批改發還，每篇應有總評或眉批。如有錯別字應令學生更正後重寫數遍，以加深其印象。

(七)每學年應舉行全校作文展覽一次，以培養學生寫作興趣，增加觀摩切磋之機會。

(八)寒暑假期間，宜鼓勵學生練習課外習作，成績優良者予以獎勵表揚。

三、語言訓練

(一)在教學中之問答、討論、敘述及講讀，均為語言訓練之良機，教師應隨時指正其錯誤。

(二)教師可於授課時間內，酌情利用時間，指導學生輪流作演講、辯論、對話、重述、報告等練習，就其內容思想、措辭、儀態諸項加以指導。並可利用視聽教具以增加效果。

四、課外閱讀

(一)鼓勵學生閱讀有益之報章雜誌，及各種課外讀物，如短篇故事、散文、傳說、短劇、詩歌等，以增廣見聞。

(二)課外讀物，應選與範文有關且適合學生程度者，每學期以一至二本為原則。

(三)課外閱讀應兼採定時指導與隨機指導兩種方式。

(四)課外閱讀可酌情令學生報告或撰寫閱讀心得，以加深印象。

五、書法

(一)書法以正楷為主，行書為輔，利用不作文之週次實施教學，並指導學生利用課餘時間練習。

(二)文具之使用、執筆運腕之方法、書寫之姿勢，應予指導。學生在作文或記筆記時，如書寫方法或姿勢有誤，應隨時矯正。

(三)教師應視學生用筆習性，選定適當範帖，指導其臨摹。
(四)利用板書或適當機會，指導學生認識、習寫常用行書。
(五)書法練習，每週繳閱一次。
(六)教師可利用書法教學時間，指導學生欣賞碑帖。

六、特殊學生之輔導

(一)學習能力偏低之學生，應實施充實及補救教學。
(二)資優學生，應酌增補充教材，著重自學輔導，以增進其學習與寫作之能力。
(三)其他特殊學生，應視個案情形，分別輔導之。

參、教師手冊編輯之要領

一、每單元應正確指出教學要旨，及各課之教學目標，然後分析其內容與形式，並訂定閱讀、語言、寫作、書法等項之教學範圍，提供適當之教學方法。

二、每課宜有範文之深究與鑑賞（附課文分析表），並補充作者生平，詳解生字、難詞、附錄與範文，或作者生平有關之資料。

三、每課依據教學目標及其需要，設計若干作業項目，並提供指導方式。

肆、教具及有關教學設備

一、各種基本教學設備

(一)簡易文法表解

㈡各種標點符號表解
㈢各種文體作法表解
㈣六書義例表解
㈤近體詩格律表解
㈥平仄分類表解
㈦書法筆畫名稱表解
㈧書法執筆運筆方法掛圖
㈨「九宮格」書寫板
㈩各家字帖
⑴各種字書
⑵各種辭典
⑶各種視聽教具
⑷有關語文教學之參考書
⑸其他

二、各類教具，除按上列各項製備外，並應視各單元之需要，另製各種分析、說明、比較圖表。

三、各類教具，學校每學年應編列預算，按期購置或自製。

伍、各科教材或單元間的聯繫與配合

本科教材應與歷史、地理、公民與道德或其他有關學科之教材相配合，以獲致相輔相成之效果。

陸、其他有關事項

一、國文科教學研究會，應照規定舉行，凡各年級教學進度、課外讀物、各項練習指導要點及評分標準等，均由會議決定之，並於學期末，檢討得失。

二、國文成績之評量，包括日常考查、平時練習、定期考試等方式，考查學生在範文教學、作文練習、語言訓練、課外閱讀及書法練習等各方面學習進展之情況。

三、教師評量學生各項成績，宜注意其積極作用，並就學生之學習缺點，檢討改進，或實施補救教學。

四、學生各項優良成績，除隨時在班上傳閱、揭示或陳列外，每學期應就作文、書法、日記、課外閱讀、演說、辯論等項，酌量舉行比賽，以資觀摩。

柒、教學評量

一、國文教學評量，須以本科教學目標為原則。

二、教學評量，須根據單元目標、教學內容，及其教材性質訂定之。

三、評量內容：記憶、理解、分析、綜合、應用等方面，應力求其完整性。

四、評量方法：採用口試、筆試、觀察、量表、作品評量等方式。

㈠範文評量

1.方式：⑴日常考查　⑵定期考查

2. 內容：就下列各項分別考查

(1)詞語方面——詞語之意義、生字、難詞之辨析。

(2)義旨方面——全文主旨、各段要旨，及文中精義。

(3)章法方面——寫作技巧及課文之分析。

(4)朗讀方面——讀音之正確及課文情意之表達。

(5)語言方面——從研討問題及生字、難詞、講述全文大意、發表學習心得或感想中考查，並就國語發音、內容條理、語句組織、言語表情以及說話之態度等詳加考核。

㈡作文評量

1. 方式：教師就下列考查項目，評定成績，並酌予個別訂正。

2. 內容：考查下列各項能力

(1)內容方面——取材切題，內容充實。

(2)結構方面——層次分明，文理通順。

(3)修辭方面——措辭恰當，用語生動。

(4)文法方面——語法正確，含義明白。

(5)書寫方面——字體端正，筆畫無誤。

(6)標點方面——標點符號使用恰當。

㈢閱讀評量

1.方式：

(1)於各段定期考查中，附閱讀能力測驗題。

(2)考查課外閱讀報告。

2.內容：

(1)閱讀能力測驗之項目

①全文主旨。

②內容事理。

③詞句意義。

④文章作法。

⑤句讀辨別。

(2)閱讀報告考查之項目

①全文主旨。

②取材手法。

③結構技巧。

④修辭技巧。

⑤詞句應用。

⑥讀後感。

㈣書法評量

1. 方法：注重平時考查，評定成績。

2. 內容：考查下列各項能力

(1)用筆方面

①執筆運筆方法得當。

②寫字姿勢正確。

③用墨勻稱。

④善於保管文具。

(2)字體方面

①間架得當。

②形體端正。

③筆順正確。

伍　高級中學國文課程標準

中華民國八十四年十月
教育部修正發布
中華民國八十五年六月出版

第一　目　標

壹、提高閱讀、欣賞及寫作語體文之能力。
貳、培養閱讀文言文及淺近古籍之興趣，增進吸收優美傳統文化之能力。
參、研讀中國文化基本教材，培養倫理道德之觀念、愛國淑世之精神。
肆、閱讀優美、純正、勵志之課外讀物，增進文藝欣賞與創作之能力，開展堅毅恢宏之胸襟。
伍、熟習常用應用文之格式與作法；加強書法鑑賞及書寫之技能；熟練語言表達之能力。

第二　時間分配

第一、二、三學年每週授課五節，時間分配如下：

壹、範文每週三節。
貳、作文每二週二節。
參、中國文化基本教材每週一節。
肆、書法、課外閱讀等視需要隨機指導。

第三　教材綱要

壹、教材編選之要領

一、承接國民中學國文科教材編選原則，切合學生身心發展及學習能力。
二、範文之選材，必須具有語文訓練、精神陶冶及文藝欣賞之價值。
三、編選範文時，應將三學年六學期所選用之教材，作通盤計劃，按文體比例、文字深淺、內容性質，作有系統之編排。
四、每課範文宜附有題解、作者、注釋、賞析、問題討論等項。
五、選文應注意下列各點：
㈠思想純正，足以啟導人生意義，培養國民道德者。
㈡旨趣明確，足以喚起民族意識，配合國家政策者。
㈢立義深邃，足以體認中華文化，建立民族自信者。
㈣內容切時，足以培養民主風度及科學精神者。

㈤情味濃厚，足以培養欣賞文學作品之興趣者。

㈥理論精闢、情意真摯，足以啟發思路、激勵志氣者。

㈦文字雅潔、篇幅適度，足以陶練辭令、便於熟讀深思者。

㈧層次分明，合於理則；文詞流暢，宜於朗誦者。

六、中國文化基本教材之內容，選編自《論語》、《孟子》、《大學》、《中庸》，力求能深切反映中華文化之精髓，或具有時代意義者；學庸部分應避免過於抽象、不適合高中講授者。所選各章必須附有注釋、章旨。

七、課外讀物之選材，宜著重文字難易適中、內容豐富賅博、思想敏銳持平、文學技巧精妙，能由學生自行閱讀吸收，足以補充國文範文教學者。

貳、教材配置之比例

一、範文

㈠語體文與文言文之比例

學年／百分比／文別	第一學年	第二學年	第三學年
語體文	四五％	三五％	二五％
文言文	五五％	六五％	七五％

說明：(1)上表所列之百分比係指散文部分，詩詞曲不計在內。

(2)上表所列百分比，取其約數，可酌量增減，但以百分之五為限。

(3)語體文除現代作品外，可酌採古人接近語體之作，文學性較高者。

(二)各類文體之比例

文別＼百分比＼學年	第一學年	第二學年	第三學年
記敘文	三〇%	三〇%	二五%
論說文	四〇%	四〇%	五〇%
抒情文	三〇%	三〇%	二五%

說明：(1)上表所列之百分比係指散文部分，詩詞曲不計在內。

(2)上表所列百分比，取其約數，可酌量增減，但以百分之五為限。

(3)各學年下學期上課節數較少，論說文部分得減少一篇。

(4)各體文篇數之總和，應用文應占百分之十五。

㈢範文篇數之配置

文別		第一學年 上學期	第一學年 下學期	第二學年 上學期	第二學年 下學期	第三學年 上學期	第三學年 下學期
記敘文	語體文	二篇	二篇	二篇	二篇	一篇	一篇
	文言文	唐宋文二篇	唐宋文二篇	唐宋明清文二篇	唐宋明清文二篇	先秦兩漢六朝文二篇	先秦兩漢六朝文二篇
論說文	語體文	二篇	二篇	一篇	一篇	一篇	一篇
	文言文	唐宋文四篇	唐宋文三篇	唐宋明清文五篇	唐宋明清文四篇	先秦兩漢六朝文五篇	先秦兩漢六朝文四篇
抒情文	語體文	二篇	二篇	二篇	二篇	一篇	一篇
	文言文	唐宋文二篇	唐宋文二篇	唐宋明清文二篇	唐宋明清文二篇	先秦兩漢六朝文二篇	先秦兩漢六朝文二篇
韻文		古詩選一篇	樂府選一篇	唐詩選一篇	宋詩選一篇	詞選一篇	曲選一篇

說明：①第一、二學年上學期各選範文十五篇，下學期各選範文十四篇。

②第三學年上學期選範文十三篇，下學期選範文十二篇。
③各學年選文篇數得依前列三表之百分比酌予增減。
④語體文中每學年酌選新詩一課，選材以在現代文學史上具有代表性者為宜。

二、中國文化基本教材

學年	第一學年		第二學年		第三學年	
	上學期	下學期	上學期	下學期	上學期	下學期
教材	論語選讀	論語選讀	論語選讀	孟子選讀	孟子選讀	學庸選讀

說明：文化教材之編選，宜避免不易領會，異說過多者。

三、課外閱讀

文體　篇數　學年	第一學年	第二學年	第三學年
現代名家詩選		⊙	⊙
現代名家散文選	⊙	⊙	
現代名家小說選	⊙	⊙	⊙
古典詩歌	⊙	⊙	⊙
古典小說	⊙	⊙	⊙
本國名人傳記	⊙	⊙	
外國名人傳記		⊙	⊙
名人書牘札記	⊙		
勵志作品		⊙	⊙
社論、時事評論			⊙
學術思想性論著			⊙
社會學科或自然學科論著		⊙	⊙

說明：①注明⊙者，表示可視教學需要優先選擇。

②一、二年級課外閱讀每學期以一至二本為原則，三年級以每學期一本為原則，得視實際情況酌量增加。

③每學期課外閱讀學生交讀書報告一份，列入每學期規定作文篇數中計算。其文體可視課外閱讀之種類，歸入記敘文、論說文、抒情文或應用文中統計。除一年級上學期外，讀書報告之指導、討論，可利用非作文課之時段施行。

四、作文

學年／篇數／文別	第一學年		第二學年		第三學年	
	上學期	下學期	上學期	下學期	上學期	下學期
記敘文	二篇	二篇	二篇	二篇	二篇	一篇
論說文	三篇	二篇	三篇	三篇	四篇	三篇
抒情文	二篇	二篇	二篇	二篇	二篇	一篇
應用文	讀書報告一篇	便條請柬名片一篇	書信一篇			

說明：①第一、二、三學年上學期每學期習作八篇，批改六篇，共同訂正二篇。

②第一、二學年下學期每學期習作七篇，批改五篇，共同訂正二篇。

③第三學年下學期習作五篇，批改三篇，共同訂正二篇。

④一年級上學期之讀書報告應說明報告之格式、作法及注意事項，以指導學生撰寫合乎標準形式之讀書報告。

五、書法

學年	第一學年		第二學年		第三學年	
	上學期	下學期	上學期	下學期	上學期	下學期
大楷	八篇	七篇	八篇	七篇	自由練習	自由練習
小楷	八篇	七篇	八篇	七篇	自由練習	自由練習

說明：①大楷每篇二十八字（每格約八公分見方），小楷每篇九十六字（每格約三公分見方），利用課外寫作、指導。

②各家碑帖不拘，可由學生就個性所近自行選擇，唯必須用心練習，認真書寫。

第四　實施方法

壹、國文教材以範文及中國文化基本教材為主，以課外閱讀為輔。學生國文科各項優良作品，宜由學校每年展覽一次。

貳、教材編選之要領

一、範文

㈠教材之編選須遵照前列之教材編選原則。

㈡語體文與文言文之比例、各類文體之比例、範文篇數，均須遵照教材配置比例之規定。

㈢文言文宜選篇幅適度，內容生動，文字精練者。

㈣每課範文所附之題解、作者、注釋、賞析、問題討論之編選要領如下：

1. 題解宜包括文體、主旨、寫作背景之剖析。

2. 作者介紹宜力求翔實深刻，與選文之背景密切配合。

3. 注釋以語體文為原則，其有引用成語典故而文字深奧者，應再加說明，或酌予語譯，俾學生易於了解。引用他書文字，應顧及文意之完整，不可斷章取義。

4. 賞析應深入剖析文章結構、段落大意、課文之優點與欣賞之門徑。

5. 問題討論宜引導學生深入體會範文之旨趣，提昇其思辨及表達之能力。

㈤應用文、書法教材擇要酌編為附錄。

二、文化基本教材

㈠教材之編選，須遵照本課程標準之教材編選原則。

㈡注釋宜採語體，注明字詞意義、難字音讀、內容背景、言外之意；章旨宜提示本章義蘊，並闡發其現代意義。

三、課外閱讀教材

由各校依照教學進度、學生需要、出版現況，配合教材配置比例自由擬定。

參、教師手冊編輯之要領

一、每課應正確指出教學目標、教學要旨，然後分析其內容形式，提供適當之教學法。

二、每課宜有課文之深究與鑑賞（附課文分析表），並詳細補充相關之作者生平、範文背景、生字難詞之訓解及活用、重要文句之文法分析、重要修辭技法之介紹說明等項目。

三、每課宜選若干相關之範文作類比、對比等分析介紹。

肆、教學方法及過程

一、範文

㈠範文講讀，宜先指導學生課前預習，明瞭課文大意。講讀時，可酌令學生試讀、試講，再予指正補充。

㈡各課範文應要求學生熟讀深思，精練雋永之文言文宜要求學生背誦。講讀時並須注意下列各點：

1.文章體裁及作法。

2.生字之形、音、義，詞彙之組合，及成語典故之出處、意義。

3.文法及修辭。

4.全篇主旨、內容精義及段落大意（包括全篇脈絡及結構）。

5.文學作品之流派、風格及其價值。

6.有關語體文與文言文之文法異同，必要時可於課前製作比較表，指導學生徹底了解應用。

7.每課講授，宜作課文分析，必要時可繪成課文分析表，指示學生全文之段落作用及前後之相互照應，以培養學生欣賞、寫作之能力。

8.前項之文法比較表及課文分析表，簡易者亦可指導學生繪製（分析表之繪圖，可參考部頒高中國文科設備標準）。圖表製作優良者，並可列為教具設備之一部分。

9.教學時並應利用視聽器材，提供學生欣賞，藉以增進其對課文之了解。

二、中國文化基本教材

中國文化基本教材以闡明義理、躬行實踐為主。講讀時宜配合日常生活，盡量發揮義蘊，使學生透徹領悟，並於動靜語默之間，陶鎔高尚情操、培養健全人格。

三、作文

㈠作文練習，由教師命題，間可指導學生自由命題。

㈡學生作文，教師應有計劃指導各種文體之寫作，及審題、立意、運材、布局、措辭等方法技巧。

㈢作文題目務求適合學生理解及寫作能力，並配合生活環境，與課文密切聯繫。

㈣教師批改學生作文，應注意內容題旨之切合、章法結構之謹嚴、文法修辭之適當，以及標點符號之運用、錯別字之訂正等。遇有全班共同之錯誤，應於適當時間作綜合之指導訂正。

㈤學生作文簿可備兩本，輪流使用。每次作文，教師宜於二週內批改發還，俾學生得反覆玩索，細心領會，以求進步。如有優良作品，並可公布傳閱。

四、課外閱讀

㈠教師宜指導學生盡量利用課外時間閱讀課外讀物，其閱讀指導要點如下：

1. 先看敘文（或卷頭語）、凡例（或編輯大意）、目錄。

2. 依次概覽全書（分段落或章節）。

3. 查考生字、生詞。

4. 複閱並深究內容（包括全篇結構及其精義）。

5. 閱讀報告，每學期一篇，亦可在假期中習作。

㈡課外讀物，由教師統一指定全班學生閱讀同一書籍，或分組交換閱讀不同書籍，以便相互研討。

五、書法

㈠學生練習書法，應用毛筆臨摹碑帖，字體以楷書、行書為主。楷書務求用筆端正，結構完整；行書則求其筆勢貫串，神氣完足。第一、二學年每週交習作一篇，大、小楷隔週輪流練習，一週交大楷二十八字（每格約八公分見方），次週交小楷九十六字（每格約三公分見方）。第三學年自由練習。學生有興趣者可鼓勵多加練習。

(二)書法練習紙宜採單張、質地良好、適合書寫者。

六、教師宜於課內外適時指導學生練習合於理則之語言表達。

伍、教具設備與運用

一、各種基本教學設備

(一)圖表

(二)工具書

(三)錄音機

(四)幻燈機

(五)投影機

(六)電視及錄放影機

(七)電腦

(八)其他

二、各類教具，除教師視教學需要自行運用製作外，亦應多利用教育部、教育資料館、圖書館、社教館等相關單位製作之教學資源。

陸、與其他方面之聯繫

一、本教材應與歷史、地理、公民，或其他有關學科之教材配合，相輔相成，使教育成效更為彰顯。

二、國文教學除本科外，另設文法與修辭、國學概要、應用文、書法等選修科目。

三、國文教學研究會應遵照規定舉行，其討論內容應以教材及教學方法研究為主，其他有關之教學行政工作為次。

四、學生各項優良學習成果，除在班上傳閱、揭示或陳列外，學校每學期應就作文、書法、課外閱讀、演說、辯論、文藝創作等項，酌量舉行比賽，以資觀摩。

柒、教學評量

一、國文成績之評量，包括日常考查、平時練習、定期考試等方式，考查學生在範文學習、作文練習、課外閱讀、及書法練習等各方面學習進展之情況。

二、國文科教學評量須以本科教學目標為原則。

三、教學評量，須根據各課教學目標、教學內容、及其教材性質訂定之。

四、評量內容包括記憶、理解、分析、綜合、應用、鑑賞等方面，應力求其完整性。

五、評量方法：採用口試、筆試、觀察、作品評量等方式。

㈠範文評量

1. 方式：⑴日常考查 ⑵定期考查

2. 內容：

⑴詞語方面——生字、難詞之辨析，古今字詞義之演變。

⑵旨義方面——文章立義、各段要旨之領會。

(3)章法方面——課文結構及段落呼應之分析。

(4)文法修辭方面——重要文句之文法結構，重要修辭技巧之把握。

(5)應用方面——從討論問題中考察語言表達能力、組織能力、對範文之認識程度、在人生修為中之參考價值等項。

㈡作文評量

1.方式：於平時就下列項目考查評量，並酌予個別指導訂正。

2.內容：

(1)文字方面——書體端整，無錯別字。

(2)標點方面——標點符號使用適切。

(3)文法方面——文法正確，合乎準則。

(4)修辭方面——措辭恰當，靈活生動。

(5)內容方面——立義精當，取材切題，情景交融，事理兼顧。

(6)結構方面——結構完整，段落分明，層次有序，前後呼應。

(7)篇幅方面——長短適中，無冗贅拖沓之累，亦無殘缺脫漏之病。

㈢課外閱讀評量

1.方式：考查課外閱讀報告。

2.內容：

(1)報告之格式及作法。
(2)對課外閱讀教材之掌握。
(3)對課外閱讀教材之重點摘要介紹。
(4)對課外閱讀教材內容之分析評論。
(5)對課外閱讀教材之閱讀心得感想。
(6)報告本文之結構。
(7)報告本文之修辭。

(四)書法評量

1. 方式：注重平時考查，評定成績，並酌加指導。

2. 內容：

(1)字跡端正。
(2)點畫遒勁。
(3)間架穩妥。
(4)筆勢自然。
(5)墨色勻稱。
(6)神氣完足。

六、國文總成績之計算

㈠第一、二學年範文及中國文化基本教材占百分之六十五，作文練習占百分之三十（包括課外閱讀報告），書法占百分之五。

㈡第三學年範文及中國文化基本教材占百分之七十，作文練習占百分之三十（包括課外閱讀報告）。

七、教學評量後，應視需要實施補救教學。

捌、輔導

一、資優學生，應酌增補充教材，著重課外自學輔導，以增進其學習與寫作之能力。

二、其他特殊學生，應視個案情形，予以個別輔導。